“学教评一致性”教学设计技术分析与实践

以高中生物学为例

任智安◎著

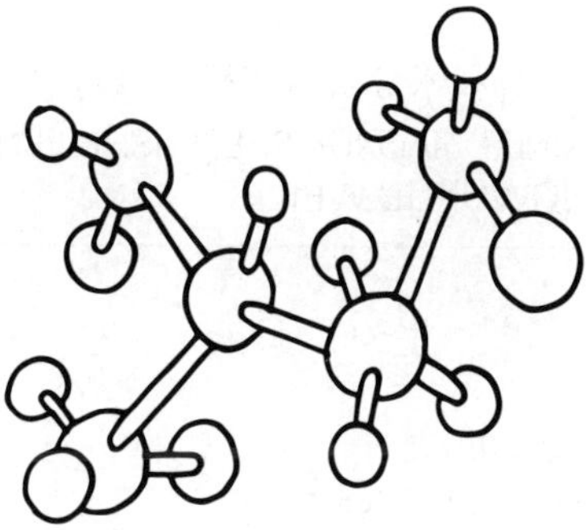

人民东方出版传媒
People's Oriental Publishing & Media
東方出版社
The Oriental Press

图书在版编目（CIP）数据

"学教评一致性"教学设计技术分析与实践：以高中生物学为例 / 任智安著. —北京：东方出版社，2023.3

ISBN 978-7-5207-3226-0

Ⅰ.①学… Ⅱ.①任… Ⅲ.①生物课—教学设计—高中 Ⅳ.① G633.912

中国版本图书馆 CIP 数据核字（2022）第 247352 号

"学教评一致性"教学设计技术分析与实践：以高中生物学为例

（"XUEJIAOPING YIZHIXING" JIAOXUE SHEJI JISHU FENXI YU SHIJIAN：YI GAOZHONG SHENGWUXUE WEILI）

著　　者： 任智安
责任编辑： 朱兆瑞
出　　版： 東方出版社
发　　行： 人民东方出版传媒有限公司
地　　址： 北京市东城区朝阳门内大街 166 号
邮政编码： 100010
印　　刷： 北京明恒达印务有限公司
版　　次： 2023 年 3 月第 1 版
印　　次： 2023 年 3 月北京第 1 次印刷
开　　本： 710 毫米 ×1000 毫米　1/16
印　　张： 18.5
字　　数： 285 千字
书　　号： ISBN 978-7-5207-3226-0
定　　价： 88.00 元
发行电话：（010）85924663　85924644　85924641

《“学教评一致性”教学设计技术分析与实践》编写组

著　　者　任智安

案例提供　任智安　常振宇　呼斯乐　曹　凯　卫青华

项目组成员　任智安　李玉伶　谭秀云　卫青华　谢荣德
王　峰　何剑波　常振宇　呼斯乐　王默怡
曹　凯　庄玉静　李奉梅　申翔宇

前言

对于教师而言，教学设计这个词一定不陌生。在日常的教学工作中，教学设计是每位教师每日必须经历的，也是每位教师最基本的活动、最基础的基本功。随着教育教学的发展，以及教学理念与技术的不断进步，教学设计逐步成为专业性和技术性都很强的教学活动。

在传统的教学过程中，备课活动往往就是备教材、备习题，然后结合学情和教师的一些想法写教案，过程相对随意一些。这与不同阶段考试评价特点和教学目标密切相关。在核心素养相关研究成果颁布以前，教学目标经历了“双基”和“三维目标”，考试评价虽然不断加大对能力的考查，但整体上仍是立意于知识层面的。当中高考评价由“能力立意”逐步过渡到“素养导向、能力立意”后，对于教学的导向作用也延伸到素养时代。简单来说，相比于过去，教学目标提高了，变得多元了，变得复杂了，变得综合化了。面对如此变化之教学目标，通过写教案就完成教学设计已完全不能适应新时代的课堂教学了。

那么，教学过程需不需要设计？教学设计需要怎样的专业化思维和技术性操作才能得以进行呢？本书基于上述背景和新教育时代抛给教师的现实问题，对教学设计展开了探讨与分析。

在近年来的学习中，“追求理解的教学设计”“逆向教学设计”“学教评一致性”“备课专业化”等教学设计理念与策略是基础教育科研和教研的重点领域。正是基于对上述几种教学设计理念与策略的学习，笔者根据高中生物学教学实践，从“学教评一致性”角度对教学设计进行多方向和多角度的分析。

“学教评一致性”并不是简单地做到学什么、教什么和评什么相一致，其核心的内涵在于专业化备课。教师面对教材或教学资料时，首先需要做的是对教学内容进行重组和结构化。这对教师是有考验的，也是我们通常所说的“研读教材”“吃透教材”。结构化需要对内容的逻辑、层级、主题进行分析研究，并在此基础上设计一节课的学习环节，制定可测、可评的学习目标，设计贯穿整节课的持续性评价任务。其中，任何课堂教学的因素都需要专业化的技术分析和专业设计。当然，这也并不是难度很大的事情，只需要教师根据学生认知规律、学习规律和教学规律进行思考与设计而已，争取课堂教学方向不偏离，教学目标达成度高效化。从笔者的教学实践来看，教学设计的难点主要在于学习目标的叙写。过去的学习目标制定往往是抄课标内容要求，行为动词含义模糊，在测、评方面很难执行。而可测、可评的学习目标是基于课标分析，不仅仅是分析分解内容要求，关键是学业要求，再把学习要求、课标内容要求与学习内容有机结合起来。学习目标的制定还需要对学情的精准分析，以及对教学内容的结构化分析。由此可见，教学设计似乎又是一件“很难”的事情。

在查阅相关文献的基础上，笔者对“学教评一致性”做了理论的技术分析，同时和项目组教师进行了持续一学年的实践，实践成果丰富。在本书编写过程中，我们按照高中生物学课程五个模块分布，遴选了十多个案例，其中包括常振宇老师、呼斯乐老师、曹凯老师和卫青华老师提供的优质案例。在此，特别感谢项目组老师的积极参与和实践。正是有了大家多次的讨论和思想碰撞，本书才能呈现给读者些许值得阅读的亮点；正是有了大家历经多年的教学实践，本项目和本著作才具有了坚实的支撑。

特别感谢北京市通州区教委组织的教师个性化专业培训项目，正是有了这个平台，我们才拥有更大的动力去研究与实践；正是有了这个项目专项经费的支持，才有了本著作的出版和发行。

任智安

2022 年 10 月于北京市通州区永乐店中学

目录

第三章

学教评一致性——教学目标叙写技术

第四章

学教评一致性——教学评价设计技术

第五章

学教评一致性——学生活动的设计技术

第六章

学教评一致性——教师活动的设计技术

第七章

学教评一致性课时教学设计案例

第一章

核心素养背景下的教学设计

第一节
设计很重要

"设计"一词在《现代汉语词典》里的释义是：做动词用时，指在正式做某项工作之前，根据一定的目的和要求，预先制定方法、图样等；做名词用时，指设计的方案和规划的蓝图等。[①] 教学是教师的教和学生的学所组成的一种人类特有的人才培养活动。通过这种活动，教师有目的、有计划、有组织地引导学生学习和掌握文化科学知识及技能，促进学生素质提高，使他们成为社会所需要的人。由此可知，教学的目的性非常鲜明。不同于生产活动是为了做出一件标准或优质的产品，教学的目的在于，教学的接受对象在知识、技能和情感态度价值观方面的增量或熟练程度，这是人类发展过程中最复杂的活动之一。十年树木，百年树人，某个学科、某一节课的教学只是培养一个人在接受学校教育过程中的微小单元。单元虽小，任务和目标并没有被稀释或消解，同样需要在短短的几十分钟内达到学生素养发展的一小步。教学设计显然具有更为迫切的重要性。

① 中国社会科学院语言研究所词典编辑室编：《现代汉语词典》第 7 版，商务印书馆 2016 年版，第 1153 页。

一、教学的目的具有综合性

教学是一项目的性很强的互动活动，并且其目的性随着时代的发展而变得越来越强，越来越有针对性。在我国教育发展历程中，教育或教学的目的，从古代“传道授业解惑”“科举考试”，转变为新中国成立以来的“双基”“三维目标”“核心素养”。教学的目的和要求总是与时代的发展和需求相关。当前，全球教育都处于核心素养时代，各个国家都在为了培养适应未来社会发展需求和社会竞争力的人才而改革教育，改革的焦点在于发展学生的核心素养。教育部在《关于全面深化课程改革 落实立德树人根本任务的意见》中，明确把核心素养的内涵界定为“学生应具备的适应终身发展和社会发展需要的必备品格和关键能力”。[①] 余文森教授在《核心素养导向的课堂教学》中提出：“就实际表现而言，核心素养指的是个体面对复杂的、不确定的现实生活情境时，能够综合运用特定学习方式所孕育出来的（跨）学科观念、思维模式和探究技能，结构的（跨）学科知识与技能，以及世界观、人生观和价值观在内的动力系统，进行分析情境、提出问题、解决问题、交流结果的综合性品质。”[②] 在《普通高中生物学课程标准（2017 年版）》（2020 年修订）中指出，学科核心素养是学科育人价值的集中体现，是学生通过学科学习而逐步形成的正确价值观、必备品格和关键能力。生物学学科核心素养包括生命观念、科学思维、科学探究和社会责任。[③] 综上所述，在突出强调教育核心素养的时代，不仅教学的目

① 中华人民共和国教育部：《关于全面深化课程改革 落实立德树人根本任务的意见》，2014 年 3 月 30 日发布。

② 余文森：《核心素养导向的课堂教学》，上海教育出版社 2017 年版，第 15 页。

③ 中华人民共和国教育部：《普通高中生物学课程标准（2017 年版）》（2020 年修订）。

的性更加明确，而且教学的目的对学生的要求更高，这是与时俱进的。

二、教学的过程具有复杂性

当学科能力、学习过程中的品格、解决问题中的情感态度和价值观成为教学的目的时，教学的过程必然要脱离讲-听教学模式了，即便当前这种教学模式还普遍充斥于课堂教学中。那么，在教学目标变为"能力"或"素养"时，有没有与之相匹配的教学策略或模式呢？如果对目标的产生机制稍加专业分析，这个问题的答案是明确的。首先，传统的讲授法，即前文所说的讲-听教学模式已经落后了，是不合时宜的。当然，对于不同学段、不同学科而言，这种教学策略应用的比例有所不同。其次，从专业角度来分析，能力或素养产生于真实情境的活动中，也要应用于真实情境中去解决问题。那么，核心素养时代的教学必然要先考虑设计什么样的学生活动，创造什么样的情境。最后，素养包含学生学习中养成的必备品格、价值观，这些要素同样需要在课堂互动中以情感交流、感情共鸣的方式产生。

通过以上仅从教学目的角度进行的本质分析，我们得出教学的过程需具备情境、活动、互动、情感交流等要素的结论。教学的过程具有一定的复杂性。另外，上述过程仅仅是教学实施的过程，一节高效的课堂最好包括学情分析、教材分析、课标分析、教学目标制定、教学评价等环节。显然，教学的过程具有高度复杂性。

三、教学的过程是动态的

教学活动不是流水生产线，教学过程的每个环节也不是固定不变的流程。面对几十个思想不同、学习基础不同、学习能力存在差异的学生，在课堂中，随时有各种各样的突发情况，这就是我们常说的课堂生成。一位教师在课堂教学中，需要随时应对这些“突发情况”，随时根据课堂情况调整教学的思路和教学的环节。这些课堂生成是课堂教学中的火花和课堂效果的催化剂，尽管教师无法预想和设计这些因素，但是这些意外的课堂生成却需要设计。因为这些生成是突发的、意外的，所以才需要在备课时予以预设，这是有难度的教学设计，很有必要。

对于如此综合、复杂而又动态的活动来说，设计是必要的，设计还应该是专业的。设计可使教学更加科学、更加高效。可以说，无设计，不教学。

第二节
逆向教学设计适合培养核心素养

自 2016 年教育部发布《中国学生发展核心素养》研究成果以来，核心素养遂成为基础教育实践中的核心问题。从各地区教研室到各级学校，都在围绕核心素养进行科研、教研和教学探索。在仅有核心素养内涵的条件下，这种探索精神是非常值得肯定的，未雨绸缪、向着好的方向前进总是对的，即便这个过程荆棘密布、道路弯曲百折。2017 年普通高中各学科课程标准正式颁布并开始实施，高中课堂教学正式步入核心素养时代，在先期省市、地区、学校各级培训基础上，老师们开始将核心素养融入课堂。

那么，有了核心素养的指引，到底怎么开展课程教学？几年来，从教研部门到学校管理者，再到一线教师，对核心素养的内涵和具体体现应该已经有了较为清晰的认识。然而，在今天，有很多教师对如何有效地在课堂中发展学生学科核心素养依然存在很多的困惑。这种困惑有针对如何教学的，有针对如何评价的。甚至，依然有教师对核心素养的课程育人目标持怀疑态度，对课堂教学中发展学科核心素养的教学目标和教学任务视而不见，仍在过分关注知识的掌握与习题练习的熟练度。显然，核心素养时代的教学改革任重道远，在没有现行道路可借鉴和成熟路径可引领的情况下，发展学生核心素养的教学就是摸着石头过河，但部分教师不忘时刻挤占学生的思考时间、阅读时间，眼里只有分数和成绩。

邵朝友老师对上述问题进行了研究和回答。邵老师根据他个人教学经验、研究基础和现实需要，提出以逆向教学设计的视角来发展课程。如果结合课程开发专家拉尔夫•泰勒的理论，结合几年来的教学实践和科研、教研，笔者十分认同以逆向教学设计发展学生学科核心素养的教学策略。在《指向核心素养的逆向课程设计》一书中，邵朝友提出了逆向教学设计的三阶段设计程序：阶段一使得课程紧扣教学目标，确保了课堂教学在大方向上不会走偏；阶段二先于学习活动设计的评价设计，使得教师关注学习目标是否得以落实，消除了那种可能产生“只教不评”、只指向“简单知识＋简单评价方法”的现象；阶段三的学习活动设计则是基于前两个阶段为学生提供适宜的学习经验，实现问题导向的学习。这些优点恰恰都是课程教学的核心，也是目前教学实践中需要解决的核心问题。原则上，这样三阶段的设计思路适合任何课程设计。但对于指向核心素养的课程设计来说，逆向设计所指向的学习目标类型非常适合于培养核心素养，而其所蕴含的通过主要问题来落实大观念学习要求的思想，更是与培育核心素养这样的学习目标直接匹配。而在实践方面，逆向教学设计盛行于北美大陆，是一种被学校教师普遍认可的课程教学设计模式。[①]

教育是有目标的宏观活动，教学是有目标的微观活动。从追求目标达成的角度来分析，逆向教学设计适合所有教育教学活动。尤其是当前核心素养作为立德树人教育根本任务的课堂教学抓手，教学的目标难度在增大，教学的目标综合性在增加，因此，当前核心素养背景下的教学更应该突出学习评价和学习目标的优先设计。

在传统的教学中，在中高考评价目标的引领下，教学目标偏重于学科知识体系。对于学科知识的教学，教师在设计教学时，容易从知识的传递逻辑、教师的讲授逻辑、知识习题的训练逻辑等方面去考虑。这样的设计，课堂的中心在于知识，课堂的主体是教师。这样的教学设计显然有利于教师的讲授，有利于学生机械地接受知识，有利于机械地刷题以提高卷面分数。这是与当前倡导的先进教学理念相反的设计方向。

如今，课堂的中心是促进学生的学，课堂的主体是学生。知识在课堂中的地位并没有弱化，而是作为课堂教学的重要载体，承载着学习目标的评价，承载着学生的学习活动，承载着课堂中师生的情感互动。逆向设计是对传统教学设计的一种相对称谓。设计教学时，首先考虑设计本节课中学习目标如何评价，有哪些评价任务，以什么方式进行评价。其次考虑设计本节课中学生的学习活动。最后考虑设计教师的活动，教师在整节课中的行为将评价、活动有机地整合在一起。当然，

① 邵朝友：《指向核心素养的逆向课程设计》，华东师范大学出版社 2019 年版，第 4 页。

以上这些设计的前提是，教师需要将本节课的知识载体进行透彻分析；需要将学情分析、内容分析和课标分析综合考虑，制定学习目标；需要在学习目标分析和学习评价分析的基础上，设计好学生活动和教师活动。

第三节
核心素养下教学设计的构成要素

一个完整的教学设计包含诸多环节和要素。没有两节课是相同的，即便是同样的内容，面对不同的学生，也不存在相同的教学设计。甚至相同的内容给相同的学生重复讲，这两节课也是不同的。显然，对于一节课的教学设计，每一个环节和要素都很关键，在设计教学时均应该充分考虑、科学设计。在通常的教学设计中，教学目标（学习目标）、教学策略、教学方法、教学辅助资源、教学重难点、教学评价、学生活动、教师活动、板书设计等环节和要素均是必须研究设计的。

当前，对于教师而言，完成教学设计需要考量的因素比较多，既要环节齐全，又要考虑理念是否先进到位。从发展核心素养的角度来分析，在这里着重分析几个关键环节和要素，主要包括教学内容结构化、教学目标的制定、学习评价的设计、学习活动（或学习任务）的设计、教师活动的设计、板书设计等。之所以对以上环节和要素着重加以阐述，是因为很多设计因素是共同的，是上位宏观的，也是必须执行和完成的。例如，情境教学策略、概念教学策略、深度教学策略、单元教学策略。

一、教学内容结构化

在一节课的设计中，教学内容主要是教材内容，也可以是教师根据教学需要选择加工好的内容，如科技论文或一篇范文等。无论什么内容，都是课堂所有活动或环节的载体。在将教学内容以某种方式呈现给学生之前，这些内容在教师的脑海中应该是有形状的，是通过一定的逻辑关系、关联因素构建的有机整体。而教师在输出这些内容时，又以某种逻辑或者某种顺序依次呈现出来。呈现出来的不仅是教学内容，还有教学内容中结构化的关系、层次、逻辑。对教学内容的分析和深度加工是设计教学时的首要环节，决定了这节课根据教学内容而设定学习目标的准确性，也决定了根据教学内容设计学习环节或活动的层次性、逻辑性。

教学内容为什么需要重构呢？这并不是教学设计所必需的，而是取决于教材开发的首要功能，即自主阅读学习，也就是可读性。从可读性角度来看，教材内容中不同部分之间的关系往往是线性的、平铺的。这对于在课堂中设计真实情境、设置认知冲突与问题导入等环节，都是逻辑冲突的。因此，能否对教材中的教学内容进行重构和再加工，是判断一名教师是否吃透教材与课标的基本标准。教师对教学内容的重构要有明确的方向和目的，无论是教材内容还是学习资料，重构设计应有利于设计认知冲突，有利于与真实情境贴切融合，有利于设计学习活动，有利于在内容输出的同时输出内容蕴含的逻辑、层次和关系。

另外，教学内容的重构应该是结构化的，基于单元情境下的结构化。非结构化的学习内容是碎片化的，是一堆知识有顺序、有逻辑的堆砌。例如，"一、现象是……；二、原因是……；三、特征是……"等形式，这不是真正的结构化。结构化的重构内容应该是图示的，最好是概念图图示的，对于年轻教师而言，起码要求是思维导图图示的。

如何进行教学内容的重构？如何实现教学内容结构化的重构？本书后续篇章将专门以高中生物学教学设计为例进行案例阐释。

二、教学目标的设计

教学目标是一节课的方向，引领着教师和学生的行为活动，决定了一节课学习活动和学习评价的设计。近年来，随着核心素养理念不断深入人心，不断有学者和教师提出，"课堂教学目标"表述为"学习目标"更为合理、科学，笔者对此是十分认同的。本书阐述的教学目标亦即学习目标。

有了对学习内容的深度分析和图示重构后，应该说，教师对教学内容中的逻辑、层次和其他关系已经烂熟于心了。在此基础上，就可以设计制定可教、可学、可评的学习目标了。这些学习目标是贯穿于整个课堂的，分布于不同的教学环节中，而不是这节课学习完后的总学习目标。尤其在以核心素养为发展目标的新课标理念的课堂中，只有将抽象的核心素养目标拆解于多个学习活动或学习任务中，才能实现对核心素养的可教、可学、可评。例如，在高中生物学教学中，这节课讲解哪个生命观念，在哪个内容中体现，在哪个环节实现，在进行教学设计时均要考虑进去。这节课要发展什么科学思维，是模型建构还是分析综合，是推理归因还是比较归纳，都要精准设计到在哪个内容、哪个环节、哪个活动中发展进行。这需要转换教师的思维，教师应具备为学而教的思维，应具备精细化备课和学教评一致性思维。

杭州上城区教育学院孔晓玲老师在《教师教学思维转型：从学习目标的设计开始》一文中，就核心素养目标下的学习目标教学设计给出了科学鲜明的阐释。孔老师指出，教学思维是教师对教学活动及其本质的认识，关乎教师对什么是教学以及如何开展教学活动的理解与追问，决定着教师的教学实践行为表现；教学目标是教师对教学活动预期结果的主观设想，也是教学活动达成的结果，它决定了教学内容选择、活动形式设计和方法手段的运用，同时折射出教师的教学思维方式。教师教学思维方式与品质首先会表现在对目标的设计表达上，从而影响教学活动的开展。

传统的教学思维方式呈现出单向性、平面化、割裂式等特点，这些问题也体现在教师教学目标的设计上。核心素养背景下的学科教学，亟须教师转变教学思维，而学习目标就是对素养立意下“学为中心”的教学目标的强调。教学思维转型从学习目标的设计开始，让教学走对方向，走上正轨。①

在《教师教学思维转型：从学习目标的设计开始》一文中，孔老师根据一线调研结果提出了教学目标设计存在的问题。教学目标设计是教师思维方式与品质的集中体现，通过观察大量的课堂教学行为发现，教师在教学目标设计上存在以下几个方面的问题。

第一个方面，重内容方法，缺乏目标导向。缺乏目标思维在日常教学中表现为两种现象。其一，缺乏教学目标意识。很多教师在教学活

① 孔晓玲：《教师教学思维转型：从学习目标的设计开始》，《中小学管理》2021年第9期。

动中关注的是教学内容和教学流程，不清楚这些教学内容和流程能否促进学生的知识建构、能力获得，导致课堂教学效率低下。部分教师颠倒教学目标与教学流程设计的顺序，先安排好教学流程，再补写教学目标，全然不顾目标与内容过程是否匹配。其二，在设计目标时缺乏结果导向思维。目标思维是结果导向的思维，是教师对教学实践的结果做出合理预测的思维方式。部分教师在教学目标设计上缺乏结果导向思维，误将教学过程和学习活动作为教学目标，以致无法有效精准地评估教学达成状况。在教学过程中，这些现象非常普遍，而且在基础教育阶段有着强大的延续惯性。2001 年新课标实施以来，随着新课标理念的深入人心，上述现象有所改变，但还是普遍存在，而且在不同地区严重程度不同。

第二个方面，重教师输出，过于主观单向。以“教”为中心的课堂，在教学目标的表述上往往以教师为主体，以教师的教学行为为核心。在传统的“双基”目标框架下，教学活动的主角是教师，目标表述往往以“让学生”“使学生”开头，体现了教师的绝对地位。新课改背景下，教师们意识到了“双基”目标的缺陷，但是在以技能训练为主的课堂中，学习活动依然局限于教师的讲授和示范、学生的模仿和接受，忽视了“教”与“学”的双向互动，忽视了学生作为学习主体的主观能动性，切断了学生与一切教学资源的多向沟通。而且，“教学目标”的叙写主体指向教师而非学生，这不利于学生的学习。另外，教学目标的制定和叙写存在学习条件（或情境）、学习行为和学习达成度不清晰的情况。

第三个方面，重书本知识，停留于平面思维。教学目标设计只是进行书本知识和技能的罗列，强调对知识点的覆盖，忽视学习过程方法、情感态度的融合，或者将知识技能、情感态度、过程方法割裂设计；

以“知识”为起点，重视“记忆”水平的达成，“知识的运用”以模仿和简单的操练为主，缺乏多层次的思维水平的互动；以书本内容为主，缺乏与学生学习经验、教学资源材料、教学情境过程的立体勾连；重视单层次的学科能力训练，缺乏对学科核心素养的整体观照。重知识的设计与教学如今已偏离了教育的根本和宗旨，这是应试教育的产物和延续。当然，今天依然有很多教师采用这样的设计，教学评价的设计缺陷或教学评价的导向失误都是关键的因素。在核心素养背景下的教学，书本知识是概念结构化的事实性知识，是发展核心素养的载体，也是承载学习活动和学习评价的重要依据。

第四个方面，重单独设计，呈现“孤岛现象”。孤立思维下的教学目标设计，把教学实施、学生培养的过程切割成一个个独立的互不关联的片段。从学科学习层面来看，知识以点状形式分布、孤立存在，未能就学科素养的达成在宏观与微观层面形成内在的逻辑沟通；从时间层面来看，目标设计不能与孩子身心发展的特征相匹配，不能在每一节课中有效关注学生成长的年段特征，更谈不上对其终身成长的关注。这正是所谓的“碎片化教学”——与核心素养下的教学相斥的教学，在课堂中，学生的思维被割裂，课堂无法组织有效的真实完整的情境，课堂也无法提供分析和解决问题的真情境、真任务。单元教学设计正是对此教学顽疾的呼应与纠正。

那么，如何对教学目标进行有效设计呢？孔老师基于上述分析提出以下建议和思考。核心素养背景下，教师需要实现教学思维的转型，用新的教学思维赋能目标设计，其中要明晰两个迭代中的概念。第一，从教学目标到学习目标。教师的教学目标只有转化为学生的学习目标，才能达至学生学习的层面以指引和促进学生的有效学习，凸显教学目标的促学功能。第二，以学定教的思维转型。教师要站在学习者的立场上，根据学情，遵循学习者身心发展规律，从学习行为科学的层面来调动一切学习资源。①

现实的问题依然存在，学习目标的本质到底是什么？学习目标究竟怎么设计？详细内容在本书后面章节有所阐述，这里只略谈一二。首先，我们来思考一个最原始的学习目标设计问题：什么是课堂教学学习目标，事实知识、概念知识、双基、三维目标，还是学科核心素养？如果是核心素养，那具体又指什么呢？一节课中的知识到底是不是学习目标？一节课必然有学习的教学内容，那么教学内容和学习目标到底是什么关系，是相等还是承载？事实是，课堂中教学内容肯定要学习，但教学内容不是教学目标，教学内容构成的活动和任务完成过程中的能力、品格和价值观才是学习的终极目标。当然，结构化的课堂知识是必需的，也是基础的目标。但只有能力、品格和价值观才能使学生拥有终生相伴随的适应能力。这就是现在新课标阐明的课堂学习目标是学科核心素养，而不是碎片化的学科知识。

当然，相同的课堂主题，针对不同学情、不同的内容载体、不同的学业要求，制定的学习目标必然存在层次和差异。因此，学习目标的设计还涉及教学内容的重组设计、结构化方案设计、关联学情的科学分析、关联课程标准的解读和分析。

三、学习评价的设计

按照逆向教学设计理念，在学习目标设计完毕后，应优先于学习活

① 孔晓玲：《教师教学思维转型：从学习目标的设计开始》，《中小学管理》2021年第9期。

动设计学习评价。保证这节课要明确学生学到什么程度，使教师关注学习目标是否实现，是否完成学习目标。

传统教学中，学习评价常常处于被忽视的状态，甚至只有教学，只有学习活动，只有课后的练习进行课后检测评价，没有课堂评价。其中，课后的检测评价还不能保证与课堂教学环节、课堂教学内容密切有关。

学习评价应该是持续性的评价，这就需要一节课中有多个评价任务，这些评价任务是有层次关系的，是进阶发展的。如何确定一节课中的多个评价任务？制定适宜的评价指标和评价方式，是一节课中设计学习评价的首要任务，而这决定于这节课教学内容的重构和结构化。假设一节课内容含有这样几个因素，包含假说演绎的几个环节：现象—假设—论证—结论。这些环节以学习任务或学习活动呈现出来后，那么这节课至少就可以设计四个评价任务：能否就观察到的现象提出合理的问题，对问题提出合理的假设，根据假设设计论证方案，根据论证结果得出相应结论。这四个评价任务按假说演绎的论证逻辑依次递进进阶。这样的设计既体现了学习评价的持续性，同时又体现了学习评价与教学活动、学习活动的一致性。

学习评价的设计须课上、课下相结合，保持内容的连续性、一致性，保持评价难度的适宜。一般情况下，教师教学比较重视课后练习的评价设计，但往往与学习目标的契合度不是特别高。也许就是随意选择一部分习题作为课后作业，缺乏针对性强的作业设计。

四、学生活动的设计

传统的课堂教学几乎没有学生活动，教师的“讲”基本就占据了整个课堂，学生主要的活动是“听讲”。这种被动式、被灌输式的学习，效果自然不甚理想。随着新课改的不断推进，尤其自2016年《中国学生发展核心素养》颁布以来，基础教育阶段课堂教学发生了明显变化。突出学生的主体地位，突出课堂以“学”为中心，已成为课堂教学发展的方向。课堂突出学生的“学”不是简单地让学生占据更多的课堂时间，核心在于学生活动与学习评价、教师活动有机融合，以达到学习目标。

学生活动需要在认真研究分析的基础上，综合考虑教学内容、学习目标、教师活动等因素进行设计。学习活动的设计应该遵循以下四个原则。

1. 系统性

整节课所有要素和环节是一个整体，相互作用，相互关联。课堂教学可以被视为有生命的一项活动，有师生情感的互动，有学习者和学习内容隔着时空的交流，课堂有着其诞生、生长、成熟、结束的生命历程。系统考虑整节课的设计，是符合其生命属性的，在系统中看局部，局部的设计是合理的。学生活动的设计要基于教学内容的重构和结构化，要基于学习目标。甚至再进一步想，难道一节课中学生活动的设计与教师的教学行为习惯、班风、学风、教学的硬件条件没有关系吗？

教学内容决定了学生活动的设计环节，学习目标决定学生活动的类型、难易程度，学生活动决定学习评价的评价方式。

2. 适切性

前面提到学生活动要从系统性的角度来设计，要考虑课堂教学系统的各方面因素或者变量，学情就是重要的一个因素。同样的学习内容，内容重排和结构化的结果是一样的，但在课堂输出时，教师应根据学情将学习内容的学习目标和要求做适切处理。学情基础较弱时，学习目标难度应适当下调，教师设计的问题应适当简化，学生活动的时间应适当延长，学习评价指标应做相应调整。

3. 进阶性

基于核心素养的教学需要设计深度学习。按布鲁姆学习目标分类，综合、评价、创造属于高阶的学习目标，属于高阶思维能力。在学习活动中完成相应的任务或问题时，随着学习内容的递进或进阶，对于思考能力的要求逐渐升高，这符合学生学习的认知规律。一般而言，一节课的学生活动从以识记、理解为主的低阶思维开始，逐步向综合、评价和创造递进过渡。高阶思维能力是在真实情境中分析解决问题的关键能力，是核心素养内涵中关键能力的重要部分。

4. 情境性

核心素养背景下的课堂教学，情境策略是主要的策略，甚至是必要的教学策略。学习活动的设计在整节课的大情境下展开设计，一节课的大情境在不同课堂环节又会分割出小情境。每一项学生活动在小情境中能体现独立的作用。例如，一节课大情境是血糖调节，那么根据教学内容设计，可以分为血糖的来源和去向、血糖的激素调节、血糖的神经体液调节等环节，每个环节又是独立的小情境。在情境中思考和学习，有利于培养学生的核心素养。

五、教师活动的设计

核心素养下的教学设计中，教师活动在课堂中是淡化了的。在一节课开始设计时和评价完成后，教师的活动多是课堂外的备课思考、设计教学和课后完成课堂评价。而在课堂中，教师的主要活动体现在组织教学，按教学环节依次布置学习任务，引导学生参与课堂活动，对学生在课堂中的学习目标达成度和课堂参与程度进行评价，包括过程性评价和达标评价。

当然，在过去的传统教学中，教师活动的行为更加单一，只是地位比较突出，教师在课堂中占据了主导地位，教师的讲授就是占比最高的教师活动。在核心素养下的课堂教学中，教师的活动方式增多，而且与课堂其他要素和环节高度相关，甚至可以说是其他要素和环节的决定者、执行者。因此，教师活动不是简单的组织、呈现、引导和评价，而是需要系统、科学的设计。设计人员要将教师活动与课堂中的学生活动、学习评价高度融合，将教师的情感与课堂气氛的渲染结合起来，将教师活动与一节课上学生的学习状态、学习情绪等结合起来考虑，进行综合设计。

六、板书设计

板书无疑需要设计。那是否可以按教学内容把重点书写出来呢?答案当然是否定的。板书是教学内容结构化的体现，是教学思维和学习思维的体现。科学的板书设计应该是概念图式的，是内容结构化的展现。如果板书是按“一、二、1、(1)”等层次来展现教学内容，那么可以肯定地做一个论断，这节课的设计与教学偏重于知识的碎片化教学，或者教师在授课中没有过多关注学生思维能力的发展，更多关注的是知识的记忆、理解和做题的技巧。当然，不同学科对板书的要求不一样，试想，一节数学课怎么设计和书写板书呢？无论什么形式，笔者认为，板书都要体现学习内容结构化的思想，体现板书是思维的外显形式。

当前，在教学中存在这样的板书行为，用精致漂亮的 PPT 代替用粉笔板书。这确实是多媒体技术给教学带来的技术革命，PPT 式的板书设计与呈现，容量大、精致漂亮，还可以带有动画，强化显示。笔者认为，PPT 式的板书形式一定要应用好，避免展现速度快的弊病。快节奏的板书展演挤占了学生思维的时间，甚至割断了师生之间一定的情感交流。能用粉笔写板书的，尽可能用粉笔当场书写，这样板书的过程就是师生思维交流的过程，时间够、有情感，学生书写笔记摘要时也有充分的时间。甚至，有时候教师板书的时间就是学生调节学习注意力的时间，教师板书时，学生可能会放松心态，放松大脑，以便更好地参与下一阶段的思维活动。板书的过程能使课堂节奏更加张弛有度。

第四节
核心素养下课堂要素如何综合设计

这里所说的核心素养下的课堂要素，是指前面第三节中分类提到的各要素，所谓如何综合设计，是指应该以何种顺序或逻辑进行组合。简单的堆砌只是有教学设计的“形”，而无法体现教学设计的本质。如果只是按一定顺序罗列，而没有将各环节要素有机融合起来，那么这样的教学设计依然没有真正的灵魂。在这里，寻求一种适应核心素养发展，适合高中生物学科教学的统摄设计理论。在教学设计的各环节关系中，这种统摄思想就是教学设计的灵魂和方向。在教学实践中，逆向教学设计和学教评一致性的教学设计思想是重要的参考理论。这两种教学设计理论在很多方面是相通的。

一、按逆向教学设计策略综合设计

逆向教学设计理论认为，教师进行教学设计需要经过三个阶段：确定预期结果，确定合适的评估证据，设计学习体验和教学。在传统教学中，教师们经常直接设计具体的流程——这节课怎么教，先设计教学的流程，然后直接进行教学，在教学过程中如果发现课堂效果很好，就对自己的课堂效果加以认定。

其中的弊病显而易见：所有的教学都是随性而为，没有既定目标，没有方向。有的教师说：有课堂效果不就行了吗？但是，这个效果是我们想要的效果吗，是教科书中为我们设定的、有层级的、有逻辑推进的、理性的效果吗，还是“个性化”解读和执教的效果？有效的教学，是先理解教科书以及课程标准为我们制定的教学目标，然后设定评估标准，最后才去设计具体的执教流程。这个追求理解的教学设计，也被我们称为逆向式设计。

二、按学教评一致性策略综合设计

学教评一致性教学设计理论基于布鲁姆学习目标分类理论和 UbD

理论，UbD 理论即逆向教学设计。具体理论在后面章节有简述。总体设计策略的框架如下：首先是进行基于课程标准的教学目标精准叙写，分析课程标准，将课标进行科学分解，分析教学内容，分析学情；其次是教学活动的设计，整个设计要保证教学评价目标、学习目标和教学活动高度统一。

上述两种理论各有特点，并且有互通之处。根据笔者多年高中生物学教学实践，在核心素养背景下进行高中生物学教学设计时，还需将上述两种理论进行优化整合。

第一，总体设计框架与逆向教学设计基本一致。

第二，教学目标需要精准叙写。教学目标精准叙写不仅要参考课标内容要求，还需要参考课标单元学业要求、课程学业质量标准和教材单元素养发展要求。这样才能精准叙写出基于核心素养的教学目标。

第三，教学内容分析应在教学设计整体过程中居于首位，或者教学内容与课标同步分析。之所以有这样的设计，是因为在高中教学中，教学内容是发展核心素养的主要载体，决定了课堂情境的创设、教学环节的设计、评价任务的设计和教学目标的设计。因此，要优先进行教学内容分析。

第四，教学内容须重整。核心素养下的教学如何实现深度学习？其前提是创设真实情境，将教学内容结构化，将学习活动、学习评价结构化，这种结构化一般是进阶式的。结构化的教学过程促进深度学习，深度学习才能培养出学生的学科核心素养。教学内容要结构化，就需要进行教学内容的重整，尤其是对教材内容进行重整，适当补充情境资料。如果是复习课，重整内容还要多一些。高考前的复习课，教学内容几乎都是重新整合的内容。

第五，学习活动需要重点设计。UbD 理论中第二阶段的重点是学习活动的设计，这充分体现了课堂设计以学生的“学”为中心。在学教评一致性策略中，目前呈现的案例和理论分析对教学活动分析较多，并没有对学习活动进行单独分析，也没有重点突出学生的学习活动。这在核心素养背景下的教学中是有失偏颇的。

第六，教学评价的设计贯穿课内外。这一点与上述两种策略理论是高度统一的。评价即学习，评价是为了更好地学习。

第二章

学教评一致性教学设计理论

第一节
核心素养的评价

2014 年 3 月，教育部印发的《关于全面深化课程改革 落实立德树人根本任务的意见》提出“各学段学生发展核心素养体系”，以此推进深化课程改革；2016 年 9 月，北京师范大学核心素养研究课题组发布了核心素养框架，这标志着我国核心素养研究初见成效，并达成了共识。基于核心素养的教育教学的深化改革离不开课程、教学以及评价领域落实核心素养的要求。

当前，我国乃至全球教育正由教师中心向学习者中心转变。这种转变要求教育不再只是传递孤立的知识和技能，而应该转向培养学生的核心素养。然而，判断学生的核心素养是否得到了发展或者发展水平怎么样，需要通过评价来实现。当前，学习者中心教育理念要求评价必须为学生的学习服务，即评价不仅为学生的学习提供反馈，还要为学生的学习提供方向指引。而在现实中，传统的知识点测试仍然占据重要地位，其能够将知识和技能进行解构，进而描述教学、学习和评价的具体类型以及这三者之间的一致性，比如知识点传授的教学目标、死记硬背的学习与事实性知识的测试之间的一致性。然而，由于核心素养具有整体性，因此传统的重视知识和技能分解的评价方法无法全面揭示核心素养的内涵，即传统测试已经严重滞后于核心素养评价①。

传统的测验是针对教育教学的评价，这种考试和评价是外在的，相对来说是比较刚性的，是冷冰冰的评价；当前教育推动的是促进教学的评价，这种评价是为了促进教育教学的发展，为了学生学习和教师教学而进行的评价；在未来，教育面临第三个情景，评价将成为教学的一部分。在“互联网 +”的社会背景下，教学和学习发生着根本性的改变，班级授课制转变为个体化的教学和学习，教师由传授者转为指导者。这场变革的速度，可能比我们预期的更快。在这样的变革中，评价不仅仅是“针对教学的评价”和“为了教学的评价”，而是“作为教学一部分的评价”。评价的过程就是学习的一部分，每一次的测验都搭建了学习的支架，评价结果构成了学习轨迹，通过不断地调整与选择学习和评价内容，促进真正有效学习过程的生成。②

核心素养指导的考试评价，需要合理地确定评价依据。考虑到与整个教育系统的融合，促进学生核心素养的评价应该基于学生的学业质量标准。学生学业测评的蓝图由两部分组成：一个是内容标准（课程到底涉及了哪些内容），一个是表现标准（学生应该达到何种能力水平）。如果课程标准能够提供内容标准和表现标准，那么就能够取代考纲，直接指导考试与评价。由核心素养指导的现代课程体系具备这样的可能，因为现代课程体系不仅有课程内容标准，还包含质量标准。构成学业测评蓝图，内容标准和表现标准缺一不可，不存在只有内容而没有表现标准的测评，也不存在超越课程内容的抽象的能力水平考

① 雷浩，崔允漷：《核心素养评价的质量标准：背景、内容与应用》，《中国教育学刊》2020 年第 3 期。

② 辛涛，姜宇：《基于核心素养的基础教育评价改革》，《中国教育学刊》2017 年第 4 期。

试。而学业质量标准能够将核心素养和教学内容有机地连接起来。在学业质量标准指导下进行考试与评价，既参照了课程标准规定的教学内容，又依据学生核心素养规定的领域和要求；更为重要的是，据此来进行评价能够防止脱离教学内容、单独设立的评价标准给课程和教学带来的混乱。

核心素养所蕴含的学习观或教学观，基本上体现出这样一种思路，即与现实生活紧密相关的一些真实的问题情境。因此，我们更倡导的是一种基于问题的学习，基于项目式学习。核心素养所蕴含的学习观，改变的是我们原来碎片化的知识和孤立技能的习得。我们原来过分地关注确定性的解题过程和标准答案，而现在关注的是学生综合运用学科思想方法和探究技能所表现出来的一种学科的观念、学科的思想方法、学科的研究路径，也就是我们所倡导的关注学生综合运用学科思想方法、研究技能、结构化知识和技能以及价值观，创造性地去解决复杂的、不确定性的现实问题。

结合课程标准和教学实践，可以这么概括：核心素养的评价内容是学生在复杂的、不确定性的现实情境中表现出来的学科的观念、学科的思维模式和学科的探究技能。

那么，在教学实践中如何设计和实施核心素养的评价呢？这也是一线教师经常纠结的问题。教师知道核心素养评价的对象和内容，在日常教学中如何有效实施呢？以下几点思考和建议可做教学评价的参考。

结合教学实践，确立评价任务前置的做法，将学习结果及对学习结果的评估同时优先考虑，把原本用来检测教学效果的评价提至教学活动之前，特别强调评价的地位和作用。

教学设计中先确定希望学生理解的内容和增进这种理解的评价任务，由此展开并决定如何更好地开发出帮助学生掌握有关知识和能力的课堂教学活动，其中核心问题的设计和展开的学习任务是组织教学的关键。

以逆向设计的理念，从评价目标的前置出发，教师需要明确以下几个问题，从而形成评价准则：教师要掌握学生应该知道什么、理解什么以及能够做什么；从内容标准、学习目标和学习结果来确定教学将达到什么目标；明确学生最终会通过学习什么核心概念而获得什么关键技能，以及如何将技能进行应用迁移。

评价是一种学习方式，评价的过程就是学习的过程。学习方式的变革是新时代教育教学变革的一个重要前提；同时，评价也是一种成长方式，评价的过程也是成长的过程。基于评价的两大作用，教师在组织教学活动时，需要将评价嵌入学习任务中，以具体的量规评价学生的学习。

改革原来的教学流程设计，建立学习任务群，以任务驱动的形式开展单元整体学习，能够更好地促进师生对核心概念的理解和掌握，形成相应的知识技能和技能素养。根据学科的不同，教师可以在单元教学中选择设置相应的评价方式，如表现性评价、阶段性评价、项目式评价等，助推学力课堂。

评价量规的制定是做好检测学生学习效果的依据，教师要建立相应的评价量规来评判教学成效，制定合理的评价单，落实到任务的学习中，使学生清楚可以通过什么方式来证明自己达到了预期的结果。

教师在进行评价的过程中，需要随时思考评价量规是否能检测学生的学习结果，评价方法是否包含能力迁移，是否足够丰富，以便让学生有机会展示和掌握制定的学习目标，以及在评价方式的选择上和评价标准的制定上是否真实有效。在评价分析过程中，通过课堂展示和生生互评，利用合理的语言逻辑和图表帮助，使学生能够正确直观地表达自己的观点，辩证分析方案的优点与不足，培养学生的批判思维，也帮助教师本人在活动的过程中反思评价设计的合理性。

第二节 布鲁姆学习目标分类理论

教学目标分类理论是 20 世纪 50 年代以布鲁姆为代表的美国心理学家提出的。在这个理论体系中，布鲁姆等人将教学活动所要实现的整体目标分为认知、情感、动作技能等三大领域，并从实现各个领域的最终目标出发，确定了一系列目标序列。

一、认知领域分类

布鲁姆将认知领域的目标分为识记、理解、运用、分析、综合和评价六个层次。

识记（知道）是指认知并记忆。识记对象包括三类：术语和事实；处理特殊问题的方法或途径的知识，包括序列、分类、标准、方法等；一般或抽象的知识，如原理、理论、知识框架等。相关概念有回忆、记忆、识别、列表、定义、陈述、呈现等。

理解是指对事物的领会，但不要求深刻地领会，而是初步的，可能是肤浅的。理解的方式包括：转换——用自己的话或用与原先不同的表达方式来表达自己的思想；解释——对一项信息加以说明或概述；推断——估计将来的趋势或后果。相关的概念有说明、识别、描述、解释、区别、重述、归纳、比较等。

运用是指对所学习的概念、法则、原理的运用，它要求在没有说明问题解决模式的情况下，学会正确地把抽象概念运用于适当的情况。这里的运用是初步的直接应用，而不是全面地、通过分析或综合地运用知识。相关概念有应用、论证、操作、实践、分类、举例说明、解决等。

分析是指把材料分解成它的组成要素部分，从而使各概念间的相互关系更加明确，材料的组织结构更为清晰，详细地阐明基础理论和基本原理。相关概念有分析、检查、实验、组织、对比、比较、辨别、区别等。

综合是以分析为基础，全面加工已分解的各要素，并再次把它们按要求重新组合成整体，以便综合地创造性地解决问题。其涉及具有特色的表达、制订合理的计划和可实施的步骤、根据基本材料发现某种规律等活动，强调特性与首创性，是高层次的要求。相关概念有组成、建立、设计、开发、计划、支持、系统化等。

评价是认知领域里教育目标的最高层次。这个层次的要求不是凭借直观的感受或观察到的现象作出评判，而是理性地、深刻地对事物本质的价值作出有说服力的判断，它能综合内在与外在的资料、信息作出符合客观事实的推断。

二、情感领域的教学目标

布鲁姆将情感领域的目标分为接受或注意、反应、评价或价值化、组织、价值与价值体系的性格化五个层次。

接受或注意指学习者愿意注意某特定的现象或刺激（选择性注意），可分为以下三个亚类。

（1）觉察指学习者意识到某一情境、现象、对象或事态。与"识记"不同的是，这种意识不一定能用语言来表达。例如，形成对服装、陈设、建筑物、城市设计、美好的艺术品等事物中的美感因素的意识。

（2）愿意接受指学习者愿意承受某种特定刺激而不是去回避。例如，增强对人类需求和社会紧迫问题的敏感性。

（3）有控制的或有选择的注意指自觉地或半自觉地从给定的各种刺激中选择一种作为注意的对象而排除其他无关的刺激。例如，注意文学作品中记载的人类价值和对生活的判断。

反应指学习者主动参与、积极反应、表示出较高的兴趣，它包括以下三个亚类。

（1）默认的反应指学习者对某种外在要求、刺激作出反应，但是还存在一定的被动性。例如，愿意遵守游戏规则。

（2）愿意的反应指学习者对于某项行为有了相当充分的责任感并自愿去做。例如，对自己的健康和保护他人健康承担责任。

（3）满意的反应指学习者不仅自愿做某件事，而且在做了之后产生一种满意感。例如，从消遣性阅读中获得乐趣。

评价或价值化统称为价值评价，是指学习者确认某种事物、现象或行为是有价值的，学习者将外在价值变为自己的价值标准，形成了某种价值观、信念，并以此来指引其行为。评价或价值化包括以下三个亚类。

（1）价值的接受，即接受某种价值。例如，始终渴望形成良好的演讲能力和写作能力。

（2）对某一价值的偏好，指不仅学习者接受某种价值，而且这种价值驱使着、指引着学习者的行为，同时这种价值为学习者所追求，被学习者作为奋斗目标。例如，积极参与展示当代艺术成就的准备工作。

（3）信奉指个体坚定不移地相信某种观念或事业，自己全力以赴地去实现这种自认为有价值的观念或事业，并且还力图使别人信服这种观念、参与这项事业。例如，献身于作为民主之基础的观念和思想。

组织指学习者在遇到多种价值观念呈现的复杂情境时，将价值观组织成一个体系，对各种价值观加以比较，确定它们的相互关系及它们的相对重要性，接受自己认为重要的价值观，形成个人的价值观体系。其包括以下两个亚类。

（1）价值的概念化，即通过使价值特征化，使各种价值能够联系在一起。例如，试图识别所欣赏的某一艺术客体的特征。

（2）价值体系的组织指学习者把各种价值（可能是毫无联系的价值）组成一个价值复合体，并使这些价值形成有序的关系。例如，制订一个根据活动的要求来调节自己休息的计划。

价值与价值体系的性格化，指学习者通过对价值观体系的组织，逐渐形成个人的品性。各种价值被置于一个内在和谐的构架之中，并形成一定的体系。个人言行受该价值体系的支配；观念、信仰和态度等融为一体，最终的表现是个人世界观的形成。达到这一阶段以后，行为是一致的和可以预测的。这个领域也包括两个亚类。

（1）泛化心向指一种在任何特定的时候都对态度和价值体系有一种内在一致的倾向性。例如，根据事实随时准备修正判断和改变行为。

（2）性格化指外在价值已经内化为学习者的最深层的、整体的性格，包括他的世界观、人生观等。例如，形成一种始终如一的生活哲学。

三、动作技能领域的教学目标

动作技能涉及骨骼和肌肉的运用、发展及协调。在实验课、体育课、职业培训、军事训练等科目中，这常是主要的教学目标。1956 年布鲁姆等人在创立教育目标分类理论时，仅意识到这一领域的存在，但未能制定出具体的目标体系。后来，辛普森（E. J. Simpson）等人提出了几种不同的分类方法。

第一个是辛普森等人于 1972 年提出的分类系统，这是目前应用较广泛的一种分类体系。辛普森等人于 1972 年提出将动作技能目标分成下面所列的七级。

（1）知觉。

（2）定势。

（3）指导下的反应。

（4）机械动作。

（5）复杂的外显反应。

（6）适应。

（7）创新。

动作技能教学目标指预期教学后在学生动作技能方面所应达到的目标，分为知觉、模仿、操作、准确、连贯、习惯化六个等级。

知觉，指学生通过感官，对动作、物体、性质或关系等的意识能力，以及进行心理、躯体和情绪等的预备调节能力（如表现出外部的感觉动作）。

模仿，指学生按提示要求行动或重复被显示的动作的能力。

操作，指学生按照提示要求行动的能力，但不是模仿性的观察（如按照指示表演或练习动作等）。也就是说，学生要能进行独立的操作。如在进行一段时间的实践之后，能够完成操作成绩表中 10 项要求中的 7 项。

准确，指学生的练习能力或全面完成复杂作业的能力，学生通过练习可以把错误减少到最低限度（如有控制地、正确地再现某些动作）。如在乒乓球的练习中，抽球动作的成功率至少达到 75%。

连贯，指学生按规定顺序和协调要求去调整行为、动作等的能力（如准确而有节奏地演奏）。

习惯化，指学生自发或自觉地行动的能力（如经常性、自然和稳定的行为就是习惯化的行为），也就是学生能下意识地、有效地让各部分协调一致地操作。如在乒乓球比赛中，抽球还击的比率达 90%。

第三节 追求理解的教学设计（UbD）理论

一、传统设计的两个误区

以活动为中心的课程缺乏对存在于学习者头脑中的重要概念和恰当学习证据的明确关注。他们认为自己的任务只是参与，认为学习只是活动，而不是对活动意义的深刻思考。“灌输式学习”，即学生根据教材（或教师通过课堂笔记）逐页进行学习，尽最大努力要在规定时间内学习所有的事实资料。在学生完成整个学习任务的过程中，如果教学设计没有突出强调清晰的目的和明确的表现性目标，那么学生也无

何为教师核心技能？答案以"上课"居多，即便认识到备课的重要性，也多为经验之谈，专业性则有待省察。殊不知，备课是良心活儿，更是技术活儿，不是经验活儿。

基于此，我们需要在反思的基础上，以现代教学设计理论与技术改造优化传统备课，使之真正成为新时代好老师的核心技能。

比教学流程更重要的是目标

传统备课过于依赖、崇尚经验，却缺少对经验的深度反思，正所谓"写一辈子教案不一定成名师，写三年反思就能成名师"。实际上，写反思未必能成名师，写好教案也能成名师，关键在于是不是真正进行了教学设计与反思。真正的教学设计具有创新性、专业性、科学性，但这样的好设计不多，就像好演员总是感叹好剧本太少、肿瘤科医生总是感慨好的治疗方案太少。要想做出专业的教学设计，需要反思当下备课的问题，再找到解决之道。

那么，什么是真正的反思？传统备课真正需要反思的是什么？

很多教师写在教案后的反思，多是针对教学过程中细枝末节的零打碎敲或者修修补补，且多是以教师为中心、以知识为中心。典型例证是，教师备课之初首先考虑的是"我要教什么""我怎么教"，而不是"学生学什么""学生怎么学"。说得通俗一点儿，备课理念主要表现为思路，而教师的思路大多局限于教学流程的思路。实际上，比教学流程更重要的是目标。因此，课堂教学质量问题的病症在课堂，根源在备课。之所以出现这些问题，还是教师备课的理念、思路有问题，技术和操作是第二位的。

传统备课最大的问题不是经验化，而是现代教学设计理念与技术的缺失，经验化只是其表征。传统备课缺乏真正落地的现代理念，也没有多少专业技术，更多的是长时间模仿和经验积累。久而久之，教师常常陷入繁忙而单调的“平庸之恶”。对抗“平庸之恶”的最好办法就是，在反思理论根基的基础上，思考另一种可能：我备课的理论依据对不对？有没有更好的思路？当教师基于“学教评一致性”的思路做设计的时候，就已经在超越原有的经验了。

搭建理论实践的融通之桥

事实上，尽管教学设计的学术研究成果丰硕，但其与实践领域的备课的关系宛若楚河汉界：要么是理论转化不够，要么是实践缺乏理念引领。当我们在成都的一所学校真正拉开备课改革的序幕时，教师急需一整套教学设计的具体技术和操作要领。但我们发现，能借鉴的也只有为数不多的案例，而且教师在实践中难以学习和应用。把抽象的教学设计原理转化为可操作的技术要领绝非易事，但这个任务完不成，对传统备课的专业化改造就不可能真正起步。

经过几年的行动研究，我们逐渐建构、优化出了一个基于“学教评一致性”教学设计的操作系统，包括专业标准、技术、模板、操作要领、案例等。有了专业标准，教师还需要更具象的教学设计模板和技术才可操作，还需要鲜活的案例去借鉴，实践环节还需要有人示范和持续指导……就这样，我们在实践的沼泽地里和教师一起摸爬滚打，从最初的一些不太成熟的标准、技术和要领逐渐走向完善。在这个过程中，我们逐渐解决了课标分解、目标叙写等专业难题，实现了一些技术、模式的创新，体验到收获的幸福。这一过程是研究者、管理者和教师合作的过程，是一个不同主体相互碰撞、学习、磨合的过程。理论转化为实践的同时，也有新的理论再生，可谓“理论与实践的融通”。

是不是有了眼下这条路，教师们就可以沿着它大批、快速、轻松地通过呢？

不是。尽管经过几年的努力，我们形成了一整套基于“学教评一致性”的教学改革方案，尽管有了可以对理念、标准、技术、案例以及配套的专著、手册进行示范的教师，培训机制基本建立，但我们也发现很多学校和教师并没有真正认识到教学设计作为高级复杂技能的重要性和专业性：要么意识不到学习的紧迫性，要么学习中有明显的急功近利的思想。

事实上，即便有了相对成熟的教学设计实操方案，要使之内化为教师的核心技能，仍需要一个长期、专业的研修过程。简言之，研修过程包括如下三个阶段。

第一阶段，以专业阅读为手段，学习教育目标分类学、心理学、教学设计等理论知识。不学习，教师就很难高质量完成重难点环节。我们提倡学校组织教师共读指定书目，有目标、有任务、有分享、有激励，形成闭环，提高质量。读书的另一个重要目的是引发反思，教师有了新理念的视野，才能具备反思力。

第二阶段，在实操培训中，骨干教师学会关键技术的基本操作，这一步是从知识形态走向操作形态。

第三阶段，至少进行为期一年的校本主题研修。基于真实的教学情境，专家、教师一起分主题研修教学设计的过程不可或缺。它不仅是前期学习的巩固，更是教师在实际操作中把新的理念与技能内化、再生的过程，是超越经验走向专业化的必经阶段。

三个阶段走下来，实乃一场系统的教学改革。

“备课专业化”从一个单纯的理念，发展为一套教学设计操作系统、一种课堂教学改革模式。星光虽弱，却是推动基础教育改革的现实力量。我们坚信，只要坚持专业思维、实践关切，通过更多同道者的努力，教学设计会成为更多新时代好老师的核心技能、专业素养。道阻且长，行则将至。

在过去的教学中，教师过分关注课堂中教师的“教”，从而形成了“一言堂”现象。当然，过多的讲授在我国教育界有其存在的历史缘由和时代背景。随着新课改的进行，课堂教学大力倡导学生的“学”，以学生为主体构建课堂。一时间，众多教师在备课中不知所措，强大的教学惯性使得以“学”为中心的教学改革别别扭扭、不伦不类。时至今日，在不同学段、不同地区的很多课堂中，都普遍存在以“学”为中心的设计偏离。这两年，在新冠肺炎疫情的影响下，线上教学的固有劣势更是加剧了这一点。线上教学缺少有效的师生互动，特别是情感互动。在教学进度和网络因素的影响下，线上教学避免不了有更多的教师更加专注于“讲”。

当新课标实施进入核心素养时代，中高考评价、考试评价、教学评价猛然跃升为教学改革的热点。的确，课堂要以发展核心素养为抓手，以完成立德树人、培养未来社会主义建设接班人的任务。那么，课堂教学中核心素养怎么评价？中高考试题怎么考查核心素养？而在过去的教学中，通过纸质试题作答就能完成双基知识考评，同样能完成除动手实践之外的学科能力考查。但是，核心素养中的品格、价值观、社会责任等如何在课堂中、中高考考试中进行有效评价呢？随着新高考的实施，这一切需在实践中探索，目前已取得了一定的成果。

当教育教学热点关注教学评价时，一线教师也开始用这个“时髦”的词来思考自己的教学。在过去的教学中，教师每日的工作都是围绕教学评价，只是使用了不同的专业词汇进行表述和联想。从小学高年级阶段到高三高考复习阶段，教师的工作多数是在判阅作业，这不就是教学评价的一部分吗？但是，这么长的时间里，我们很少用专业的眼光和角度将教学评价与教学设计紧密地关联起来。在教学实践中，提到“教学评一致性”，很多老师不以为然。很明显，在他们心里，自己的教学肯定有“教”、有“学”、有“作业设计”，这不就是教学评一致性的表现吗？是不是真的就这么简单呢？

张爱军博士在其著作中，就这一问题提出了尖锐的质问和清晰的分析，他将“教学评一致性”的提法修改为“学教评一致性”，认为这样突出了以“学”为中心，“学”的设计应该是第一位的。这一点是非常重要的，而且是值得赞赏的。学教评一致性从备课专业化开始，这是一项非常专业化的系统工程。并不是说一节课的设计中有“教学”的设计，有“学生活动”的设计，有“课堂检测和课后习题”的设计，就体现出学教评的一致性了。这是基于 UbD 理论的教学设计理念，是基于布鲁姆学习目标分类理论的教学设计。

当前，学教评一致性或教学评一致性理念，虽然已在基础教育阶段的课堂改革中逐步深入，但根据笔者的调研，走入实质性阶段的并不多，即使有也是浅薄的。这也是本著作依据的项目研究与实践的意义。学教评一致性的关键在于设计，是要从专业化角度来分析学习目标制定、学生活动制定、教学评价的设计等几个课堂环节和要素，按环节和要素之间的逻辑关系、层级顺序进行设计。为此，张爱军博士在其著作的应用解说中提出了详细的实操攻略。

在改革之初，学习、吸收、筛选国内外相关实践和研究成果，我们为参与实验的老师提供了一个新的模板。这个模板学习借鉴了国内外相关研究，包括在美国影响广泛的“逆向设计模板”，以及华东师范大学崔允漷教授指导的基于标准的教案和学历改革的相关案例。我们在形式上的改进不大（如增加课型、课标分解等），主要尝试在内容上的改进。一是思考模板背后的支撑性要素并使之体系化，包括基本理念的提炼、专业标准的制定、操作要领的总结、关键技术的开发、评价工具的设计等，形成一个系统；二是在点上的深化，即每个小板块的内容如何更加精深，如摘录课标之后还要做课标分解、教材分析如何体现出学习规律、教学活动设计如何遵循学习心理发生过程等。这样一来，教师在学习和应用这个模板的时候，就不单纯是在使用工具，而是研习一个理念与操作的系统。在此基础上，我们给这个模板起了一个名字，称之为学教评一致性教学设计模板。

理解这个模板，首先要理解背后的专业标准。按照研发的教学设计专业标准，我们把“备课四条”中的每一条都具化为模板中的小板块或小栏目，再加上课题、日期等基本信息，最后将之表格化。

学教评一致性教学模板，包括四个部分。第一部分为基本信息，具体包括课题名称、日期、节次、来源（指具体的教材版本信息）、设计教师、课型、班级、学生人数等。其中，较为重要的是“课型”，因为不同的课型会对学习目标的确立和教学活动的设计产生不同的要求。第二部分就是学习目标部分，这一部分可细分为目标确立依据和目标的呈现，而学习目标的确立依据又包括课标分析、教材分析、学情分析三个小板块。第三部分就是评估任务，往往是与学习目标相对应的。第四部分是教学过程，细分为教学环节、教学活动和评估要点三栏，其重点是教学活动的设计。

这个教学设计模板的价值至少有三个。

首先，给了教学设计一个工具，实现其技术属性。传统备课之所以被视为经验行为而不是专业行为，一个重要的原因是它的技术性不够：不用专门学习，过度依赖经验积累。事实上，许多教师不用学习专门的教学设计，看看老教师的教案，或者只要按照学校给的教案本按部就班去填就可以了。这也说明了它没有技术性和壁垒性，专业性不够。能够称为技术，至少要包括方法与工具两个要素。例如，有了钓鱼的方法，再加上钓鱼竿，才有可能真正掌握钓鱼技术。“授人以鱼，不如授人以渔”的“渔”，一直被解释为“钓鱼的方法”。笔者认为，“渔”的含义被解释为“钓鱼的技术”更为合理，这个技术就包括钓鱼方法和鱼竿；只给方法还不行，还要给工具。又好比所谓修车的技术，你只是教给修车的方法，修理工还是无法掌握修车的技术，他还必须有扳手等工具。传统的教案本几乎没有设计感，体现不了现代教学设计的理念与标准，自然难以称为一种专业模板，也就算不上一种专业工具。所以，我们给教师讲解学教评一致性教学设计的理念和操作要领还不够，还必须给教师一个工具，这才算是给了一种新的备课专业技术。

其次，实现了教学设计理念的落地。“学教评一致”“基于标准”等理念只是一种思想，是看不见、摸不着的，它需要“落地”，体现在教师的具体操作中。教师用这个模板去备课，就能基本上落实相关理念。例如，如果教师按照模板一步步去设计学习目标、评估任务、教学活动，自然就做到了一致性；又例如，只要教师用这个模板，一开始就必须进行课标分解，基于标准的理念就不用刻意去提了，教师实际上就在做了。这样一来，学教评一致性教学设计就从理论走向了实操。

最后，实现了教学设计操作步骤的“标准化”。这个模板把学教评一致性教学设计专业标准从语言描述转化为相对固化的表格，在实现思维可视化的同时，实际上提炼出了基本的、相对固定的操作步骤。教师只要按照模板的要求，一步步去做就行了。这是一种“标准化”的努力，只有实现了“标准化”，技术才容易复制、推广。这种“标准化”，当然不是一种模式化的僵硬的套路，只是给教师提供了一种相对容易模仿和操作的步骤。这也能够满足教师培训的需要，使大规模应用成为可能。模板的最大好处就是给教师提供了一个“模子”，照葫芦画瓢就行了；它又像一个“跑道”，只要按照要求去做，依然可以跑得很快，不是一种束缚。当然，并不是说用这个模板写出来的就是优质教案，因为它只是一个工具。

不难发现，如果一所学校或一个区域的教师，能够深刻领会这个工具背后的理念，能够真正使用这个工具，他们的备课必然会发生革命性的变化。在此意义上，这个模板引发的可能是教案的革命。[①]

① 张爱军，《备课专业化：学教评一致性教学设计的理念与操作》，东北师范大学出版社 2020 年版，第 38—41 页。

第三章

学教评一致性——教学目标叙写技术

第一节
教学目标的叙写原则

从本章开始，理论与实践的分析均以高中生物学教学为基础。

从教师或教学的角度来看，教学目标就是一节课中教师通过教学活动要完成的目标总和。但是现在教学设计突出以"学"为中心，所以一节课的教学目标应该表述为"学习目标"才是合理的，无论是形式上的改变，还是内容内涵的改变。在本节讨论中，继续沿用传统的"教学目标"的表述。怎么写教学目标？听起来好像很简单。过去的教学目标就是围绕"双基"，之后从三维目标角度来进行叙写。

例如"掌握光合作用的基本原理""用图像表述光合作用的基本过程"，这样的教学目标基本就属于"双基"范畴，它们都产生于特定的历史背景下。

再如"理解现代进化论的核心内容""应用现代进化论解释生物对环境的适应性""建立唯物主义观念，以进化的角度看待自然界生物的适应"，这些属于从三维目标角度表述教学目标，分别从知识、能力和价值观的角度进行目标的制定。

现在教育进入了核心素养时代，按照《普通高中生物学课程标准（2017 版）》（2020 年修订）中的教案样例，教学目标分别从学科核心素养的角度进行设计叙写。那就是用四段话表述教学目标，分别是从生命观念、科学思维、科学探究和社会责任四个方面来进行阐述。当然，这样表述是否严谨、正确，学界存在着一定的争议。有学者认为，既然核心素养是整体，那么为何教学目标又要分为四个部分分开表述呢？这确实是值得思考的一个问题，这里暂且抛开争议不说。下面是核心素养下的教学目标叙写样例。

生命观念：从结构与功能观、进化与适应观的角度来分析人体特异性免疫。

科学思维：对特异性免疫过程和原理进行模型建构，比较归纳体液免疫和细胞免疫的异同。

科学探究：能科学分析人体二次免疫过程中抗体产生的检测曲线，并能解释其中的原理。

社会责任：关注人体健康，保持良好生活习惯，积极配合预防如新冠肺炎等传染性疾病的传播。

上述四个层面的教学目标，哪一种更为合适、更能体现立德树人的任务宗旨呢？可能在很多教师看来，上述三维目标下的教学目标和核心素养下的教学目标的表述都是贴切的，不存在什么问题。其实，问题就在这里——很多教师习惯于这么去写教学目标。严格来讲，上述教学目标都是不合格的，甚至都谈不上是教学目标。这是为什么呢？

规范的教学目标应遵循以下三个基本原则。

一、准确性

教学目标的内容包括行为动词、学习内容和学习结果。例如，简述细胞学说的主要观点。这里的“简述”就是行为动词，简述的含义是说明主要内容或者主要观点，能叙述内容就可以。在本例中可以这样简述："细胞学说的主要观点包括新细胞由老细胞分裂而来，一切动植物都是由细胞发展而来的，并由细胞和细胞产物组成，细胞是一个相对独立的单位，既有它自己的生命，又对它与其他细胞共同构成的整体生命起作用。"如果在叙写上述学习目标时采用"叙述""详述""阐述"等行为动词，那么这份教学目标就是另一种写法了。但是在实际情况中，很多教师并不是特别在意这几个行为动词的差异，叙写时随意性比较强。

在新课标实施之前，教学目标的叙写显得更为简陋，模糊性相当强。例如，了解细胞学说的主要内容；理解植物细胞有丝分裂的过程，掌握光合作用的原理；等等。其实，从教师的角度来讲，对于这节课学生学习到什么程度，他们心里也没有底。什么程度是了解？了解与理解的程度差别在哪里？学生能区分了解和理解的不同程度吗？掌握是什么学习水平呢？以上这些问题长期存在于一线教师的教学设计中。

自2001年新课改以来，教学目标进入三维目标时代，新课标明确了教学目标叙写所用的行为动词。但是在中高考评价的指挥棒作用下，新课标理念在课堂教学中流于表面，甚至很多教师在新课改施行十多年后认为新课改是失败的。这样的改革认识反映到教学实践中，无疑使教学改革失去了原动力。在以知识传授为教学目标时，诸如"了解、理解、掌握"等笼统、模糊的表述是可以去操作的，因为教学的主体和中心是教师，对于教师而言，区分"了解"、"理解"和"掌握"还是比较容易的，但是学生就很难吃准其差异了。在2003版的高中生物新课标中，对于教学目标的知识目标、技能目标和情感目标都已经引入了较为准确的行为动词，但在表述内容标准时依然较为笼统（见表3-1），这与课堂学教评一致性目标还有一定差距。

表 3-1　2003 版高中生物课标目标行为动词[①]

	各水平的要求	内容标准中使用的行为动词
知识目标动词	**了解水平** 再认或回忆知识；识别、辨认事实或证据；举出例子；描述对象的基本特征等	描述，简述，识别，列出，列举，说出，举例说出，指出，辨别，写出，排列
	理解水平 把握内在逻辑联系；与已有知识建立联系；进行解释、推断、区分、扩展；提供证据；收集、整理信息等	说明，举例说明，概述，评述，区别，解释，选出，收集，处理，阐明，示范，比较，描绘，查找
	应用水平 在新的情境中使用抽象的概念、原则；进行总结、推广；建立不同情境下的合理联系等	分析，得出，设计，拟定，应用，评价，撰写，利用，总结，研究
技能目标动词	**模仿水平** 在原型示范和具体指导下完成操作	尝试，模仿
	独立操作水平 独立完成操作；进行调整与改进；与已有技能建立联系等	运用，使用，制作，操作，进行，测定
情感目标动词	**经历（感受）水平** 从事相关活动，建立感性认识	体验，参加，参与，交流，讨论，探讨，参观，观察
	反应（认同）水平 在经历基础上表达感受、态度和价值判断；做出相应反应等	关注，认同，拒绝，选择，辩护
	领悟（内化）水平 具有稳定态度、一致行为和个性化的价值观念等	确立，形成，养成，决定

如表 3-1 所述，内容标准中使用的行为动词能较为准确地表述一

① 中华人民共和国教育部：《普通高中生物学课程标准（实验）》，人民教育出版社 2003 年版，第 5-6 页。

节课的教学目标。

如表 3–2 所示，在 2003 版高中生物理课标准中，“细胞的增殖”一节的内容标准只是知识目标方面的教学目标，所用的行为动词有“简述”“描述”“概述”，相比于“了解”“理解”“掌握”“应用”等表述已经有了较为清晰的变化。

表 3–2　高中生物部分内容标准——以“细胞的增殖”为例

具体内容标准	活动建议
简述细胞的生长和增殖的周期性 描述细胞的无丝分裂 观察细胞的有丝分裂并概述其过程	模拟探究细胞表面积与体积的关系

在 2017 版高中生物课程标准中，对于内容标准的表述有了更为清晰的表达。下面是该版课标对“细胞的增殖”部分内容标准的说明。

2.3.1　描述细胞通过不同的方式进行分裂，其中有丝分裂保证了遗传信息在亲代和子代细胞中的一致性

这是上述两个版本的课程标准对相同内容“细胞的增殖”的目标要求。毫无疑问，2003 版课标虽然在行为动词应用上克服了目标表述笼统不准确的问题，但相比于 2017 版课标，其对教学目标中的知识目标表述依然欠缺准确性。2017 版课标在表述内容标准时，强调了概念的形成及内涵。

下面再从 2017 版课标的教学设计案例中摘录教学目标做比较分析。

案例 1　“生态系统的稳定性”教学目标的制定

（1）通过对案例的分析讨论，能用物质、能量输入和输出平衡的观点，认识具体生态系统的稳定性。

（2）通过对生态系统各种成分功能和营养结构关系的讨论，以及

运用反馈调节原理，能初步判断不同生态系统维持其稳定性的相对能力。

（3）能够根据生态系统各种成分、结构以及数量关系构建稳定性生态系统模型，并制作简易生态瓶。

（4）能够为常见生态系统的利用和可持续发展提出有价值的建议。

上述2017版课标中的案例教学目标叙写从学科核心素养的四个方面展开。这里只关注行为动词是否合理，是否能准确反映教学目标。从四个方面的核心素养目标叙写来分析，其中引用了“认识”“初步判断”“制作”“提出建议”等行为动词。与2003版课标对内容标准的学习比较，此案例对每一个行为动词都给出了达到目标的对象和途径。例如，目标1中的“认识具体生态系统的稳定性”前面一句话给出了对象和范围，即“通过对案例的分析讨论，能用物质、能量输入和输出平衡的观点”。

显然，2017版课标从学科核心素养的角度叙写教学目标，暂不论按学科核心素养分别叙述目标是否合理，就目标的准确性而言，对于教师和学生都是一目了然的。

二、可达成性

正是因为教学目标被设计叙写得不太准确，无论是教师的“教”还是学生的“学”，在可达成度上都会大打折扣。另外，教学目标的制定如果忽略了学生的学习情况，或高于学生学习水平，或低于学生学习水平，那么教学目标依然不能有效完成。

现选取初中生物学一份获奖教学设计的教学目标做简要分析。

说出根尖的部位，描述根毛的特点；识别根尖各部分，描述各部分的结构特点，说出各部分的功能；熟练使用显微镜观察永久装片；观察比较根尖各部分细胞，分析各部分功能；认同结构与功能相适应的生物学观点；养成仔细认真观察的习惯。

上述教学目标从知识、技能和情感态度三个维度进行表述叙写，应该说哪一个维度都比较准确，而且教学目标达成度很好。

我们再看一份教学设计的教学目标表述。

通过观察显微图像、分析讨论、查阅证据视频、资料阅读分析和模型建构，树立以下观念：有丝分裂保证了遗传信息在亲代和子代细胞中的一致性；通过构建不同时期细胞内一条染色体的行为变化物理模型，结合资料分析构建有丝分裂不同时期细胞内一条染色体和这条染色体上DNA的数量模型，再结合资料构建出DNA复制产生子代DNA的分子结构模式图，应用类比推理最终归纳出有丝分裂的本质；通过阅读分析资料、模型构建，发展学生的模型与建模、演绎与推理等科学思维，增强学生对有丝分裂本质的理解，建立细胞通过分裂实现增殖的生命观念，也提升学生的理解能力、应用能力、思辨能力和创新能力。

这份教学设计的目标分为三个方面，树立观念、归纳有丝分裂本质和发展能力。虽然教师针对目标提供了相应的学习对象、学习途径和过程，但从表述的对象、方法和途径来分析，这三个维度的目标表述稍显杂乱、重叠。目标叙写的行为动词表述不清，那么目标的达成度就打折扣了。在第三部分发展学生的能力方面，目标可达成度就很低。前面表述了阅读资料和模型建构两个学习途径及学习活动，那么对应的应该是模型建构能力、信息获取和加工能力。再有，三个维度的目标有重复，反映了教师对本节课的目标认识存在一定的疏漏，教学目标的达成肯定是低效益的。

即使教学目标的表述和叙写是准确、可行的，依然存在教学目标的达成度低的可能性，这在实际教学中是一种普遍现象。究其原因，主要在于制定教学目标时不考虑实际学情。一方面，教师认为课程标准的内容要求和学业要求是标准，这个标准是所有学生经过学习都应该掌握的。其实不然，课标要求是标准不假，但是一个班级的学生学习的能力、学习的基础肯定是存在差异的。不同地区、不同班级的学习能力和学习基础也是有差异的。因此，在教学改革的今天，我们提倡课标和教材的校本化处理，教育教学的研究也要校本化。例如，“阐明减数分裂产生染色体数量减半的精细胞或卵细胞”，这项目标是2017年版高中生物课程标准中对“减数分裂”的内容要求，这节内容在高中生物学中理解难度较大，教和学都有相当的难度。在实际教学中，如果对选课组合为“理化生”的纯理科班而言，课程标准的内容要求是合适的。如果针对的是“偏文”的选课组合班级，如“化生地”“史政生”“史地生”等，那么本节课教学目标就必须把课标内容要求目标进行分解易化，在某些方面还得降低标准。例如可以拆解为几个目标，延长时间完成难点知识的学习，从而保证教学目标的达成度。

另外，教师在制定教学目标时有意拔高，在高中阶段最常见的就是，有些高三教师刚轮流到高一任教，用高三学生的学习状况、以高考的考查要求衡量自己的课堂教学要求。对于教师的这种举动，可以认为心是好的，但方法和过程都是错误的。学习是循序渐进的，学生的能力是逐级开发和发展的，岂能不顾学习认知规律就去对学生进行拔高训练？这样做既没有达成教学目标，又耽误了学生学业的发展，没有构建结构化的概念体系，没有学科思维的发展，也没有学科观点的升华。实际上，这是典型的机械教学、应试教学，有悖于发展学生核心素养的课堂发展目标。例如，前面所举的有丝分裂相关的教学目标，其中“创新能力”“演绎推理”这两项目标就属于这种情况，盲目制定高目标，实际上课堂效益反而更低。

三、可评价性

教学评价是对教学目标的评价。评价的目的是学习，评价是学习的一部分。在传统教学过程中，教师习惯于把课后作业当作主要的评价手段。在学教评一致性理念中，没有对教学目标的评价就不是完整的一节课，教学评价不仅要与教师的教、学生的学保持内容和方向的一致，还要求教学评价贯穿于整个课堂中。在本书中，笔者认为，教学评价不仅要贯穿于整个课堂，而且要使教学评价成为教学过程中不可分割的一部分，使教学评价的真正目的在于课堂学习，而不仅仅是课后诊断。这就需要课堂教学中的教学评价有持续性，要有进阶，而且应伴随课堂的每一个关键环节，由评价引领课堂中教师的教和学生的学，即所谓“评价促发展”。这是课标中重要的课程理念，但往往被教师忽视。据笔者在实践中观察，目前在高中教学中，能做到持续性、有进阶的评价少之又少，采取多种评价手段与课堂环节相对应的教学设计更是凤毛麟角。

什么样的教学目标是可评价的呢？前面提到的行为动词应用不当的教学目标就属于不可评价。如“理解光合作用的原理”，怎么算理解？如何衡量学生有没有理解呢？在课堂中这个尺度不好把握。这里仅以“理解”这一笼统的表述为例说明，实际上在教学中，很多教师都存在其制定的教学目标不可评的问题。如果将上述目标改为“描述光合作用过程中物质变化和能量变化，解释光合作用过程图”，那么“描述”“解释”就可评价了，而且有具体的对象和过程。

这里再摘录一份2017版课标案例的教学目标，就能真切感受到什么样的教学目标是可评价的。

能用生物与环境相适应的观点，提出分离目标菌的思路；能按照科学探究的要求设计出分离目标菌的方案；能依据方案运用无菌操作技术和分离、培养方法初步分离出目标菌。

“提出分离思路、设计分离方案、分离出目标菌”这三个教学目标，都是可测可评的。

第二节
教学目标叙写存在的问题

在这里，有必要将教学目标叙写中存在的问题进行单独论述。在前一节介绍教学目标叙写需要遵循的原则时，也粗略提到了教学目标叙写过程中存在的常见问题，如教学目标指向不准确、过于笼统、教学目标可达成度低、教学目标可评可测性较差等问题。除此之外，教师在叙写教学目标时通常还存在如下问题。

一、叙写主体不明晰

教学是为了学生的发展与成长，“学”是课堂的中心，教学目标的主体应该是学生，而非教师，这在前面亦有提及。因此，科学地讲，教学目标应表述为学习目标更为确切。下面还是举例对比阐明这两者之间的差异和关系。

例一，“阐释孟德尔自由组合定律”。从这句话来分析，目标指向可以是教师的角度，教师给学生阐明孟德尔自由组合定律，但也可以认为目标指向学生，教学目标成了学生达到能阐释孟德尔自由组合定律的程度。如果指向后者，很明显表述笼统、不准确，对教学的指引作用不强。因此，这节课的教学目标可以更改为指向学生的更为明确的学习目标。例如，“通过豌豆两对相对性状的杂交实验，阐明两对基因的遗传特点和规律，并能对两对相对性状的豌豆杂交实验结果给出合理的解释”。经过修改以后，目标的主体直接指向了学生，指向了本节课应该达成的目标。

例二，“探索种群增长规律，发展数学模型建构能力、归因与推理能力”。这句目标叙写直接表达了从教师指向学生的能力目标要求，反映的是教师的“教”。同样，根据本节课内容和课标内容要求，可将学习目标改为主体鲜明、指向明确、含义准确、可测可评的叙述。例如，“对酵母菌增殖过程进行定期计数统计，将结果构建为数学模型，对数学模型的变化趋势进行归因分析，并能根据酵母菌增长模型对其他微生物在同样条件下的增殖模型进行推理”。修改后的学习目标从对象、范围、过程等角度入手，要求学生完成相应的学生活动或学习任务，在课堂活动任务中发展相应的学科思维能力。

例三，“建立热爱自然，保护生态的生命观念”。这句目标叙述存在主体模糊的情况，可修改为“通过对湿地生态系统的学习，增强对湿地保护的意识，并对保护生态的观念加以宣传”。

二、叙写对象不明，范围不清

还是从案例中认识这个问题。例如“简述细胞的全能性”，这个学习目标中，没有说明学生通过什么活动、学习什么内容后能简述细胞的全能性。目标叙写缺乏学习对象、学习内容和学习范围。教学设计中教学目标应设计好学生达到目标的途径和渠道，途径要反映学生通过什么样的活动、什么样的过程才能达到相应的学习目标。只有学习对象确定、范围清晰、过程清楚，学习目标的准确性才有保证，目标的达成度才不会出现问题，学习目标才可以被随堂检测和评价。可将上述学习目标修改为“通过胡萝卜的组织培养和多利羊的克隆，简述细胞的全能性”。

三、目标叙写针对性不强

每一节课所容纳的教学内容是有限的，每一节课教学内容所能承载的核心素养发展维度是有限的。高中生物学科核心素养包括四个维度：生命观念、科学思维、科学探究和社会责任。每一项学科核心素养又包含多个方面和角度：生命观念包含结构与功能适应观、物质与能量观、进化与适应观、稳态与平衡观、系统观、信息观等；科学思维包括基于实证的理性思维，还有顿悟、灵感等思维方式，理性思维包括比较归纳、归因推理、假说演绎、模型建构、分析综合等；科学探究包含提出假设、实验设计、结果结论分析、实践技能操作等；社会责任包含科学精神、关爱生命、关爱健康、健康生活、保护生态、关注科学技术与社会、生命伦理、科学技术伦理等。

例如，高中生物必修 2[①] 第 5 章第 2 节“染色体变异”，课标内容标准要求是“举例说明染色体结构和数量的变异都可能导致生物性状的改变甚至死亡”，学业要求是“基于证据，论证可遗传的变异来自基因重组、基因突变和染色体变异（科学思维、科学探究）”。从课标和内容来分析，本节课应对“染色体结构和数量变异”进行知识结构化，在此过程中发展学生结构与功能、进化与适应的生命观念，在完成学习活动过程中发展学生比较归纳、归因推理、模型建构的科学思维能力，尝试动手制作染色体结构变异的不同方式的模型，以辩证的角度认识到染色体变异对生物自然选择的意义，同时认识到染色体变异对生物适应环境的影响、对人类健康生活的影响。综上所述，本节内容对于四个维度的学科核心素养是偏重于生命观念、科学思维和社会责任的，但对于科学探究素养的发展贡献体现得较少，甚至没有。对于支撑的每个核心素养中包含的其他内涵也存在支撑力不足的问题，如本节内容与物质能量观基本没有关联，与科学探究的假说、设计等要素也无关。

因此，切忌在叙写教学目标或学习目标时，偏离内容载体的支撑方向，大量列举与内容无关的教学目标。只叙写与之相关的即可，不能将课标提到的核心素养的方方面面都写进来，否则就是“包罗万象”，最终会失去重心，得不偿失。

---

① 本书所引用课本均指人教版。

四、课时目标与单元目标脱离

单元教学是发展核心素养背景下的教学单位，其核心特征是学习结构化、学习情境化和深度学习。在结构化的学习过程中，每个课时的内容和学习目标是单元内容和单元学习目标的有机组成部分。因此，课时教学目标叙写时应与单元教学目标保持正确的从属关系，不能脱离单元教学目标。

例如，单元大情境是植物生命活动的激素调节，分为植物激素的发现、植物激素的种类、植物生命活动的激素调节和环境因素参与调节植物生命活动。单元教学目标中应该有“阐释植物生命活动调节由多种激素相互作用共同调节，具有综合性和复杂性”。那么，第 2 课时“植物激素的种类”的学习目标应该保持整体和部分的关系，如果只叙写“列举植物激素的种类，并简述各种激素的调节作用”，那么教学目标显然就脱离了单元教学目标。如果将教学目标叙写为“举例说明植物生命活动是植物激素相互作用共同调节的”，那么整节课的教学指向和单元教学目标就保持一致，实现了学习内容的结构化，单元教学目标中核心素养生命观念、科学思维的发展就有了抓手。

第三节
教学目标的精准叙写

明确了教学目标叙写的原则和叙写中的常见问题，教学目标的叙写就有了依据和章法，也能避免叙写过程中的一些误区。关于教学目标的精准叙写，在不同的历史阶段，不同的教育学者提出了不同的观点。

一、教学目标叙写理论

1962年，马杰在《程序目标编写》一书中首次提到，用可以观察的或可以测量的行为来描述教学目标（见表3-3）。

表3-3　马杰《程序目标编写》教学目标叙写案例

教学目标	行为主体	行为条件	行为动词	表现程度	行为内容
1	学生		能识别		一个给定集合的子集
2			会解	简单的	一元一次不等式
3		借助长方体模型	指出		空间两直线的位置关系
4		能运用已获得的结论	证明	简单的	空间位置关系的命题

（1）行为主体——学生，通常学生两字可以省略。

（2）行为动词——避免选用“知道”、“理解”和“掌握”等描述心理过程的词，尽可能选定“背出”、“列出”、“判定”、“理解”和“能”等使用动宾结构的行为动词说明动作的类型，宾语用来说明学习的内容。

（3）行为条件——影响学生产生学习结果的特定的限制或范围等，如“通过具体例子……”等。

（4）表现程度——指学生对教学目标所达到的最低表现水准，用以衡量学生学习表现或学习结果所达到的程度。

马杰的行为目标描述法在一定程度上为教学目标的叙写奠定了一种范式，而且避免了传统目标表述的模糊性。但是它也存在一些缺陷，比如只注重可观测的外部行为，忽视心理过程，这样还是会回归重认知轻情感、重结论轻过程的老路。

行为目标和内外结合目标表述的是学生短期内发生的行为变化，但远期目标和高级认知目标尤其是情感、态度、价值观等目标很难在短时间内实现，这些目标的实现往往需要通过学生自主活动，在与师生平等交流的会话、探究和意义建构中发展。对于这类目标而言，教师很难预估一两节课后学生将会发生的变化，因此采用行为目标和结合目标表述方式都不可取。为此，艾思纳提出了表现性目标——ABCD法。这种目标要求明确规定学生应参加的活动，教师期望学生达到的学习结果，但不精确规定每个学生应从这些活动中习得什么。

这种方法包含了四个要素：对象、行为、条件和标准。

（1）A——对象（Audience）：阐明教学对象。

学习目标是针对学生的行为而写的，因此描述学习目标时应指明特定的教学对象。有时候，如果教学对象已经明确了，就可以从目标中省去这个要素。

（2）B——行为（Behavior）：说明学习者能做什么（行为的变化）。

行为是学习目标中必不可少的要素，它表明学生经过学习以后能做什么和应该达到的能力水平，这样教师才能从学生的行为变化中了解到学习目标是否已经实现了。一般情况下，我们使用一个动宾结构的短语来描述行为，其中的动词是一个行为动词，它表明了学习的类型，而宾语则说明某一学科的具体内容。

针对不同的学习领域及不同层次的学习目标，有一些可供教师参考选用的动词。比如，在编写认知学习领域的目标时，可以选用下面的动词。

①知识：说出……名称、列举、选择、背诵、辨认、回忆、描述、指出、说明等。

②领会：分类、叙述、解释、选择、区别、归纳、举例说明、改写等。

③应用：运用、计算、改变、解释、解答、说明、证明、利用、列举等。

④分析：分类、比较、对照、区别、检查、指出、评论、猜测、举例说明、图示、计算等。

⑤综合：编写、设计、提出、排列、组合、建立、形成、重写、归纳、总结等。

⑥评价：鉴别、讨论、选择、对比、比较、评价、判断、总结、证明等。

而在编写情感学习领域的目标时，则可以选用下面这些动词。

①注意：知道、看出、选择、接受等。

②反应：陈述、回答、完成、选择、列举、遵守、称赞、表现、帮助等。

③价值判断：接受、承认、参加、完成、决定、影响、区别、解释、评价等。

④组织：讨论、判断、确定、选择、比较、定义、权衡、系统阐述、决定等。

⑤价值体系个性化：改变、接受、判断、拒绝、相信、解决、要求、抵制等。

编写行为的具体方法是：首先根据前面讲过的学习目标分类方法，结合学科内容分成不同类别的学习目标，然后从上面提供的动词中选择出合适的行为动词，最后再把学科内容作为动宾结构中的宾语。

（3）C——条件（Condition）：说明上述行为在什么条件下产生。

这个要素说明了上述行为是在什么样的条件下产生的，因此在评价学生的学习结果时，也应以这个条件来衡量。

条件一般包括下列因素：环境、设备、时间、信息以及同学或老师等有关人的因素。比如，“在 30 秒内完成 10 个仰卧起坐”就规定了完成仰卧起坐的具体时间；再比如，“查字典，翻译下面的英语短文”就考虑了信息方面的因素。

（4）D——标准（Degree）：说明达到上述行为的最低标准（达到所要求行为的程度）。

这个要素表明了行为合格的最低要求，教师可以用它不定期衡量学生的行为是否合格，学生也能够以此来检查自己的行为与学习目标之间是否还有差距。标准是对每一个学生的行为质量的最起码的要求，它也从一个侧面反映了教师所要达到的教学效果。但是在编写学习目标时，一定要从学生的行为出发，而不能以教师的教学行为为标准。

其实采用 ABCD 法，并不意味着四个要素必须一应俱全。其中，只有行为要素不能省略，而其他三个要素都可以根据具体情况适当省略。有时学习目标中的条件与标准是很难区分的，如上例中的“在 30 秒内”既可以看作时间限制的条件，又可以理解为表明行为速度的标准。遇到这种情况，我们可以不去细分它到底是条件还是标准，而应该考虑学习目标是否能够用来指导教学及其评价。

二、核心素养下的教学目标叙写

概而言之，教学目标叙写须准确、可行、可测，每一项教学目标都有对象（学生）、条件、行为、标准四个方面的要素，叙写出的目标应至少含有条件、行为和标准。对象默认为学生，行为和标准一般整合为一句话。下面以高中生物学为例，示例教学目标的叙写。

以高中生物必修 1 第 24 章第 4 节“蛋白质是主要生命活动的承担者”为例，课型为新授课。

1. 课标分析

课标分析的目的是为教学目标叙写找到参照和标准。对课标的分析不能只看内容要求部分，尽管这是很多教师在写教学目标时常见的一种做法，但它偏重概念的建构，容易忽视学科核心素养的发展要求。本节课标内容要求是：阐明蛋白质通常由 20 种氨基酸组成，它的功能取决于氨基酸序列及其形成的空间结构，细胞的主要功能主要由蛋白质完成。除内容要求以外，还需参考课标中的学业要求。学业要求在课标中以模块为单元陈述，即必修 1“分子与细胞”部分包含两个大概念，学业要求针对整个必修 1 模块。因此，从模块学业要求中提炼出某一节的学业要求，需要教师根据教学内容进行分析确定。从课标中的学业要求来看，每一条学业要求都对应着一章的重要概念。例如，课标中模块 1 必修 1“分子与细胞”学业要求第 1 条是“从结构与功能相适应这一视角，解释细胞由多种多样的分子组成，这些分子是细胞执行各项生命活动的物质基础（生命观念、科学思维）”。这并不足以为“蛋白质是生命活动的主要承担者”这一节提供明确的素养发展要求。

但是，每一节课的教学目标叙写离不开核心素养方面的学业要求。新教材（2017 版人教版）在每章结束页罗列了该单元具体的发展核心素养要求。这算是新教材对新课标的一种补充。人教版必修 1 第 1 章后的发展素养是这样表述的：

通过本章的学习，你将在以下几个方面得到发展。

（1）阐明细胞和生物体的各种生命活动都有其物质基础，初步形成生命的物质观，为辩证唯物主义世界观的形成奠定基础。

（2）说明组成细胞的物质具有特殊性，蛋白质和核酸等生物大分子是生物所特有的，它们既是生命赖以存在的物质，也是生命活动的产物，据此进一步阐明生命的物质观。

（3）说明蛋白质、核酸等物质在细胞中的功能是由其组成和结构决定的，初步形成结构与功能相适应的观念，并能运用这一观念分析相关的生物学问题。

（4）关注糖类、脂质等物质的过量摄入对健康的影响，在改进自己膳食行为的同时，向他人宣传有关的营养保健知识。

显然，教材对于“蛋白质是生命活动的主要承担者”这一节列举了发展素养方面的相对详细的学业要求。值得一提的是，高中生物学5个版本的教材中，有4个版本教材在单元前后有相关素养发展要求。各版本的素养发展要求各有侧重，其中以人教版和上海科技教育版最为详细。

因此，这里所说的课标分析目的主要有两个：内容要求和学业要求。而学业要求需要参考课标模块学业要求、课标学业质量标准和教材单元素养要求。

2. 教学内容分析与重整

教学内容分析是整个教学设计的核心与基础，教学内容的分析与重整决定了这节课的学习活动、教师活动、评价任务设计等。教学内容的分析并不是简单的熟悉教材内容，也不是将教材内容从头到尾梳理一遍。通常所说的过教材关或者吃透教材，一般意义上讲，只是要求对教材内容的理解和运用没有科学性错误，但这对于现代教学追求科学的教学设计远远不够。教学内容不仅要吃透，还要结构化，根据结构化的内容设计教学环节，才能设计完整的教学目标。

人教版生物教材“蛋白质是生命活动的主要承担者”这一节的主要内容包括：蛋白质的功能，组成蛋白质的基本组成单位——氨基酸，蛋白质结构及多样性。现在有了这三方面内容，需要考虑的问题是三部分内容如何结构化，根据以上三方面内容如何设计情境，根据教学内容须设计几个环节的学生活动，每个学生活动中应如何设计问题、任务制定评价标准和完成课堂评价。这几点问题绝不是吃透教材就能做到的，需要教师反复按照科学教学设计理论进行练习。这也决定了一位教师是否能胜任高中生物教学。

考虑到本节课是新授课设计，授课对象是高一新生，其知识基础相对薄弱，学生的思维能力和认知能力尚处于初高中衔接过渡阶段。因此，本节课不涉及复杂情境，中间可穿插与内容有关的生活小情境。课堂以问题驱动或任务驱动比较合理。内容结构化的逻辑如图 3-1 所示。

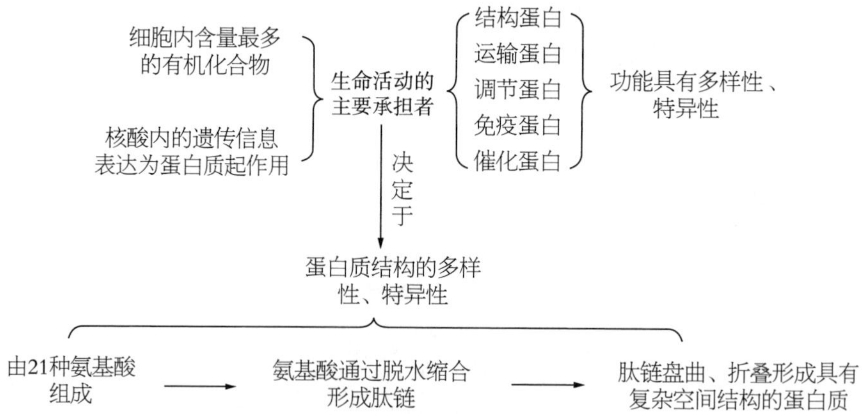

图 3-1 “蛋白质是生命活动的主要承担者”内容结构

分析如下：这是高中学生根据结构与功能相适应的观念分析一个分子的结构与功能。从学生的感性认识入手，从蛋白质在细胞内的含量及教材中的资料了解与蛋白质有关的生理知识，从生活中相关的现象或情境、学生对蛋白质的前认知方面引导学生归纳出蛋白质在细胞内功能具有多样性。教师可在此处内容上做一定的解释和补充，例如，以学生熟悉的抗体为例引出蛋白质功能的特异性。总之，从感性认识建构“蛋白质是生命活动的主要承担者”的概念逻辑链条。然后，内容逻辑如图 3-1 所示，功能多样取决于结构多样，而结构多样取决于基本单位氨基酸的种类、肽链内氨基酸的排序和肽链形成复杂空间结构的蛋白质。在内容学习上，氨基酸种类、脱水缩合都需要以微模块形式进行学习。综上所述，本节课内容容量不小，对于学情较差的班级来说，可以设计为 2 课时进行充分学习消化；对于学情较好的班级，结合自主阅读学习可在课内完成学习。

经过对教学内容的分析，结合学情可以适当对内容进行重新整合，可以补充最新的或地方化、校本化的情境资料。例如，本节课可以将新冠病毒抗体作为案例进行讨论。不同版本教材对相同内容的设计差别较大，这就给教学设计提供了很大的自由度和选择范围。教学内容分析后，教师根据内容的结构化关系再设计课堂中的学生活动、学习环节、学习评价任务等要素。本节课根据上述结构化的内容，可将课堂分为三个环节：蛋白质功能具有多样性、氨基酸的种类和脱水缩合、蛋白质具有复杂的空间结构。也由此设计四个问题和四个评价任务，依次驱动课堂教学。当学习任务确定后，本节课的教学目标叙写就有了依据，教学目标达成的条件和过程也就有依据了。

综上所述，本节课教学目标可叙写为：

（1）通过自身对蛋白质的已有认识，结合对教材的阅读，简述蛋白质的多方面功能。

（2）通过比较氨基酸的结构式，归纳氨基酸结构通式，推断氨基酸脱水缩合过程。

（3）利用简单的生活材料，制作肽链模型并模拟多肽链形成过程和肽链形成复杂空间结构蛋白质的过程。

（4）查阅资料，关注并说明我国人工合成牛胰岛素的成就。

不同的课型，相同主题的教学内容差别很大。例如，同样是“蛋白质是生命活动的主要承担者”一节，新授课与高三复习课教学内容必然有所差异。复习课中可以从分子机制引入情境资料，如单克隆抗体、不同离子的载体等。复习课可以进一步将基因以及基因表达过程中的转录、翻译等内容整合进去，那么蛋白质结构和功能的特异性就有了更直观的阐释。当同一主题下教学内容有所不同时，这节课的学习环节、评价任务必然就要加以调整。

3. 学情分析

准确的学情分析是制定教学目标的基础。课标内容要求是教学目标的基本标准，也是最低标准。课标将学科素养发展水平按学业质量标准分为四个层次。其中，学业质量标准层次一和层次二是针对高中学业水平合格性考试，而学业质量标准层次三和层次四是针对高中学业水平等级性考试，即高考水平。教学中，教师应根据学业水平要求选择相应的标准，同理，教学内容须根据不同学段做相应调整。以上两项随学业要求和学段要求而进行的调整都离不开对学生学习情况的掌握。这里的学情分析是指从大的方向确定是哪个学段，学生学习的当前要求是什么。比如，“细胞的分化”这节内容，合格性要求和等级性要求的学情肯定不同，组成学情的学习难度、学习容量、学习内容都有差异。

在本章中讨论的学情分析主要针对的是课时或单元学情分析。在学教评一致性教学理论下，如何做好学情分析为教学目标的制定奠定基础呢？在这里，不妨看看首倡备课专业化的张爱军博士是如何理解的。

张博士在其专著《备课专业化》中，提出了 CLTA 理论，即学教评一致性（Consistency of Learning，Teaching and Assessment）教学设计。张博士提出：传统的学情分析是建立在“估计”基础上的，凭经验对学情进行估计分析。这对教学目标的制定几乎没有意义，因此他提出了学情分析必须是专业的、精准的“评估”。要评估，就有测量。因此，CLTA 教学设计倡导教师在课前用纸笔方式做前测，以便寻找相对精准的学习起点。[①] 简言之，学情分析要以纸笔方式进行量化分析。

那么，学情分析具体分析什么呢？学情涉及的内容非常广，学生各方面情况都有可能影响学生的学习。学生现有的知识结构、学生的兴趣点、学生的思维情况、学生的认知状态和发展规律、学生生理心理状况、学生个性及其发展状态、学生的学习动机、学习内容、学习方式、学习时间、学习效果、学生的生活环境等都是进行学情分析的切入点。从教学实践归纳来分析，可概括为五个方面：从学生的生理、心理特点分析；对学生已有的认知基础和经验进行分析；分析学生的个体差异；对本学科学习方法的掌握情况进行分析；分析学习知识时可能会遇到的困难。

具体如何做好分析呢？下面列举一些常用的方法。

（1）自然观察法

自然观察法是研究者在自然条件下对个体的言谈举止和表情等进

---

① 张爱军：《备课专业化》，东北师范大学出版社 2020 年版，第 45 页。

行有目的、有计划的观察，以了解其心理活动的方法。它的种类很多：按照观察形式来分，包括直接观察和间接观察；按照观察时间来分，包括长期观察和定期观察；按照观察内容来分，包括全面观察和重点观察。观察法越方便易行，所得结果越真实。

（2）书面材料法

书面材料主要有两类，一类是现有资料，一类是诊断性资料。现有资料包括：学生填写的各种档案资料，如学生的学习成果、作品等；能客观反映学生个体和集体的资料，如成绩单、操行评语等。诊断性资料指教育者根据某一教学目的适时地布置的某些专题性作业，如命题作文、读书笔记等。通过书面材料间接了解学生时，教师要特别注意材料的真实性与可信度。

（3）谈话法

谈话法是通过教师和学生相互交谈的活动来了解学生情况的方法。这种方法具有直接交流的特点，方便教师掌握第一手资料，在操作时应注意拓展范围，以便做到全面和客观。

（4）调查研究法

调查研究法是深入了解班级学生的重要方法。从调查内容来看，有一般情况的调查和专门问题的调查；从调查对象来看，可以向班干部、科任教师、学生家长调查，也可以向学生的朋友、邻里调查；从调查方式来看，有个别访问、座谈会、书面问卷等方式；从调查途径来说，有直接调查、间接调查等。无论采取何种方式，都应把工作做细，解除被调查者的思想顾虑，力争调查来的材料能如实反映客观实际。调查前要根据调查的内容和问题列出调查提纲，考虑好调查的具体步骤和方法，确定调查的重点对象。调查时要热情、周到，边听边记下某些重要的内容，调查后要对了解到的内容做适当整理，这可以为学生做比较分析提供宝贵材料。

（5）测验法

测验法适合于收集学生的知识水平、能力情况等学习信息。根据教学需要，设计相应的练习题或试卷，规定在特定的时间内作答，教师根据学生的答题情况收集相关信息，为评价学生的学习水平提供依据。

学情分析，可繁可简。成熟教师之所以能简中见繁，皆因曾于繁中历练，正如无数次山重水复后的柳暗花明；年轻教师必思于繁、行于简，才能逐步在繁杂纷乱中寻出属于自己的规律，逐步螺旋式上升、积累经验。教学经验的累积没有捷径可循——开始时粗枝大叶，就会导致越老越粗枝大叶。在上课的时候，多注意观察学生的活动，与学生进行互动，找学生谈心等获取信息，教师可以对学生的情况主要是基本情况和学习态度等方面有一定的了解。

当然，在针对具体教学内容时，进行一定的针对性调查和了解是比较可行的。其实，在日常掌握学生基本情况的基础上，每节课备课前进行具体的学情分析，对教师还是有很多益处的。走近学生、留心我们的学生，思于繁、行于简，才能逐步在繁杂纷乱中寻出属于自己的规律，逐步螺旋式上升、积累经验。

基于以上理论分析，结合本节课内容，授课前设计前测问卷，对本节课学习对象进行学情量化检测。量化检测通过设计一些选择题和问答题进行，内容涵盖对蛋白质的生活认识、氨基酸化学结构式的识别、对氢键及空间结构等术语的调查。另外，须通过访谈调查、课堂观察和平时测验练习，形成对班级整体学情、个别学情的分析结果。

第四章

学教评一致性——教学评价设计技术

第一节
教学评价需要设计吗

在过去十多年里，很多教师对课堂评价都很陌生，因为课堂评价在很长时间里是一个较为专业的名词，在学科期刊文章和专业书籍中时常提到。但在教育教学实践一线的教师行为术语中，课堂检测、课堂点评、课后练习和课后检测更为多见。可见，来自象牙塔中的学术用语并没有普遍走进一线教师的教研和教学过程中。随着高中新课改在全国逐步全面实施，教学评价是新课改过程中离不开的一个话题，也是避免不了的教学环节。教学中的课堂评价自教育产生以后就一直存在着，只是在不同的时期有着不同的称谓。可以说，在教育过程中，评价无时不在，评价无处不在。

教学评价从广义角度来讲，包括教师对课堂教学的评价、学校或主管部门对教师教学效果的评价，以及学校等主管部门对某一课程开发与实施的评价。三个层面的评价有着密切的关系。在本书中，教学评价指的是课堂教学评价，涉及一线教师如何在课堂内外实施学生学习效果和学习过程的评价。

那么，现今我们重视教学评价是否意味着在课堂中加强对学习过程的评价，是否就是重视课后的测评呢？答案是否定的。教学评价是课堂教学的重要环节，与学生活动、教师活动密切有关。在现代教育理念里，评价即学习，评价是学习的一部分，评价是为了更好地学习。

教学评价是教学设计的重要因素之一，教学设计包括对解决教学问题的预想方案进行评价和修正的内容，评价是修改和完善教学的基础。教学评价是指按照一定的教学目标，运用科学可行的标准和方法，对教学活动的过程及其结果进行测量和价值判断的过程。教学评价的内容包括对教学目标制定情况的评价、教学设计中的教学策略是否正确体现了相应的学习原理和教学原理、所设计的具体教学方案是否得到顺利实施。

毋庸置疑，教学评价需要设计，尤其需要科学、严谨的设计。从评价自身而言，需要设计评价任务、评价目标和评价工具。从评价在教学设计中的地位而言，教学评价须达到教学评一致性。因此，教学评价的目标与学生活动、学习目标要保持高度统一。从评价的任务和意义而言，如何测评“素养”、如何测评“关键能力”以及如何测评“必备品格”等问题都是教师在设计每节课时需要认真思考的。无论是课堂前测的诊断性评价，还是教学过程中的过程性评价，或者是阶段性的终结性评价，都要做到评价精准、有效。这些评价问题都需要以评价设计的方式来解决。

第二节

教学评价怎么设计

如何对教学评价进行针对性设计？在回答这个问题之前，有必要先了解一下教学评价的分类和设计原则。

一、按评价功能划分

1. 诊断性评价

诊断性评价也称教学前评价或前置评价，一般是指在某项活动开始之前，为使计划更有效地实施而进行的评价。通过诊断性评价，可以了解学生的准备情况，也可以了解学生学习困难的原因，由此选择适当的教学策略。

2. 形成性评价

形成性评价是指在教学过程中，为引导教学前进或使教学更为完善而对学生进行的学习结果的确定性评价。它能及时了解阶段教学的结果和学生学习的进展情况、存在的问题等，以便及时反馈、及时调整和改进教学工作。

形成性评价一般进行得较为频繁，如一个单元活动结束时的评估、一个章节后的小测验等。形成性评价一般又是绝对评价，即它着重于判断前期工作达到目标的情况。对于提高教学质量来说，重视形成性评价比重视总结性评价更有实际意义。

通常，教师在课堂中通过课堂观察、课堂任务等形式，对学生的学习过程进行评价引导，即过程性评价。过程性评价是形成性评价的重要部分。学教评一致性的评价，注重过程性评价，对于某一项复杂任务中的综合表现用表现型评价表述。

3. 总结性评价

总结性评价又称事后评价、终结性评价，一般是在教学活动告一段落时为把握最终的活动成果而进行的评价。

例如，学期末或学年末各门学科的考核、考试，目的是验明学生的学习是否达到了各科教学目标的要求。

总结性评价注重的是教与学的结果，借此对被评价者所取得的成绩作出全面鉴定，区分等级，对整个教学方案的有效性作出评定。

总结性评价是相对的，教学中，单元检测可以认为是一个单元学习后的总结性评价，如果评价周期延长，那么月考、期中考试、期末考试都属于不同阶段的总结性评价或终结性评价。

二、按评价表达划分

1. 定性评价

定性评价是对评价资料做“质”的分析，是运用分析和综合、比较与分类、归纳和演绎等逻辑分析的方法，对评价所获得的数据、资料进行思维加工。

2. 定量评价

定量评价则是从“量”的角度，运用统计分析、多元分析等数学方法，在复杂纷乱的评价数据中总结出规律性的结论。

由于教学涉及人的因素，各种变量及其相互作用关系是比较复杂的，因此，为了提示数据的特征和规律性，定量评价的方向、范围必须由定性评价来规定。

定性评价和定量评价是密不可分的，两者互为补充、相得益彰，不可片面强调一方面而忽视另一方面。

三、教学评价的原则

教学评价的原则是指导教学评价活动的基本原理，是正确处理各种因素关系的规范体系。具体来说，教学评价应贯彻以下几条原则。

1. 目标性原则

教学评价的设计要以教学目标为依据。在教学之后，学习者在认知、情感和动作技能等方面是否产生了如教学目标所期待的变化，这是要通过教学评价来回答的，离开了明确具体的教学目标就无法进行教学评价。

2. 关联性原则

设计教学评价时应关联教学目标与评价方式，追求不同评价方式的互补，通过多样化的评价方式和工具，促进学习目标的实现。

3. 过程与结果统一原则

教学评价既要评价教学的结果，也要对教学的过程及教学中的方方面面进行评价。信息技术环境下的教学设计要改变以往过分重视总结性评价的教学评价方法，强调形成性评价、面向学习过程的评价，对学生在学习过程中的态度、兴趣、参与程度、任务完成情况以及学习过程中所形成的作品等进行评估。

4. 客观性原则

在设计教学评价时，从测量的标准和方法到评价者所持的态度，特别是最终结果的评定，都应符合客观实际，不能主观臆断或掺入个人情感。

5. 整体性原则

在设计教学评价时，要对教学活动的各个方面做多角度、全方位的评价，而不能以点代面、以偏概全。为此，教学评价应该具有多样化的特点，实现评价的主体、内容、方式、对象和标准的多元化和评价过程动态化。

6. 指导性原则

在设计教学评价时，不能就事论事，而应把评价和指导结合起来，要对可能的评价结果进行认真分析，从不同角度探讨因果关系，确认产生的原因，设计具有启发性的应对方案，以帮助被评价者明确今后的努力方向。

在教学设计成果的实施过程中，评价活动始终贯穿其中。因此，无论是对教学设计过程中涉及的多种因素的评价，还是对教学设计结果的肯定或否定、修改及完善，评价活动始终给予教学设计价值体现，引导教学设计工作朝着预定目标进展。

四、新课标下的学习评价

在新课标改革后，对教师来说，学习评价并不陌生，可以说教师天天都在重复着评价的种种做法。以一堂课为例，有经验的教师大约会花三分之一的时间忙于与评价有关的事务。然而，评价本身是一种专业性很强的事情，天天在做，但未必就做得专业，未必在专业地做这件事。不难发现，站在育人的角度来审视当前的学习评价，在认识上至少存在五大误区。[①] 它们分别体现在五个问题上：评分等于评价、等于育人吗？用于评价的分数公平、合理吗？统一考试等于公平吗？双向细目表在测什么，能测出核心素养吗？当下的小组评价真能促进小组合作吗？

2014 年，教育部印发《关于全面深化课程改革 落实立德树人根本任务的意见》，强调要"修订课程方案和课程标准，依据学生发展核心素养体系，进一步明确各学段、各学科具体的育人目标和任务，完善高校和中小学课程教学有关标准。增强课程标准的思想性、时代性、适宜性、可操作性和整体性"。自此，核心素养作为重要的育人目标，开始成为课程标准修订工作的有力统领，国家课程标准的内涵随之发生了变化，从原先的内容标准发展到核心素养统领的"目标一族"，即课程目标 + 内容要求 + 学业质量，反映了素养时代的育人要求。

新课标是以核心素养为纲的"目标一族"，那么核心素养又是什么呢？核心素养是指学生完成课程学习之后所养成的正确价值观、必备品格与关键能力，具有整体性、情境性与反思性的特征。所谓整体性，意味着核心素养是在特定情境下应用或运用所学知识解决实际问题的综合表现，核心素养尽管可以分开说，但各个素养是整体、协同发挥作用的，任何由某个知识点或技能发挥作用的单一素养都无法满足于真实情境中解决复杂问题的需求；所谓情境性，意味着核心素养的表现或作用发挥都离不开真实情境，换句话说，脱离真实情境而解决了问题或完成了任务，这不能算是当前教育想培育的关键能力、必备品格和价值观念；所谓反思性，意味着核心素养是目标概念而不是内容概念，是学习者发挥主体性、能动性的产物，是通过学习者的反

① 崔允漷：《试论新课标对学习评价目标与路径的建构》，《中国教育学刊》2022 年第 7 期。

思“悟”出来的，而不是教会的，更不能直接“施教或传递”。核心素养的这三个属性决定了素养导向的新评价不仅要考虑所学知识的理解、掌握，还要重视真实情境下知识的建构与综合运用能力以及问题解决能力，更要强调学后反思；不仅要收集学习结果的信息，还要有学习过程的证据，更要收集真实的、深刻的、聚焦反思结果的信息。基于上述认识，新课标努力通过以下三条路径来撬动新评价。

1. 合力变革纸笔考试

纸笔考试历来是考试评价的主要方式。指向核心素养的纸笔考试应超越对所学知识的回忆、对所学技能的操练或技能熟练程度的测评，依据基于核心素养的学业质量，重建试题属性，利用情境的复杂程度或熟悉程度、知识的不同类型与认知需求（难度）高低三个变量，即在什么情境下，应用所学的哪一类知识（内容知识、程序性知识、认识论知识），能做什么事或解决什么样的问题，命制与学业质量水平相对应的试题，再根据学生的表现结果，推论其核心素养的发展水平。以国际学生测评项目（PISA）的数学测评框架为例，该框架整合了情境、学科内容、认知需求（核心素养）三个维度，通过改变真实情境的结构以及各要素的关系，可以创设不同复杂程度的情境化任务。例如，复杂的、开放性的情境可以用来测评较高的学业质量水平，学生需要整合知识、技能与观念来解决问题。相反，较简单、封闭的情境则可以用来测评较低的学业质量水平。

自2018年开始，国家考试中心等部门都在积极推动纸笔考试改革，创设真实任务来测评学生的核心素养。自核心素养作为重要育人目标以来，北京市高考生物卷命题在情境设计、题型设置、问题设计等方面均向素养评价方面作出了积极的变化。

2. 着力推进表现评价

核心素养主要是指真实情境下的问题解决能力。通俗地说，核心素养就是能做事，关键能力是指能做成事，必备品格是指愿意或习惯做正确的事，价值观念意指坚持把事做正确。因此，真正与素养测评匹配的方式不是纸笔测试，而是表现评价，即通过评分规则，评估学生在特定情境中运用所学知识去解决实际问题的过程与结果表现，得出其学业质量达成情况，从而推论其核心素养水平。毫无疑问，表现评价是素养导向的评价改革的着力点。既然核心素养的表现是能做事，那么便需要建构一个能很好地体现核心素养所描绘的学习结果的评价体系。这个评价体系必须能够检测高阶思维、复杂的认知能力以及在新的情境中解决问题的能力等。与只注重“双基”的客观纸笔考试不同，表现评价不仅评价学生“知道什么”，更重要的是评价学生“能做什么”；不仅评价学生行为表现结果，更重要的是评价学生行为表现的过程；不仅是对某个学习领域或某方面能力的评价，更重要的是对学生综合运用所学知识进行问题解决和表现能力的评价。因此，表现评价能够检测客观纸笔考试检测不了的学习结果，其在某种程度上主要针对“高分低能”的问题。研究表明，表现评价大致可以分为三大类：第一类是构答反应，包括图表或图解、概念图、网络、流程图或表格等；第二类是作品，包括短文、研究论文、日志或日记、实验报告、诗歌、艺术展览等；第三类是行为表现，包括口头汇报、舞蹈或运动、演示、小组讨论等。不同的表现评价方式对应着不同的素养目标，教师应根据实际情况选择不同的表现评价方式。

3. 极力探索技术支持的过程评价

过程数据是评价与技术融合的新方向之一。人工智能、大数据等现代技术的发展推动了评价理念和方式的变革，我们可以利用技术对评价对象进行全方位监测，采集过程数据，实现数据的全过程采集和及时反馈。

那么，指向核心素养的表现评价应如何设计呢？首先，需要建立一个指向核心素养的表现性评价体系。例如，美国新罕布什尔州将表现性评价与州问责体系紧密地联系起来，开发和实施表现性评价体系。此体系由共同表现性评价、智慧平衡评价以及其他测验（如学校表现性评价）组成，通过在各个地区、各个学校落实表现性评价以促进核心素养的落地。其次，具体化核心素养。核心素养作为教育目的与学习中介之间的桥梁，需要采用专业技术在二者之间设置层级，保证每一层级的目标可理解、可实施、可评价。再次，设计聚焦核心概念的表现性任务。指向核心素养的表现评价要为学生提供展示指向素养的真实任务，这里的任务不是通过简单地回忆琐碎的信息来完成的，而是需要学生深度理解知识，并将知识在真实情境中应用，以达到对核心概念的深度理解。最后，创建高质量的表现性任务库。任务库中的表现性任务有以下质量要求：一是聚焦核心问题或关键概念，而且与教学一致；二是注重学生参与并强调课程的重要内容，同时注重解决教室外的真实问题并为学生提供解决机会；三是注重公平，评价条件对所有学生都是相同的，不存在任何偏见。此外，也要开发与表现性任务相匹配的高质量的评分规则。评分规则要描述的是可观察和测评的行为表现，各个维度要聚焦且表现水平的表述要清晰。[①]

上述崔允漷教授关于新课标下学习评价的阐述对核心素养的评价设计给出了鲜明的方向。教学中既要避开学习评价中常犯的错误，又要

① 崔允漷：《试论新课标对学习评价目标与路径的建构》，《中国教育学刊》2022年第7期。

剖析新课标下的核心素养如何评价。核心素养的育人目标本质决定了传统纸笔测试必然存在相对的不足，如何测评出必备品格？如何测评出学科关键能力？如何测评出正确的情感态度价值观？对此，必然需要真实情境，需要遭遇真实的问题，在解决问题的过程中考查学生的核心素养。因此，在当前条件下，评价核心素养需要对当前的评价作出创新与改革：借鉴国际 PISA 测试改进纸笔测验，突出过程性评价中的表现型评价，探索新技术支持的过程评价。

正如崔教授所言：“总之，创新人才培养，首先需要创新学习评价，如果评价没有创新，评价方式、评价目标、评价技术没有创新，那创新人才培养又成了一句口号。新课标需要新评价，评价是教育专业化最后的堡垒，我们不仅要好评，而且还要会评。”

第三节
学教评一致性下的评价设计

学教评一致性理念下的教学设计基于逆向教学设计。评价设计是先于学生活动和教师活动的，即先依据课程标准确定教学评价目标是什么，再去设计学习目标，最后设计学生活动和教师活动。本书中的理论体系倡导在课标分析和学情分析基础上进行教学内容分析和结构化重整，设计制定教学目标和评价任务。当学习目标和评价任务清晰时，课堂环节、学生学习活动和教师的教学活动自然是明确而清晰的。在高中生物学课程的教学中，如何结合学科特点进行学教评一致性理念下的评价任务和评价方式的设计呢?

“教学评”一致性改变传统课堂教学设计为“逆向设计”。所谓“逆向设计”就是以终为始，从“评价目标”出发，到“学习目标”“评价任务”，再到“学生活动、教师活动”。这种“逆向设计”要求在教学设计时首先确定好预期结果，很好地反映了“评价先于教学”的理念，把评价任务嵌入后续的学习过程，有利于不断反复对“目标”回望，促进对教学活动的有效设计和思考。①

以高中生物学选择性必修1第3章第2节“激素调节的过程”为例。

先找到教学设计的“起始点”——评价目标，这一点由课程标准来确定。课程标准是高考命题、地区统考命题和实施教学的唯一依据。

关于本节课,《普通高中生物学课程标准（2017版）》(2022年修订）中的内容标准是:

1.4　内分泌系统产生的多种类型的激素，通过体液传送而发挥调节作用，实现机体稳态（单元重要概念）

1.4.2　举例说明激素通过分级调节、反馈调节等机制维持机体的稳态，如甲状腺激素分泌的调节和血糖平衡的调节等（课时一般概念）

课程标准中的模块学业要求是:

结合日常生活中的情境，分析说明人体通过神经系统、内分泌系统以及免疫系统的调节作用对内外环境的变化作出反应，以维持内环境稳态（生命观念、科学思维）。

教材发展素养要求是（人教版）:

能够运用反馈调节和分级调节的原理来探讨有关生命系统或其他系统的规律。关注自己和亲友与体液调节有关的营养、健康等问题，能

① 王培培:《基于“评价先行”的目标设计》,《中国教师报》2021年12月15日。

够运用相关知识指导自己健康生活。

教学内容分析：本节内容是本单元的核心内容，同时起承上启下的作用。衔接第一节“激素与内分泌系统”，本节“激素调节的过程”的内容包括人体血糖平衡调节和人体甲状腺激素分泌的调节，从血糖平衡的调节和甲状腺激素分泌的调节凝练出激素调节的重要特征、反馈调节和分级调节。在内容展示上，教材通过概念图或生理机制图解的方式，生动体现了内环境稳态调节机制。本节内容与人体健康密切相关，与生活情境密切联系。要让学生充分理解调节机制模型，需要从分子水平对激素与靶细胞的作用这一角度来进行阐释，这一点会增加课堂学习的难度。

综合课标分析、内容分析和学情考虑，本节课教学目标制定如下：

（1）结合生活情境，通过阅读血糖平衡资料和血糖调节过程，建立人体血糖平衡的调节模型。

（2）分析综合血糖调节模型，解释机体通过反馈调节机制维持血糖平衡。

（3）分析甲状腺激素分泌的模型，阐释机体通过分级调节、反馈调节等机制维持甲状腺激素的稳定。

（4）分析归纳激素调节的特点，并能举例说明。

（5）关注与激素分泌异常引发的疾病，关心自身健康，树立健康生活的观念。

根据以上教学目标和内容、情境设计分析，本节课可设计为四个环节。在每个环节中设计相应的评价任务、评价指标和评价方式。

环节一：建立血糖平衡调节模型。评价指标1：积极、认真、专注听课，积极参与学习活动。评价方式为课堂观察，进行过程性评价，突出对血糖模型阐述的表现进行评价。评价指标2：正确建构血糖调节平衡模型。评价方式为课堂完成学案。

环节二：激素调节的机制。评价指标 1：积极、认真、专注听课，积极参与学习活动。评价方式为课堂观察，进行过程性评价，突出对反馈调节和分级调节阐述的表现进行评价。评价指标 2：根据模型正确解释激素调节的反馈机制和分级调节。评价方式为课堂提问和课堂交流讨论。

环节三：激素调节的特点。评价指标 1：积极、认真、专注听课，积极参与学习活动。评价方式为课堂观察，进行过程性评价，突出对激素调节特点阐述的表现进行评价。评价指标 2：归纳出激素调节的 1~2 个特点。评价方式为课堂提问和课堂交流讨论。

环节四：学以致用。评价指标：完成学案或课后检测题 3，以书面形式写出准确的答案。评价方式为课堂学案评测练习。

综上所述，学教评一致性理念下的评价设计突出两个特点：首先是基于逆向教学设计，即先根据课标评价目标制定和设计学习目标（教学目标）；其次是在教学每一个环节均有清晰的评价任务，对每一环节的评价任务设计和制定评价指标，设计合理的评价方式，整体上突出课堂教学中的持续性评价、进阶式的评价。在用学案材料和课堂评价资料进行评测练习的同时，教师要重视在学习活动过程中的过程性评价，以评价引导教学，以评价促进课堂的学习发生，实现评价即学习的教学设计。

第五章

学教评一致性——学生活动的设计技术

第一节
学生活动设计原则

学生活动，即一节课中学生的学习活动。一节课可以按内容逻辑分为好几个环节，每个学习环节中都有对应的学生活动。在以“学”为中心的课堂中，学生活动的设计至关重要，这关系到一节课“学什么”、“学到什么程度”和“如何学”的问题。学生活动主要反映课堂中“如何学”的问题。

一节课的设计中，教师需要根据学生活动设计两个方面的基础问题。一方面，不同课堂环节中的学生活动的设计。这几项学生活动有什么关系，是否与课堂中的“教”一致，是否与课堂教学中的“评”一致？另一方面，每一个环节中的学生活动又是如何设计的？这个环节中，学生活动是深度思考还是讨论交流？当然，也可能是动手实践，画概念图，也有可能是情景剧扮演。这两方面的设计考虑对教师而言都不简单。按现代教学设计技术，一节课的教学设计都强调结构化，比如内容结构化、活动结构化、评价结构化。如果对教学内容进行结构化设计还算相对容易，那么对学生活动进行结构化设计就属于高标准备课了。当然，对于核心素养下的课堂教学设计，追求学习效果高效是必然的，对学生活动结构化设计也就是必要的和必需的。对于教学环节中的学生活动设计，不能简单设计为“聆听、笔记”等方式，这是陷入传统的讲授型课堂设计中了。环节中的学生活动设计与诸多要素有关，比如内容特点、情境特点、学情等。

下面摘录北京教育科学研究院研究员王薇关于在学习活动中培育解决问题的必备能力的文章，该文从理论的高度阐述了学习活动的设计原则、设计策略，以供读者从专家视角、专家理论高度和专家思维层面更加清晰地领会学生活动设计。

一、学习活动设计原则：以学习者为中心

1. 学习活动设计指向学生的学

从学习活动设计与教学设计的关系来看，学习活动设计是教学设计的核心，但学习活动设计的出发点与教学设计的出发点存在差别。

教学设计指向教师的教，主要目标是完成教学内容；而学习活动设计指向学生的学，主要目标是扩充学生的知识，提高学生的能力和使其树立正确的情感态度价值观，需要充分地发挥学习者的主体能动性，使其积极参与到活动中来。

2. 基于活动理论建立学习活动设计分析框架

学习活动设计以活动理论的基本思想为基础，基本假设有两个：一是意识与活动是统一的，活动是人类与客观世界的交互过程，是带有明确意图的有目的的行动，思维是活动的内化形式，学和做是不可分的；二是工具中介改变了人类活动的性质，工具被内化后，还会影响人的心理发展。

基于活动理论的基本思想，学习活动设计应秉持五个基本原则：以

目标为导向，呈现层级结构，内外化结合，工具中介介入，以问题促进发展。

3. 学习活动由活动目标和活动方式构成

基于活动理论对学习活动的框架进行分析，可进一步确定指向问题解决能力培养的学习活动成分构成。概括而言，一个完整的学习活动一般包括学习活动目标、学习活动方式。学习活动目标可分解为活动任务和活动规则，学习活动方式可分解为活动形式和活动环境。

4. 学习活动要突出情境性、互动性、工具性、表达性

课堂教学是培养学生问题解决能力的基本途径。在我国中小学以课堂教学为主要途径的教学环境下，需要重点研究如何在课时教学中设计旨在提升中小学生问题解决能力的学习活动。

提升问题解决能力的学习活动是一个以学习者为中心的学习活动设计思路，其中，问题是起点，情境是载体，思维是基础，工具是支持，协作是方式。理解这一概念有四个要点：情境任务，互动协作，工具支持，思维外化。

二、学习活动实践应用：突出情景性和任务性

1. 指向问题解决能力培养的学习活动实施流程

图 5-1 示意指向问题解决能力培养的学习活动实施过程，其主要步骤包括如下五步。

创设实践任务，即教师根据教学目标及问题解决能力的指标框架，创设需要学生运用学科知识解决的实践任务。

制定规则要求，即教师根据问题解决能力目标，结合创设出的实践任务，制定出学生解决任务的规则要求。

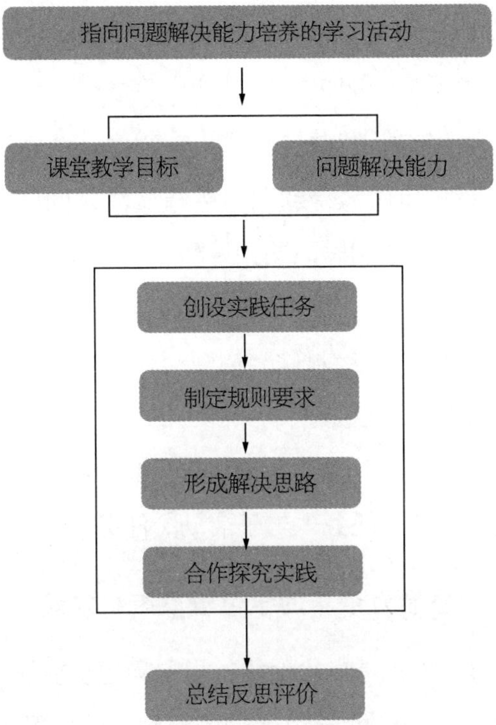

图 5-1　学习活动实施过程

形成解决思路，即在教师的组织下，学生经过独立思考后与其他同学形成学习共同体，讨论形成预设的任务解决思路。

合作探究实践，即学生在集体中通过与他人的对话沟通和分工合作，充分运用语言文字知识共同探究解决实践任务。

总结反思评价，即在“任务性活动”完成后，学生在教师的组织下进行自评和互评，通过目标引导、工具运用和结果反馈来审视自己在解决任务活动中的表现，并总结规律，反思不足，思考能够改进的地方。

2. 指向问题解决能力培养的学习活动设计策略

指向问题解决能力培养的学习活动，能够将教学内容、学习方式、能力培养完美自然地统一起来，但设计出将学科知识融入实践任务的活动，将知识以活化的形态融入任务中，对于一线教师而言是有一定难度的。这就需要教师在学科知识与实践生活之间建立连接点，寻找触发点。具体而言，可采用以下两种策略。

策略一：关注社会热点，拓宽学科视野，将学科知识与实践生活相连接，创设生活化的学习活动任务情境，让学生在“做”中“学”，增强课堂的知识张力和实践活力。

策略二：学习任务可由难度不同又有联系的若干个小任务组成，这就是通常所说的总活动（任务）与子活动（任务）。

3. 指向问题解决能力培养的学习活动组织方式

问题解决能力的培养是集体性的，指向问题解决能力培养的学习活动形态是合作性的。合作性学习活动的组织策略涉及活动创设、规则制定、如何分组、角色转换、成果总结等。

第一，在活动创设时，就要设计适合学生合作解决的任务，即有合作的必要性。并非所有的内容都适合通过合作来解决，合作学习活动必须依据教学目标、素材和内容来设计。

第二，对于合作解决问题的要求，教师需要给出明确具体的规则。比如，教师可以设计若干表现方式，让各小组根据自己的喜好和特长进行选择，同时规定时间、内容、呈现形式等具体细则。

第三，学习小组的组建需要综合考虑学生的学业基础、认知倾向、性格特点等各方面情况，以及学生个体的集体能动性、学生间的社会关系和集体内部的人望，力求达到小组内多元力量的平衡，为实现彼此促进奠定组织基础。

第四，在合作学习中，每个小组通常都有一名发挥主导作用的学生，这一领导角色的承担人需要定期更换，以使所有学生都能获得体验和历练。

第五，在合作“过程”完成后，务必不能省略的一个环节是对合作成果进行统整，这也是培养学生总结与反思能力的重要途径。在学生学习概括、提炼、归纳、整理的环节中，不应只有学生的合作参与，更需要教师的适时指导。①

第二节
学生活动设计策略

一、以适切的学习目标为导向

学习目标引领整个教学过程，也是学习活动设计的出发点和落脚点，制定科学合理而又适切可行的学习目标是进行学习活动设计的基础性工作。从核心素养背景下的教学实践来看，教师在学习目标制定上还存在认识和技术上的问题。教师要以课程标准、教材等作为政策

① 王薇：《依托课堂学习活动设计，中小学生必备的问题解决能力如何培育？》，《基础教育课程》2022 年第 7 期（上）。

依据，分解和细化学习目标，提高学习目标的规范性，同时也要以学生的个性特征、已有的知识基础作为重要的学情依据，关注学习目标的差异性和个性化。学生进入课堂时不是一张白纸，而是带有个体主观经验和先有概念的，故学习目标的制定要充分考虑学生的经验，注重知识间的联系。除凭借教师个人经验外，教师可以通过前测试题、问卷或半结构化访谈等科学严谨的方式来进行学情分析。

教师在进行学习活动设计时要树立目标意识，让学生了解明确的目标，同时在教学中提出更有意义的学习目标。若忽视学习目标，孤立的活动对学生来说或许有趣，至于活动的目的不得而知，这与无目的的灌输无异。学习活动中的目标强调有一定的序列性，是学习活动序列的基础，在适切的学习目标导向下，再设计与之相匹配的学习任务，促成目标的达成，二者相互呼应。

二、创设基于真实问题情境的学习任务

学习活动具有动态性和复杂性，它不是简单的知识传递过程，而是以“任务”为中心的知识建构过程。学习任务设计是学习活动设计的重点，学习任务应该具有真实性和挑战性，以真正调动学生参与的积极性，促进学生高阶思维的发展。

追求任务的真实性要求教师根据学习内容的特征，从学生的日常生活中选取适当的学习情境，将知识结构融入学生熟悉的情境中。例如，高中生物“体温平衡”教学，以学生在空调屋和室外环境作为问题情境，让学生从直观现象入手，进一步分析人体对体外温度与环境变化所做的适应性反应。这是来自学生身边的问题，学生运用所学知识完成这样基于实际问题的学习任务，能够在问题解决中切实明白知识的

价值。在完成学习任务的进程中，学生循着知识产生的脉络准确把握学习内容，发展了高阶思维能力，提升了知识迁移与灵活运用的技能。

基于真实问题的学习任务应该是具有挑战性的，学习者不能简单套用书本知识，而是要在原有的经验基础上对创设的问题加以分析，采用多元的方法加以解决。在此过程中，潜能得到开发，认知结构得到发展。例如，高中生物“特异性免疫”教学，教师创设了“人体是如何与新冠病毒做斗争”的问题情境，让学生以小组为单位进行讨论，结合从媒体的宣传资料中获知的信息进行分析，尝试提出自己的解释。在这一学习任务中，学生需要结合自己的生活经验，调动有关的知识储备，经历积极的甚至艰苦的思考过程。学习任务的完成需要有明确的结果，教师通过学习结果可以评价学生学习目标的达成情况，帮助学生感受到自己的成就。

学习任务是活动设计的核心，以任务驱动学生、完成任务的过程也是与学习内容交互的过程。基于真实情境的任务一般需要学习共同体协同完成，因此通常要将任务分解为具体的操作流程，同时必须加上程序性规则说明，共同体成员能依据规则进行任务分工并有效地解决问题。以基于真实情境的任务为主线的学习活动设计克服了纯粹知识传递的缺点，使学生在现实生活中遇到与学科知识相关的复杂事件时，能灵活地应用所学知识。

三、设计多样化的活动交互形式

学习活动的过程是学习者与学习共同体及所在环境交互的社会性建构过程，因此，教师在设计学习活动时需根据学习任务有针对性地设计交互形式，使学习活动过程成为一种更丰富、更有吸引力的建构知识的过程。

当前学习共同体的建立是最普遍的交互形式之一。在学习共同体中，学习者感到自己和其他学习者同属于一个团体，进行共同的学习活动，遵守相同的活动规则。学习者可以在合作学习中获得多元的信息，其他成员思考问题的不同角度会促使他们进一步反思自己的想法，重新组织自己的思路。学习共同体的组成是开放的，根据不同的学习任务可以作出灵活的改变。笔者所在学校近年引进了学习科学友善用脑策略。友善用脑策略倡导小组合作学习，在合作中交流、表达，教师在教学过程中制定规则，对各小组进行量化评价，以小组相互竞争的学习气氛形成小组学习共同体。例如，高中生物“细胞器之间的分工合作”教学，教师根据任务的难易程度，建立了不同的学习共同体：在任务一“观察比较线粒体和叶绿体的结构，解释结构与相应功能之间的关系”中建立了 3 人小组；在任务二“动植物细胞器之间的差异性”这一比较复杂的任务中建立了 5~6 人学习小组。

各种类型的学习工具也成为共同体交互的重要中介。认知工具是教师在学习活动中为学生搭建的“脚手架”，帮助学生在先有概念和学习内容间形成联系，让学生的自我建构成为可能；物理工具一般是可操作的学具，学习共同体在操作工具时，知识形成的过程直观地呈现出来，减轻学生认知负担的同时又促进了学生的深度学习。

教师需要重视的是，在学生进行合作学习时注意创设和谐、民主、平等的学习环境，避免在活动过程中出现话语霸权的情况。同时，教师需要事先对活动的要求进行说明，包括明确的学习目标、所要解决的问题、讨论的时间、工具的使用说明等，以提高共同体合作学习的效率。

四、形成学习活动设计质量的评价框架

当前教师对活动设计质量的评价意识不强，在设计活动时缺少相应的参考标准。具体表现在，因为缺乏明确的活动设计的参考框架及活动质量的评价标准，在进行学习活动设计时和学习活动实施后的反思环节，教师往往只能根据个人经验，从而表现出较强的随意性和主观性。这势必影响学习活动设计的质量及实施效果，影响学生学习效果和教师专业发展。

为了使学习活动设计更为科学有效，需要建构学习活动设计指导框架及质量评价标准。这有赖于专家学者和一线教师对各种学习活动设计的指导理论有所了解，并结合学科特点和教学实践经验进行研究，有依据地进行学习活动设计和反思。总的来说，学习活动设计的核心理念是“基于学生学习需求，真正促进学生学习”，能在生动的活动中引起学生的思维困惑，或是引发不一致的观点，继而在学习共同体中讨论、探究，形成思维的碰撞，而不是很快得出答案。学习活动设计的指导框架和评价标准可以学习活动设计要素及不同要素的特点为指标体系，对不同指标进行描述。教师需要明确，评价本身并不是目的，目的在于促进学习活动设计的改进与提升，促进学生学习和教师自身专业素养的发展。①

① 邵丽：《学习活动设计：内涵、意义与策略》,《江苏教育研究》2018 年第 1 期。

第三节
学生活动设计案例评析

结合前两节关于教学设计中学生活动的分析，本节内容遵从上述原则和策略，以人教版教材选择性必修2生物与环境第2章第3节“群落的演替”为例展示课堂学生活动的设计，以供读者和同人们分析批判。

一、教学目标

（1）通过对情境案例的分析讨论，能用物质和能量观、进化与适应观、稳态与平衡观及结构与功能观阐述群落演替的本质和机理。

（2）对由情境案例引出的问题，进行归因和推理分析，构建群落演替的机制模型。

（3）对由人类活动和物种入侵引起的群落逆行演替进行调查和分析。

（4）通过自主学习、小组合作学习与展示，提高自主学习能力，关注外来物种入侵，认同退耕还林等生态保护措施，养成爱护环境的意识，履行与自然和谐共处的社会责任。

二、教学环节设计

（1）自主阅读学习“演替的类型”。

（2）分析情境案例“香山植被群落”。

（3）分析情境案例“塞罕坝人工林”。

（4）小组汇报“外来物种入侵”调查资料。

三、学生活动设计

学生活动设计随课堂环节而定。学生活动既有教师课堂布置的任务完成部分，还有教师评价任务或评价目标时的互动，也包括任务进行和评价过程中的生生合作、互动等。

环节 1 中，学生活动首先是自主阅读学习，活动设计简单，主要在于发展学生自主学习能力，另外，学习任务简单也是考虑因素。其次，教师对该任务的评价须学生完成归纳、回答和交流，这也是环节 1 的学生活动。学生活动虽然简单，但是需要设计，值得设计。上述环节 1 中的学生活动，如果从知识目标达成的角度出发，或许有些教师就直接讲授了，那么学生的学习活动就只有听讲和回答问题了。

环节 2 是分析情境案例“香山植被”，通过教师的问题进行驱动，比如“香山植被几十年无太大变化的原因分析”“香山植被在何种情况下会发生改变”。教师从“静”和“动”两个方面进行设问，学生的活动主要是推理思维、比较归纳。相比于环节 1，环节 2 的学生主要活动有所进阶，思维难度有所上升。学生活动有科学的思维，同时聆听老师的引导归纳，最终合作交流，对聆听结果和思维结果进行分析与综合，最终得出群落演替的实质是环境变化引起的新的自然选择。在自然选择中，原群落中的物种种类、优势种、群落结构均发生变化，群落中的物质和能量均发生正向的积累，群落朝顶级群落演替，最终达到群落结构和功能的稳态与平衡。对于最终分析和综合得出的机制与原理，也是本节课的评价指标，学生是否能分析综合得出呢？教师在引导的时候须有课堂观察和推理过程的提问，学生伴随有科学思维活动和聆听、回答问题的活动。

环节 3 是分析情境案例“塞罕坝人工林”，设计初衷是，让学生根据自身生活体验，如旅游、读书、上网等，从这些生活体验中分析塞罕坝人工林几十年的巨大变化，从现象中分析群落演替的影响因素，同时进一步加深理解演替的机制和原理。学生活动设计为几个方面，首先是对塞罕坝几十年的变化，通过自身经验、平时阅读收获和课后查找资料进行思考分析，从现象的角度入手，分析林地变化的原理和机制。因为是第二个情境案例，在分析时提高思考难度，例如从物质和能量的角度、结构与功能的角度、稳态与平衡的角度、进化与适应的角度等来进行分析。在分析中，进一步思考影响林地变化的因素，并上升到社会责任层面，也拓展了群落演替的理解外延。本环节学生活动突出了思维的进阶、情境下的真实问题分析与解决。

环节 4 是小组汇报对于“外来物种入侵”这一生物学热门议题的调查资料，这也是关乎我国生物多样性和生物安全、生态保护的重要问题。在日常教学中发现，经过国家对生物物种入侵的宣传教育，学生对于这些知识有一定的掌握，高二学生能通过网络等工具查询学习相关知识。因此，本环节学生活动主要涉及两个部分：课前完成小组内外来物种入侵的调查，整理资料，确定好汇报人；课中由各小组利用 2~3 分钟介绍自己小组调查的外来物种，介绍内容包括物种名称特点、入侵情况、危害程度、防范和解决方案等方面。汇报活动是小组的合作学习的成果，汇报成果通过自主查阅来完成，充分体现了以“学”为中心的设计原则。同时，学生活动的内容主要关系到生物多样性和外来物种入侵危害的社会生态问题，通过调查分析提高社会责任。

总之，一节课的设计中，学生活动或学习活动常常是最关键的。学生活动关系到这节课的本质是以“教”为中心还是以“学”为中心，也是改变教师课堂角色的重要设计。笔者在近年来的教学实践中，针对核心素养发展背景下的教学设计，在教学目标设计清晰的情况下，一般优先考虑的是这节课有没有学生活动、学生活动怎么设计。只有把学生放在第一位，把学生的“学”放在课堂的首位，教师在备课和授课时，自然就会首先想到学生活动设计的问题。

第六章

学教评一致性——教师活动的设计技术

第一节
教师活动设计存在的问题

在一节课的教学过程中，教师活动贯穿始末。其中有自始至终的教师的思想渗透和思维活动，同样有讲授、组织、提问、表扬、检测等行为活动。前者属于教师在教学过程中的内隐的活动，以思维活动为代表，贯穿于教学的整个过程中；后者属于教师在教学环节中的显性行为活动。在通常情况下，教学设计中的教师活动指后者。

在我国传统教学中，课堂教学长期受“凯洛夫五步教学法”的影响，教师活动一般包括五个环节，即组织教学、导入新课、新授课、课堂小结和课堂练习。这是按教学流程设计教师活动，教师是课堂的主宰，是典型的“以教师为中心”的课堂教学。另外，教学过程中还有以知识为中心进行教师活动的设计安排，如初读文本、再读文本、感悟文本、拓展文本。

无论是按教学流程设计教师活动，还是以知识为中心进行教师活动设计，都与现代教育发展趋势不协调。尤其在新课标理念下，教师的活动始终要体现新课标理念，最基本的理念之一是“以学生的学为课堂的中心”。根据这个中心要求，教师的活动或者教师的“教”是为学生的“学”服务的。而学生的“学”关系到很多因素，如内容特点、环节设置、学生活动、课堂评价等因素。因此，教师活动的设计是基于以上因素的。

传统意义上的教学，教师活动不仅占据课堂教学环节的主导地位，而且方式也较为单一，教师活动基本上就是“讲”。这在科学性和指向性方面都存在问题，教师的“一言堂”主宰课堂，一切从“教”的角度出发，从知识输出的角度出发，欠缺了对学生认知规律和心理发展规律的关注。另外，教师主宰的课堂容易使课堂目标变为碎片化的知识，或者就是教材内容的机械“搬家”。

第二节 教师活动设计的原则

在发展核心素养理念下的教学设计时，选择逆向教学设计是非常适宜的，教师活动与学生活动、评价互动高度协调统一，共同促进课堂的学教评一致性，使课堂高效产出，使核心素养在课堂中落地生根。教师活动设计离不开对学生活动、评价活动的分析和参考。一节课中的教师活动并不是僵化的讲课、提问和观察。在学教评一致性理念下，一节课的所有要素都是紧密联系甚至是环环相扣的，相互间存在着不同的逻辑关系。因此，教师活动的设计必然要根据教学目标、教学内容、情境、任务、学生互动和教学评价等要素综合统筹、科学设计。教师活动的设计必须遵循以下原则。

一、以“学”为中心

教为学，评为学。一节课无论设计几个环节，每个环节中的教师活动都应以“学”为中心。核心素养背景下的“学”是建立在真实情境中的任务解决。需要对任务或者子任务进行问题分析与解决。在这种情况下，创设合理的真实情境就是首要的教师活动，即在教学过程中，带领学生思维进入情境中，在认知冲突中发生思维活动。教师根据最近发展理论，对较难的学习任务进行拆解和易化，以符合学生认知心理和学情基础的实际情况，这需要教师对情境资源、课堂任务进行加工处理。在呈现时，导入合理，提问贴切。面对课堂各个环节，在持续性评价中，对于学生学习积极性的调动是教师活动中重要的一环，评价即学习，评价是由教师实施的。面对不同的学生，实施不同方式的评价，不同的任务也可能采取不同的评价方式。在学生遇到难题时，教师大都能给予鼓励，但并非人人如此。不同的任务需要设置不同的评价方式。如果任务具有开放性和论证性，可以进行表现性评价，综合考查学生多方面的发展情况。

二、主导性

课堂以“学”为中心，学生是课堂主体，但须以教师为“主导”。哪怕是自由度很高的讨论课，教师的主导性也不可缺少，甚至更加重要。从创设情境导入，课堂中间环节都是进阶式的环环相扣，其中只有教师才能将不同的环节串联起来，通过教师的语言、思维的过渡，使教学环节、课堂任务不断向前推进。学生在每一个环节中的学习活动是否专注、高效，需要教师的课堂观察及适时的干预和评价。整节课结束时，对于本节课学习目标是否完成和达标，教师的讲授、总结和质疑都很重要。课堂评价练习和课后评测资料的运用更是离不开教师的主导作用。

三、学教评一致性

评什么、怎么学、如何教是密切关联的问题，学教评需要高度一致，课堂需要学习目标明确、学法合理、教学指向正确。如何教的问题就是教师活动的设计，不管是什么方式、什么形式的教师活动，都需要与课堂学习目标、课堂评价目标保持一致。教师的活动在学教评一致性中起承接作用，学生的学习目标源于基于课程标准的评价目标，如何达到这些目标，就是如何学的问题了。如何学离不开教师的怎么教，学生的活动只有被教师有机地嵌入教学环节中，才能发生真正有效的学习。就像学生思考什么问题、如何思考、思考到什么程度等问题离不开教师组织提问、讨论、交流、互评，离不开教师的评述和阐释。

四、活动结构化

“结构化”这个名词最近几年活跃在核心素养背景下的教学讨论中，最初主要指一节课中的教学内容不能碎片化地传授给学生，而应该根据建构主义理论将一节课的教学内容构建为一个有逻辑关系的整体，可以概念图形式呈现。结构化的主要意义在于构建的过程和构建本身的理念。简单来说，这节课最终的概念或概念图不是教师讲授出来的，而是在教师的引导和组织下，遵循相关规律进行概念建构。一般遵从“事实知识——般概念—重要概念—大概念—学科观点”的建构规律。结构化是符合学生认知规律和心理活动规律的。应该说，知识结构化是教学设计的常态和基本操作。几年来，知识结构化跃升为教学设计热词，只能认为在传统教学中教学设计受纯知识教学的影响很深。

现在，结构化的提法已渗透到教学设计的多个方面，泛指在一节课中某个教学设计要素在设计时，不同环节中的该要素的设计应该相互间存在某种逻辑关系。如整节课中，课堂环节有四个，那么四个环节中的学生活动并不是孤立的，而应该是有关联的，或是平行论证的，或是进阶发展的。这里需要强调的是，教学过程中的教师活动应该是结构化的，例如：环节 1 教师活动主要是创设情境设计认知冲突；环节 2 教师活动必然是分析认知冲突，提出问题；环节 3 教师活动是引导学生分析问题、寻找原因并提出解决问题的方案；环节 4 教师活动是组织分析本节课的问题和解决问题的过程。

同理，在教学设计中也可以将“学生活动”“评价任务”结构化，使整节课各个环节达到学教评一致。

第三节

教师活动设计案例分析

以高中生物必修 2 第 1 章第 2 节“孟德尔的豌豆杂交实验（二）”为例，对教学设计中教师活动的设计做案例分析。

一、教学内容分析

“孟德尔豌豆杂交实验（二）”在本章中属于较难内容，内容的复杂性、综合性都很明显。在第一节“孟德尔豌豆杂交实验（一）”的基础上，对两对和多对以上的性状遗传进行探索。学生通过第一节内容的学习，对遗传实验的选材、实践操作、实验设计思路、实验论证设计都有了一定程度的掌握。然而，遗传学内容生疏名词比较多，而且集中在一两节课中，学生学习后必然存在遗忘和理解不透彻的情况。学生学习完第一节内容后，从知识层面对分离定律的发现过程、分离定律实质有了一定程度的掌握。但第一节内容难点在于知识在宏观和微观之间切换，学生因此掌握程度还是有限。而本节内容依然是豌豆杂交实验，并且实验中的自变量变得更为复杂，出现新的宏观现象，这对学习造成了较大的难度。有了第一节对众多生疏名词的认识和理解，本节课认识实验的过程相对容易。需要突破的是，如何从一对遗传因子的解释过渡到两对遗传因子的解释。因为是跨时代的伟大实验，教师不可能带领学生像孟德尔一样有天才般的想法和灵感，这就需要教师讲授好科学史的难点，关键在于讲好孟德尔关于豌豆实验的假说三。

通过第一节内容的学习，学生对于假说演绎的实验方法已然掌握，对于测交论证的逻辑也已掌握。在本节中，继续沿用第一节中的方法和验证逻辑去分析两对相对性状的杂交实验。

理解的逻辑依然遵从“现象—问题—假说—论证—结论”的论证逻辑，最后沿着科学家的思想完成对自由组合规律的认识，完成对新的名词的认识和理解，如自由组合、基因重组、重组型、亲本型等。

二、教学目标

（1）通过两对相对性状的实验，说明两对遗传因子在自由组合时的遗传现象和解释。

（2）通过两对相对性状的实验，说明自由组合定律发现的实验思路。

（3）尝试用自由组合定律发现过程中的方法和定律解释一些遗传现象，并能设计实验验证方案。

（4）领会科学家的敬业精神和锲而不舍的科学精神。

三、教师活动设计

教学目标确定后，课堂环节基本确定，本节课可依据教学目标和教学内容大致分为如下三个环节。

环节1：发现自由组合定律。在第一节对一对性状实验的学习中，学生已有了一定的基础。因为本节名词术语多、理解难度大，在学习两对性状实验过程中，对之前学习过的术语、实验思路、论证逻辑进行复习学习是非常有必要的。因此，本节课的学习，首先需要教师安排学生自主学习两对性状的实验过程；然后进行问题驱动，在问题驱动中进行表现型评价和过程性评价。问题1：两对性状实验中的“现象”是什么？问题2：孟德尔对此提出的关键假说是什么？问题3：自由组合定律的实质是什么？问题4：单独分析每对性状，有何特点和规律？在课堂提问和课堂观察过程中，教师必须对每一个问题进行引导和铺垫并做总结。

环节2：假说演绎的论证思路。本环节在第一节课的学习中学生已有所体会，但限于第一节课名词术语多、学习难度大，对假说演绎的论证思路并没有提炼。本环节中的学习焦点在于“测交”论证原理的学习。“测交”设计是孟德尔天才般发现的精华，将微观抽象的遗传因子、配子的问题，用个体宏观的杂交和个体性状分离比体现，设计尽显伟大。对于这样的内容，最优的学习方法是教师结合科学史进行讲授。因此，本节活动的教师活动主要是讲授测交和假说演绎的实验思路。讲授也是以“学”为中心，在讲授中层层递进，娓娓道来，及时和学生的思维互动，可以说是用“谈话法”进行讲授。

环节 3：自由组合定律的应用。本环节是知识的迁移，是发展学生应用能力、分析综合能力和思辨创新能力的环节。教师须设计与本节课重难点相近的情境资料问题作为本环节课堂评价手段。首先，教师应安排学生自主完成相关练习，练习题目由易到难。这样设计主要是为了检测课堂听讲效果，暴露学生学习中的不足。在此基础上，教师可根据课堂观察情况、学生答题情况进行学情掌握。其次，教师应根据学生答题情况组织讲评，选择答题不同程度的同学进行讲评，以学习金字塔理论组织学生讲评。最后，教师应总结归纳，进一步提炼本节课的重点——自由组合定律的实质和运用。

综合上述三个环节的教师活动设计，不难看出，在核心素养背景下的教学设计中，教师活动体现了以“学”为中心，教师掌控整节课的节奏和进度，充分体现了教师的主导性，教师像组织者、像导演。教师活动同样体现了学教评一致性，教师活动必须建立在清晰的教学目标之上。在课堂环节中，教师“教”的行为、学生“学”的行为和学习目标的指向是统一的、一致的。三个环节中，教师活动也是由易到难，由简单到复杂，从引导学习到破解难点，最终指导运用，体现了教师活动在本节课中的结构化设计。

第七章

学教评一致性课时教学设计案例

第一节
必修 1 教学设计案例

案例 1：“细胞膜的结构和功能”教学设计

表 7-1　教学设计示例——细胞膜的结构和功能

<table>
<tr><th colspan="4">教学基本信息</th></tr>
<tr><td rowspan="2">教学内容</td><td>教学主题</td><td colspan="2">细胞膜的结构和功能</td></tr>
<tr><td>章节目录</td><td colspan="2">必修 1 第 3 章第 1 节</td></tr>
<tr><td>课型</td><td>新授课</td><td>授课班级</td><td>高一（4）班</td></tr>
<tr><td>授课时间</td><td>2020 年 11 月</td><td>授课地点</td><td>高一（4）班</td></tr>
<tr><td>授课教师</td><td>呼斯乐</td><td>辅助手段</td><td>多媒体，希沃授课助手，超轻黏土</td></tr>
<tr><th colspan="4">学习目标与教学策略</th></tr>
<tr><td>单元教学目标</td><td colspan="3">【内容要求】
细胞各部分结构既分工又合作，共同执行细胞的各项生命活动
【学业要求】
从结构与功能相适应这一视角，解释细胞由多种多样的分子组成，这些分子是细胞执行各项生命活动的物质基础（生命观念、科学思维）
建构并使用细胞模型，阐明细胞各部分结构通过分工与合作，形成相互协调的有机整体，实现细胞的各项生命活动（生命观念、科学思维、科学探究）</td></tr>
</table>

（续表）

<table>
<tr><td>本节课在单元教学中的地位</td><td colspan="3">本节课是本单元的第一课时，本单元内容属于高中生物学人教版必修1“分子与细胞”模块，教学内容是落实《普通高中生物学课程标准（2017版）》（2020年修订）中的概念2“细胞的生存需要能量和物质”。从内容上分析，对于本节课的难点突破，要理解细胞膜的流动镶嵌模型的基本内容，学生只能展开想象力，在脑海中构建细胞膜的空间结构，然后在这个基础上理解细胞膜流动镶嵌模型的基本内容。但这过于抽象，学生难理解，所以往往实现不了本节课的学习目标。要实现本节课的学习目标，必须让学生主动学习，要让学生亲历假设和验证的过程，最后真正构建出物理模型以促进学生对细胞膜流动镶嵌模型的理解</td></tr>
<tr><td rowspan="4">课时学习目标确定依据</td><td rowspan="3">课标分析</td><td rowspan="2">课标摘录</td><td>【内容要求】
（1）概述细胞都由质膜包裹，质膜将细胞与其生活环境分开，能控制物质进出，并参与细胞间的信息交流
（2）阐明质膜具有选择透过性</td></tr>
<tr><td>【学业要求】
建构并使用细胞模型，阐明细胞各部分结构通过分工与合作，形成相互协调的有机整体，实现细胞的各项生命活动</td></tr>
<tr><td>课标分析</td><td>从内容来分析，本节课需要掌握以下内容：能够概述细胞膜的流动镶嵌模型的基本内容（课标），尝试根据现象作出假设，以已知科学史为研究背景作出判断，小组合作构建模型
从学业要求来分析，尝试建构细胞膜模型，阐明细胞各部分结构通过分工与合作，形成相互协调的有机整体</td></tr>
<tr><td>内容分析</td><td colspan="2">“细胞膜的流动镶嵌模型”是人教版高中生物必修1第四章“细胞的物质输入和输出”第二节的内容，主要介绍了科学家对生物膜成分与结构的探索历程和生物膜流动镶嵌模型的内容
本节课主要包括两个内容：一是了解科学家对细胞膜结构探究的科学史，二是理解细胞膜流动镶嵌模型的基本内容。后者也是本节课的难点所在。本节课通过科学史引导学生一步步分析科学家的研究，使学生切身感受科学魅力，加深对科学研究过程、方法和思路的理解，最后得出流动镶嵌模型的理论。更重要的是，在这个过程中让学生领悟科学发现的过程是一个漫长的过程，一个研究结论的得出需要经历许多研究者的不断修正、改进和完善。同时，技术的进步可以更好地促进科学的发展</td></tr>
</table>

（续表）

课时学习目标确定依据	学情分析	高一学生已经了解了细胞、组成细胞的分子、细胞的基本结构，为本节知识的学习奠定了基础。高一的学生具备了一定的观察和认知能力，分析思维的目的性和逻辑性也已初步建立但还不是很完善，同时他们对科学发展史很感兴趣
学习目标	（1）科学探究：能够概述细胞膜的流动镶嵌模型的基本内容（课标） （2）科学思维：尝试根据现象作出假设，以已知科学史为研究背景作出判断，小组合作构建模型 （3）生命观念：树立结构与功能相适应的生物学观点；了解在每一项科学研究的背后都有一个漫长而曲折的过程，认识技术的发展在科学研究中的作用	
评估任务	任务 1：用某种技术将细胞膜的磷脂分子提取出来，将其排布在空气–水界面上，磷脂分子将如何排布呢？ 任务 2：思考哺乳动物成熟的红细胞膜所处的环境，尝试构建细胞膜中磷脂分子的排布模型 任务 3：以小组为单位，合作构建细胞膜流动镶嵌模型，并将模型排布在学案的“构建细胞膜的模型”中 任务 4：根据小组合作制作的模型总结出细胞膜的流动镶嵌模型的基本内容	
教学策略	学教评一致　探究式学习　合作式学习	
板书设计		

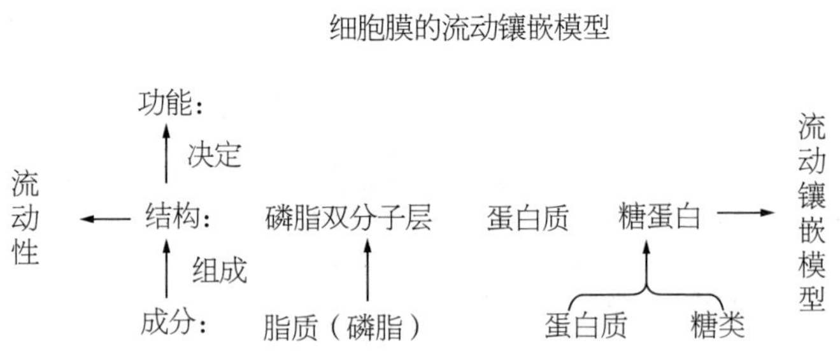

（续表）

教学环节与任务			
环节 1：猜谜语，导入新课			
教师活动	学生活动	评价指标	评价方式
猜谜语导入新课，激发学生学习兴趣 【教师提出】 是谁，隔开了原始海洋的动荡 是谁，为我日夜守边防 是谁，为我传信报安康 （答：细胞结构）	学生猜谜语，认真思考讨论	活动规则：独立思考，答案准确	课堂观察 课堂提问
环节 2：温故			
教师活动	学生活动	评价指标	评价方式
【教师提出】探究一下细胞膜的成分 【教师展示】PPT 展示资料 1：1895 年，生物学家欧文顿选用 500 多种化学物质，对植物细胞膜的通透性进行了上万次的实验。结果发现：凡是易溶于脂质的物质，也容易穿过膜；反之，不容易溶于脂质的物质，也不容易穿过膜 【教师提问】结合相似相溶原理和实验现象，同学们能否对细胞膜的成分作出一个合理的假设 【教师设问】欧文顿认识到细胞膜中含有脂质，是通过对现象的推理分析还是通过膜成分的提取和鉴定 【教师解释】假设需要验证，成立了才可以更准确地说明问题	【学生答出】细胞膜的成分中含有脂质 【学生答出】是通过对现象的推理分析得出的	清楚表达，答案准确 讨论交流 倾听	课堂观察 课堂提问

（续表）

【教师展示】PPT展示资料2：20世纪初，科学家第一次能将细胞膜从哺乳动物的成熟红细胞中分离出来，进行的化学分析表明，细胞膜的主要成分是脂质和蛋白质 【教师提出】哺乳动物的成熟红细胞有怎样的特点？为什么用它作为提取细胞膜的材料？ 【教师提问】现在假说能否得到验证？ 【教师小结】对细胞膜的成分进行化学分析而确定的，所以细胞膜的成分中含有脂质和蛋白质	【学生答出】没有细胞核		
环节3：探索新知			
教师活动	**学生活动**	**评价指标**	**评价方式**
【教师提问】细胞膜的成分中含有脂质，我们已经学习过脂质有三种类型，同学们回忆一下细胞膜富含哪一种脂质 【教师提出】磷脂分为上下两部分，“头”部是亲水的，“尾”部是疏水的 【活动】展示结构模型图，并指导学生以小组为单位用彩泥构建实验材料“磷脂分子模型” 【规则】大小颜色相同 【探究1】用某种技术将细胞膜的磷脂分子提取出来，将其排布在空气-水界面上，磷脂分子将如何排布呢？	【学生答出】磷脂 学生制作的模型图 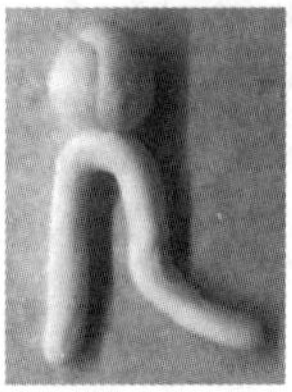	（1）磷脂分子模型结构完整	

（续表）

【活动规则】同学们进行小组讨论，并用制作好的磷脂分子模型将结果排布在学案的图 1 中 教师用手机 App 将学生排布的方式拍照展示到多媒体上，找同学解释这样排布的原因和思路 【教师提出】接下来探究磷脂分子在细胞膜中是如何排布的。依然用哺乳动物的成熟红细胞为例，思考哺乳动物成熟红细胞膜所处的环境 【探究 2】思考哺乳动物成熟红细胞膜所处的环境，尝试构建细胞膜中磷脂分子的排布模型 【活动】同学们进行小组讨论，并用制作好的磷脂分子模型将结果排布在学案的图 2 中 教师用手机 App 将学生排布的方式拍照展示到多媒体上，找同学解释这样排布的原因和思路	学生制作的模型图片 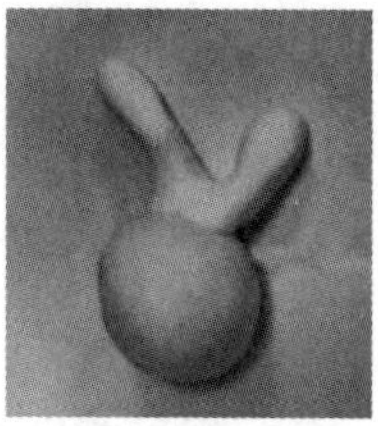 **正确排布**	（2）大小颜色相同 （3）小组合作有交流 （1）磷脂分子排布方式准确 （2）小组合作有交流 （3）倾听 （4）合理质疑	课堂观察 课堂提问 学生互评
【教师展示】磷脂分子在细胞膜中的排布，并评价大多数学生的排布是正确的 【教师提问】细胞膜的产生是至关重要的，那么同学们观察一下磷脂分子在细胞膜中的排布有怎样的特点，呈什么样的状态？ 【学生答出】呈双层排列 【教师提出】磷脂分子呈双层排列只是推理，需要验证			

（续表）

【教师展示】资料3：1925年，荷兰两位科学家分离纯化了红细胞，从红细胞膜中提取脂质，在空气–水界面上铺展成单分子层，测得单分子层的面积恰为红细胞表面积的2倍 【教师提问】根据资料3，我们能不能证实磷脂分子在细胞膜中是双层排列？ 【教师设问】细胞膜中磷脂分子的排布方式已经了解了，那么蛋白质分子又是如何分布的呢？这个问题一直困扰着科学家们，直到20世纪50年代电子显微镜诞生	学生制作的模型图片  正确排布	（1）磷脂分子排布方式准确 （2）小组合作有交流 （3）倾听 （4）合理质疑	课堂观察 课堂提问 学生互评
【教师展示】资料4：1959年罗伯特森在电镜下观察到细胞膜的暗–亮–暗三层结构。根据成像原理：在电镜下电子密度高的如蛋白质，显暗色；电子密度低的如磷脂，显亮色  【教师提出】同学们阅读资料4，并根据成像原理，小组讨论蛋白质在磷脂双分子层上的排布方式，并将结果排布在学案的右半部分 【活动规则】用另外一种颜色制作蛋白质分子 教师用手机App将学生排布的方式拍照展示到多媒体上，找同学解释这样排布的原因		（1）独立思考，清楚表达，答案准确 （2）倾听 （3）质疑，补充	

（续表）

【教师解释】罗伯特森将这种细胞膜的模型命名为“三明治模型”，并提出蛋白质在磷脂分子层的两侧是均匀分布的，细胞膜是静态的、刚性的 【教师设问】细胞如果是静态的，刚性的细胞还能生长吗？如果细胞是静态的，变形虫的运动怎么解释？ 【教师提出】这项问题一直没有得到处理，直到新的技术被运用到了细胞膜的研究中	学生制作的模型图片 	（1）独立思考，清楚表达，答案准确 （2）倾听 （3）质疑，补充	课堂观察 课堂提问 学生互评
【教师展示】资料 5：将细胞置于−196℃液氮中，让细胞膜变成固态。用冷刀骤然将标本断开，升温后冰在真空条件下迅速升华，暴露出断面结构，在电镜下观察 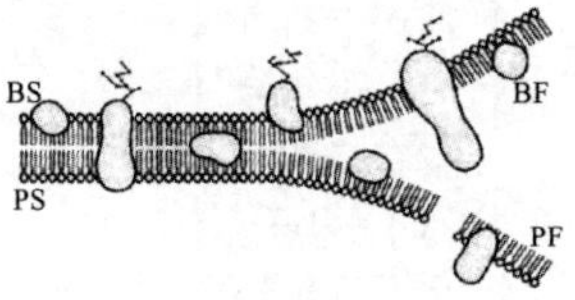 【教师解释】细胞膜中蛋白质不是均匀分布的，那么同学们说一说它的分布是怎样的 【教师小结】细胞膜中蛋白质不是均匀分布的，有的镶在磷脂双分子层的表面，有的部分嵌入，有的全部嵌入，有的整个贯穿于磷脂双分子层	思考，回答	（1）磷脂分子和蛋白质分子的排布方式准确 （2）小组合作有交流 （3）倾听 （4）同组组员补充 （5）其他组组员合理质疑	

（续表）

【教师提问】在断面图中可以看见蛋白质上面连接着链状物质，将这些链状物质放大后会发现是由一个个六边形物质组成的。在我们学过的组成细胞的化合物中，什么物质是六边形？	学生讨论思考回答，糖类（葡萄糖）	（1）磷脂分子和蛋白质分子的排布方式准确 （2）小组合作有交流 （3）倾听 （4）同组组员补充 （5）其他组组员合理质疑	课堂观察 课堂提问 学生互评
【教师展示】资料 6：1970 年，科学家用发绿色荧光的染料标记小鼠细胞表面的蛋白质分子，用发红色荧光的染料标记人细胞表面的蛋白质分子，将小鼠细胞和人细胞进行融合 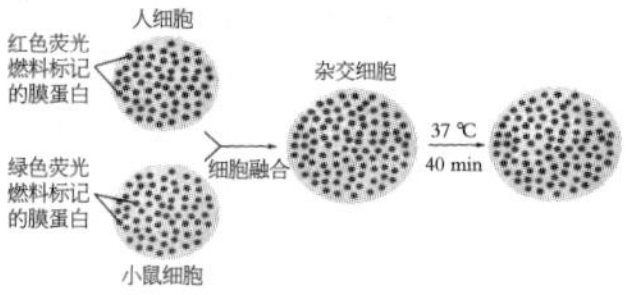 教师简单解释实验过程， 【教师提问】通过资料 6 学生可以推断出什么结论？进行小组讨论后给出答案 【教师提问】从该图中学生可以推断出什么结论？	【学生讨论答出】构成细胞膜的蛋白质是运动的	（1）磷脂分子和蛋白质分子的排布方式准确 （2）小组合作有交流 （3）倾听 （4）同组组员补充 （5）其他组组员合理质疑	课堂观察 课堂提问 学生互评
【教师展示】资料 7：1972 年，桑格和尼克森在观察和实验的基础上提出了细胞膜的流动镶嵌模型 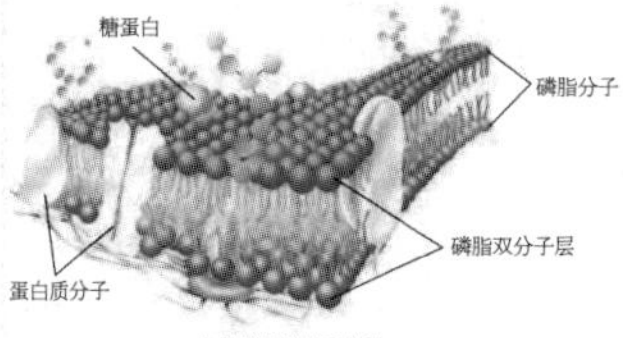 细胞膜的结构示意图			

（续表）

【教师提出】以小组为单位，合作构建细胞膜流动镶嵌模型，并将模型排布在学案的“构建细胞膜的模型”中 【活动规则】用另一种颜色的彩泥制作糖类 教师用手机 App 将学生制作的模型拍照展示到多媒体上 【教师解释】学生观察得非常好，糖蛋白应该是糖类和蛋白质分子的结合 【教师提问】那么同学们思考一下糖类能否与磷脂分子连接 【教师解释】细胞膜中一些糖类与蛋白质分子结合在一起成为糖蛋白，还有一部分糖类与磷脂分子结合成为糖脂 【教师解释】糖蛋白与细胞表面的识别有密切关系 【教师提问】那么该模型是否还存在其他问题？糖蛋白应在细胞膜的两侧还是一侧？ 【学生答出】一侧，外侧 【教师提出】小组合作完善细胞膜模型 教师评价模型 学生评价模型	学生制作的模型图片 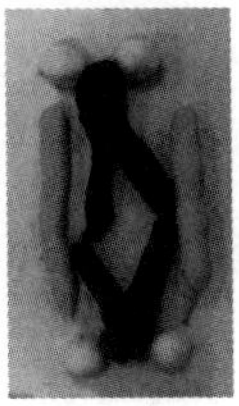 学生制作的模型图片 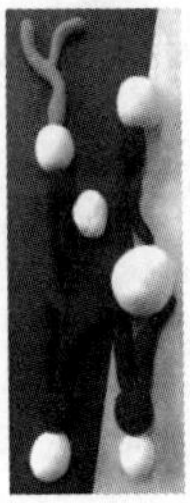		课堂观察 课堂提问 学生互评
环节 4：提炼核心概念			
教师活动	**学生活动**	**评价指标**	**评价方式**
【教师提出】根据小组合作制作的模型总结出细胞膜的流动镶嵌模型的基本内容	小组讨论总结出基本内容	（1）基本内容表达清楚，答案完整	课堂观察

（续表）

<table>
<tr><td></td><td></td><td>（2）小组合作有交流
（3）倾听
（4）同组组员补充
（5）其他组组员补充质疑</td><td>课堂提问</td></tr>
<tr><td colspan="4">环节 5：巩固提升</td></tr>
<tr><td>教师活动</td><td>学生活动</td><td>评价指标</td><td>评价方式</td></tr>
<tr><td>【教师展示】细胞膜研究史时间轴
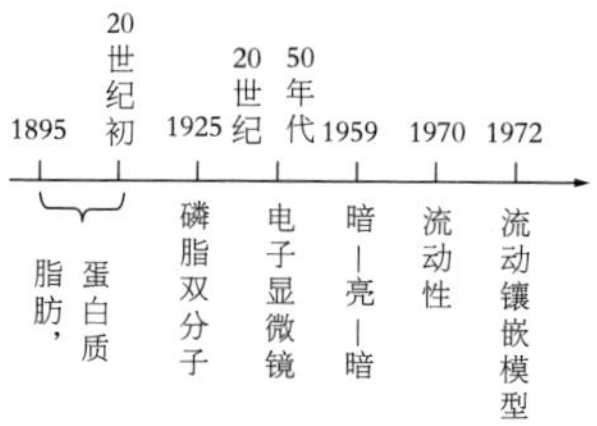

【教师解释】对细胞膜的研究经历了一个多世纪
给学生强调每项科学研究的背后都有漫长而曲折的过程，无数科研前辈的默默付出才为我们打开了科学的大门</td><td>倾听，思考，领悟</td><td></td><td>课堂观察

课堂提问</td></tr>
<tr><td colspan="4">课后自评</td></tr>
<tr><td colspan="4">本节以“细胞膜研究的科学史”为线索，在“友善用脑”教学理论的基础上，以学科阅读和尝试构建模型为方式，让学生以探索者、研究者的身份充分参与到科学的发现和思考之中，以小组合作的学习方式，通过学生团队合作学习、思考和讨论，不断地进行分析推理构建模型，不断发现“新证据”，又不断地修正和完善模型。课堂的最后通过展现细胞膜研究史“时间轴”，对学生进行了情感价值观的渗透，给学生强调每项科学研究的背后都有漫长而曲折的过程，无数科研前辈的默默付出才为我们打开了科学的大门</td></tr>
</table>

（续表）

通过用彩泥制作模型和用手机 App 拍照展示活跃了课堂气氛，让学生真正地“动”起来。在此过程中，学生学习了科学研究方法，体验了科学探究的乐趣和艰辛，也认识到技术的进步对科学发展起着重要的作用 需要改正的点：给学生思考的时间有些短，需要小组充分讨论思考，这样才能保证有效思考，且能带动所有同学

“细胞膜的结构和功能”学案及课堂评价资料

一、学案

探究一：了解磷脂分子的头部、尾部化学特点，思考磷脂分子的排布，磷脂分子在空气-水界面上是怎么排列的？

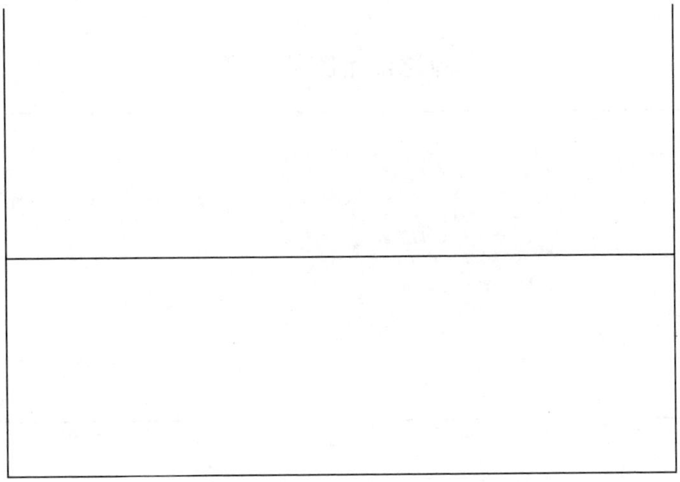

探究二：磷脂分子在水-水界面上是怎么排布的？

二、课堂评价

构建细胞膜的模型

“细胞膜的结构和功能”课后评价习题设计

（1）维生素D能较水溶性维生素优先通过细胞膜，这是因为（　　）。

A. 细胞膜以磷脂双分子层为基本支架

B. 磷脂双分子层内不同程度地镶嵌着蛋白质

C. 细胞膜的结构特点是具有一定的流动性

D. 细胞膜是选择透过性膜

（2）生物膜的“蛋白质–脂质–蛋白质”静态结构模型不能解释下列哪种现象？（　　）

A. 细胞膜是细胞的边界

B. 溶于脂质的物质能够优先通过细胞膜

C. 变形虫的变形运动

D. 细胞膜中的磷脂分子呈双层排列在膜中间

（3）细胞膜的结构特点是具有一定的流动性。下列能够反映该特点的实例有（　　）。

①白细胞吞噬病菌 ②蛋白质不能通过细胞膜 ③变形虫的变形运动

④水分子能够自由进出细胞 ⑤细胞融合

A. ①②③　　　　B. ①③⑤

C. ②④⑤　　　　D. ③④⑤

（4）若将细胞膜的磷脂提取后放入盛有水的容器中，经过充分搅拌后，能正确反映其分布的图是（　　）。

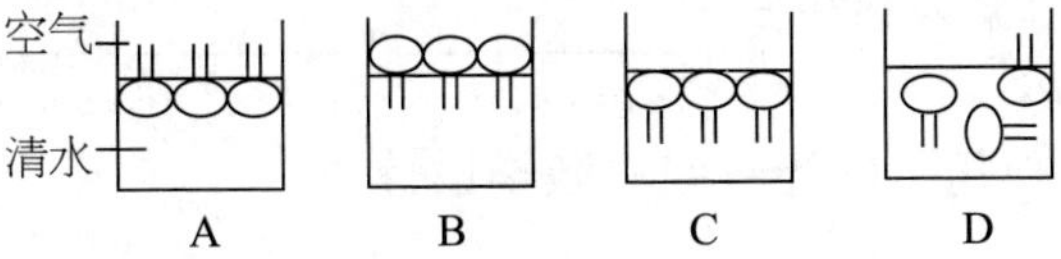

（5）异体器官的移植往往很难成功，最大的障碍就是异体细胞间的排斥，这主要是由于细胞膜具有识别作用。这种生理功能的结构基础是（　　）。

A. 细胞膜由磷脂分子和蛋白质分子构成

B. 细胞膜表面具有糖蛋白

C. 细胞膜具有一定的流动性

D. 细胞膜具有选择透过性

（6）下面是细胞膜结构图及海水和某海洋植物细胞液的离子浓度对照表。据图和表的内容说明下列问题。

海水和某海洋植物细胞液的离子浓度

（单位：mol/L）

被测物质	钾离子	氯离子
海水	0.01	0.50
细胞液	0.59	0.04

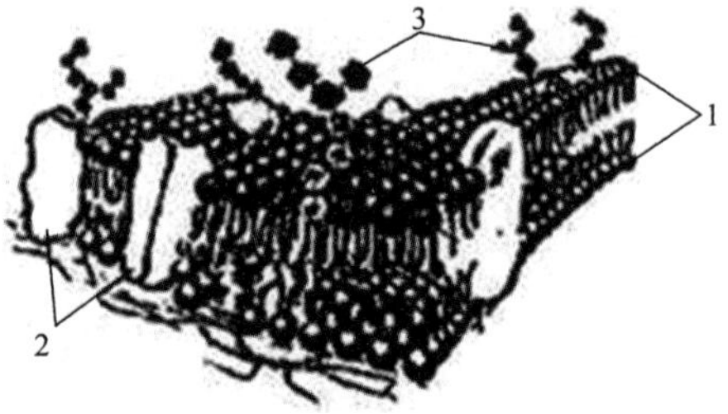

①图中 1 是__________，2 是__________，3 是__________。

②图中 1 是构成细胞膜的__________。图中 2 在钾离子、氯离子通过该植物细胞膜时起__________作用。

③从表中数据可知，植物细胞从海水中吸收__________离子并向海水排出__________离子。由此可见，该细胞膜对离子的通过具有__________性。

④细胞膜的基本功能是__________、__________等。

案例 2：“进化视角下的光呼吸”教学设计

表 7-2　教学设计示例——进化视角下的光呼吸

<table>
<tr><th colspan="4">教学基本信息</th></tr>
<tr><td rowspan="2">教学内容</td><td>教学主题</td><td colspan="2">进化视角下的光呼吸</td></tr>
<tr><td>章节目录</td><td colspan="2">必修 1 第 5 章第 4 节</td></tr>
<tr><td>课型</td><td>复习课</td><td>授课班级</td><td>高二（10）班</td></tr>
<tr><td>授课时间</td><td>2022 年 6 月</td><td>授课地点</td><td>线上</td></tr>
<tr><td>授课教师</td><td>呼斯乐</td><td>辅助手段</td><td>腾讯会议，PPT</td></tr>
</table>

（续表）

<table>
<tr><th colspan="4">学习目标与教学策略</th></tr>
<tr><td>单元教学目标</td><td colspan="3">【内容要求】
参与 CO_2 固定的酶的特性使光呼吸的产生成为必然，植物通过不同的途径应对光呼吸从而适应环境，人类改造或重新优化光合作用过程提高作物产量以应对粮食危机
【学业要求】
从物质与能量视角探索光合作用与呼吸作用，阐明细胞生命活动过程中贯穿着物质与能量的变化</td></tr>
<tr><td>本节课在单元教学中的地位</td><td colspan="3">本节课是本单元的第一课时，本单元内容属于高中生物学人教版必修1“分子与细胞”模块，教学内容是落实《普通高中生物学课程标准（2017 版）》（2020 年修订）中的概念 2“细胞的生存需要能量和物质”。从内容上分析，本节内容是对本章内容的拔高和延伸</td></tr>
<tr><td rowspan="4">课时学习目标确定依据</td><td rowspan="3">课标分析</td><td rowspan="2">课标摘录</td><td>【内容要求】
2.2.3　说明植物细胞的叶绿体从太阳光中捕获能量，这些能量在二氧化碳和水转变为糖与氧气的过程中，转换并储存为糖分子中的化学能
2.2.4　说明生物通过细胞呼吸将储存在有机分子中的能量转化为生命活动可以利用的能量</td></tr>
<tr><td>【学业要求】
从物质与能量视角探索光合作用与呼吸作用，阐明细胞生命活动过程中贯穿着物质与能量的变化</td></tr>
<tr><td>课标分析</td><td>从内容上分析，本节课需要掌握以下内容：了解光呼吸的产生是路径依赖的必然结果，植物光呼吸的意义及带来的问题，植物通过路径依赖（C_4 途径）应对光呼吸等
从学业要求来分析，落实概念“细胞的生存需要能量和物质”，探索光合作用与呼吸作用，阐明细胞生命活动过程中贯穿着物质与能量的变化</td></tr>
<tr><td>内容分析</td><td colspan="2">本节课是本单元的第一课时，本单元内容属于高中生物学人教版必修 1“分子与细胞”模块，教学内容是落实《普通高中生物学课程标准（2017 版）》（2020 年修订）中的概念 2“细胞的生存需要能量和物质”。从内容上分析，本节内容是对本章内容的拔高和延伸</td></tr>
</table>

（续表）

课时学习目标确定依据	内容分析	本单元从光合作用的暗反应出发，带领学生以进化的视角审视光呼吸这一过程产生的必然性，在此过程中让学生主动参与光呼吸过程的探索，并加深对光合作用和呼吸作用概念的理解，形成进化与适应观，培养科学思维，进而展示植物通过演化出不同的方案来应对光呼吸，提升学生应用知识的能力，培养创新能力 从内容载体上分析，本节内容适合发展进化与适应观、结构与功能观等生命观念；理解生物体组成结构和功能之间的关系，光合作用和呼吸作用中的物质与能量转换；运用进化与适应观于特定问题情境中，能以生命观念为指导，分析生命现象，探讨生命活动的规律
	学情分析	通过本章的学习，学生初步掌握了细胞呼吸和光合作用的过程，具备了呼吸作用和光合作用暗反应的相关知识，具备一定程度的结构与功能观、进化与适应观。在此基础上学习本单元，有利于学生的理解 授课班级学生选课组合为“生历政”，生物基础有些薄弱，科学思维和科学探究能力欠缺，因此授课时需循序渐进，不得着急，针对学生的状态施教
学习目标	（1）基于实验数据和资料，阐明光呼吸的存在，并认同光呼吸的产生是路径（C_3 途径）依赖的结果 （2）基于资料了解光呼吸的意义及带来的问题，阐明在高光强、高温条件下 C_4 植物通过 C_4 途径（路径一）应对光呼吸，了解植物是通过对路径修补来应对光呼吸的	
评估任务	任务 1：分析出光呼吸与卡尔文循环（C_3 途径）的联系，阐明光呼吸产生的原因和意义 任务 2：看图，尝试说出 C_4 途径过程，并指出与 C_3 途径的不同之处，分析植物通过 C_4 途径应对光呼吸的意义 任务 3：解决真实情境问题——为什么玉米在夏季中午没有“光合午休”现象呢？	
教学策略	探究式学习，合作式学习	

（续表）

板书设计

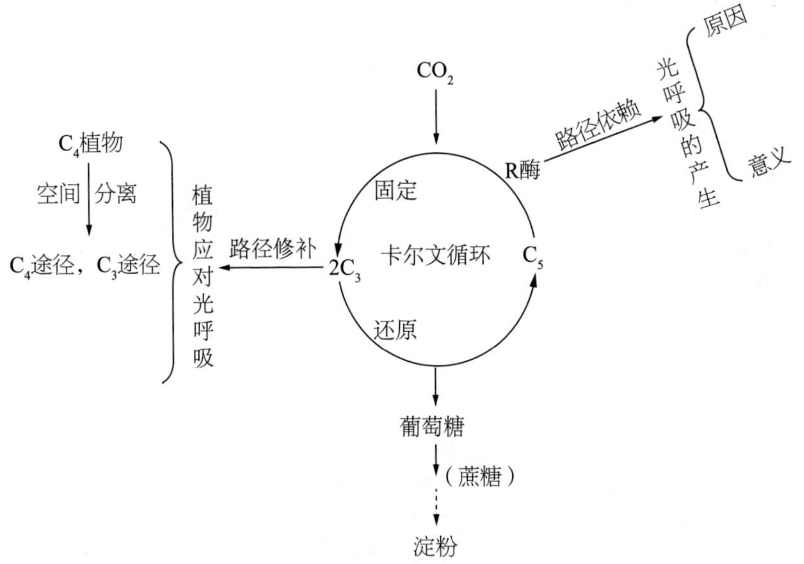

教学环节与任务

环节 1：情境引入“拟南芥在光-暗环境下 CO_2 大量释放”，阐明光呼吸的存在及过程

教师活动	学生活动	评价指标	评价方式
教师展示资料一内容，以研究者进行的“用仪器检测拟南芥叶片在光-暗转换条件下 CO_2 吸收量的变化”实验数据图引入，引导学生思考为什么由光照转入黑暗条件时拟南芥叶片会有大量 CO_2 的释放	学生思考讨论，提出“在光下叶片可能存在一个与在黑暗中不同的呼吸过程”	能够从 CO_2 突然大量释放，分析出植物在光下有可能还在进行另外一种呼吸来释放 CO_2	课堂观察

（续表）

教师提出"光呼吸"的存在，并解释"是在光照条件下发生的呼吸，所以光呼吸由此得名" 教师提出科学家已经研究出光呼吸的分子机制，学生看图，阐明光呼吸的过程，教师进行评价与修正。教师提问：与学过的什么过程类似？ 教师展示卡尔文循环，提出问题：卡尔文循环进行的场所在哪里？在卡尔文循环中 CO_2 固定的最初产物是什么化合物？ 教师评价并补充，C_3 植物概念。指出常见 C_3 植物有水稻、小麦、大豆、拟南芥等	学生回忆所学的知识并答出"暗反应/卡尔文循环" 学生看图讨论并答出"卡尔文循环进行的场所是叶肉细胞叶绿体" 了解常见的 C_3 植物	能够答出光呼吸过程类似暗反应或与暗反应有关	课堂提问
环节 2：指出路径依赖是光呼吸产生的原因，并了解光呼吸的意义及带来的问题			
教师活动	**学生活动**	**评价指标**	**评价方式**
教师提出问题：水稻、拟南芥等 C_3 植物为什么会有光呼吸的现象？ 教师讲解 R 酶，R 酶的中文名称和英文缩写（核酮糖-1，5-二磷酸羧化酶/加氧酶，英文缩写 RuBisCO），并指出本课简称 R 酶	学生看图思考答出"R 酶是 C_3 植物进行光呼吸的原因" 教师引导学生看图思考，教师与学生一起总结出"R 酶是 C_3 途径的关键酶"	能够答出 R 酶既可以催化 C_3 途径中 CO_2 与 C_5 结合的羧化反应（CO_2/O_2 比值高），也可以催化光呼吸中 O_2 与 C_5 结合的氧化反应（CO_2/O_2 比值低）	课堂观察

（续表）

教师出示资料二，提出一系列问题：R酶为什么会有这样的特性？光呼吸的产生对 C_3 植物的生长有何意义？是否影响植物的生长？	学生阅读资料指出：①R酶出现在大约30亿年前，当时大气中 CO_2 含量高，O_2 含量低，R酶由于缺乏进化压力导致其特异识别 CO_2 与 O_2 的能力差，导致它既可以与 CO_2 结合，也可以与 O_2 结合；②光呼吸的意义在于消耗光反应产生的过多ATP和NADPH，防止强光对光合机构的破坏	能够指出：R酶对 CO_2 与 O_2 的识别能力差；光呼吸的意义在于防止强光对光合机构的破坏	课堂提问
环节3：路径修补（一）：植物应对光呼吸的 C_4 途径			
教师活动	**学生活动**	**评价指标**	**评价方式**
教师提出问题：植物应该如何应对光呼吸，降低光呼吸呢？	学生小组讨论作出假设，教师进行评价与修正	语句通顺，将自己和团队的想法准确表达	
教师展示图片并指出在漫长的进化过程中植物一直在努力，直到在过去的一亿年里，一些植物找到了应对的方法，它们对 C_3 途径进行了修补，进化出了 C_4 途径 教师引导学生总结出 C_4 途径与 C_3 途径的不同之处	学生看图，小组讨论阐明 C_4 途径的过程 学生看图，小组讨论总结	简述 C_4 途径的过程 总结出，由于PEP羧化酶对 CO_2 的亲和力强，所以在叶肉细胞中能有效地固定和浓缩 CO_2，由于浓缩的 CO_2 的量大，CO_2/O_2 比	课堂观察 学生互评

（续表）

教师再提问：为什么植物为了应对光呼吸进化出 C_4 途径，C_4 途径意义是什么？	学生进行讨论，教师学生共同作出总结	值高，R 酶催化 CO_2 与 C_5 结合的羧化反应合成有机物	课堂提问
环节 4：真实情境，解决真实问题			
教师活动	**学生活动**	**评价指标**	**评价方式**
教师展示图片，引导学生通过本节课的学习，解决真实情境问题：为什么玉米在夏季中午没有“光合午休”现象呢？	学生讨论总结出原因，教师作出评价	学生能够结合 C_3、C_4 植物叶片的结构特点，C_3、C_4 途径的区别及蒸腾作用等总结出原因	课堂观察 学生互评
环节 5：小结			
教师活动	**学生活动**	**评价指标**	**评价方式**
教师引导学生进行总结，光呼吸的产生原因和植物如何应对光呼吸	学生小组讨论，进行小结	能够试着说出植物在漫长的过程中进化出了 C_4 途径，使 C_4 途径与 C_3 途径在空间上分离，通过这种方式应对光呼吸	课堂观察 学生互评 课堂提问
课后自评			
本节课虽然在查论文、搜资料、备课设计等前期准备工作做得相对充分，但是到最后授课所呈现的效果不尽如人意，最关键的原因在于我没有认真备学生、备学情，这是我上完本节课之后需要认真反思的问题，在之后的教学中我要吸取教训，将备学生放在首要位置 在本节课的设计中，任务设计得有些多，最关键的是偏难，虽然给学生充分的讨论时间，但是最后能总结出答案的同学很少。还有一个问题也需要我反思，由于前期没有认真备学生，所以当学生面对提问回答不出来或者没有很快说出准确答案时，我就不由自主地给提示甚至直接把答案说出来。这也是我必须深刻反思的问题，即使学生答不出来，我也应该耐心地给他们思考的时间，尽量让学生自己总结出答案			

（续表）

受到疫情影响，本节课是线上进行的，老师学生之间隔着一个屏幕，所以互动、讨论等环节的效果并不理想，这个也是导致效果不佳的原因 就本节课而言，从学情出发，课容量偏多，最后压堂10分钟，所以最后可以设计在2节课完成

“进化视角下的光呼吸”学案及课堂评价资料

一、学案

【资料一】

研究者用仪器检测拟南芥叶片在光–暗转换条件下CO_2吸收量的变化，每2秒记录一个实验数据并在图中以点的形式呈现（见图7–1）。

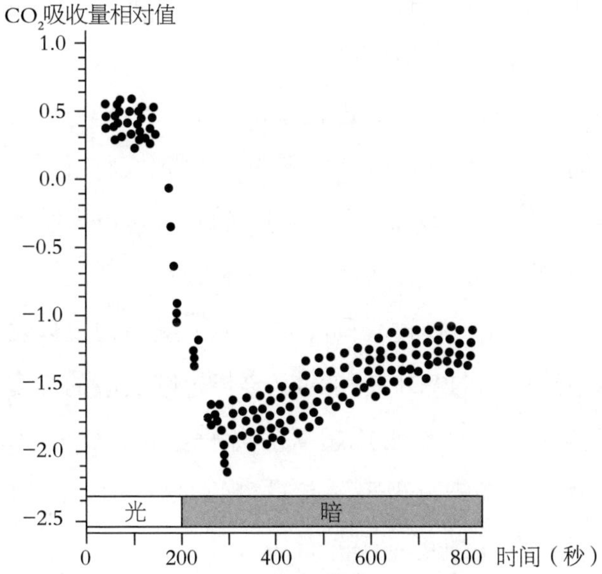

图7–1　不同时长的光照强度对拟南芥CO_2吸收量的影响

（1）在开始检测后的200秒内，拟南芥叶肉细胞的CO_2吸收量是多少（取平均值）？该值代表什么速率？

（2）在 200 秒光转暗环境之后 CO_2 吸收量为什么变为负值？负值代表什么速率？

（3）从图 7-1 中还可看出，在转入黑暗条件下后，随着时间的延长，叶片的 CO_2 释放量减少，并达到一个相对稳定的水平。

【资料二】

光呼吸这一功能与 R 酶特性及其进化过程密切相关。约在 30 亿年前，R 酶最先出现在远古光合细菌中，当时地球大气中的氧气还十分稀薄。在 R 酶出现之前，地球大气中的氧气主要来源于紫外线（UV）对水的光解作用，当时大气中的 O_2 浓度仅为现今的 $1/10^{14}$，而 CO_2 浓度则为现今的 100 多倍。原初的 R 酶由于缺乏进化压力导致其特异识别 CO_2 与 O_2 的能力差。随后，伴随着蓝藻放氧、光合作用的发生，地球大气中的 CO_2 浓度逐渐下降而 O_2 浓度则逐渐上升，上升的 O_2 浓度形成了选择压力。虽然在漫长的进化过程中 R 酶对 CO_2 的选择能力已有所改善，但仍不可避免地保留了可观的加氧催化反应活性。在高光强、高温环境条件下，植物发生气孔关闭，CO_2 不能进入叶肉细胞，此时细胞中 CO_2/O_2 的比值下降，植物进行光呼吸。

研究者发现，光呼吸过程同样也有不可或缺的生理功能，在强光下，光反应中形成的 NADPH 和 ATP 会超过暗反应的需要，由光激发的高能电子会传递给 O_2，形成超氧阴离子自由基 O_2-。O_2-对光合机构具有伤害作用，而光呼吸可消耗过剩的 NADPH 和 ATP，减少 O_2-的形成，从而保护 C_3 植物光合机构。

但不可避免的是，光呼吸降低光合作用的产量，在 25℃正常状态下，羧化反应速率是氧化反应速率的 4 倍。也就是说，光合固碳的 20% 损失在光呼吸中，而且损失随着温度升高而显著上升。这是因为，氧化反应比羧化反应的速率随着温度上升升高得更快。

（1）R 酶有这些特性的历史原因是什么？

（2）光呼吸发生的条件是什么？

（3）光呼吸的产生对植物生长有何意义及存在什么问题？

二、课堂评价

教师展示图 7-2，引导学生通过本节课的学习，解决真实情境问题：为什么玉米在夏季中午没有“光合午休”现象呢？

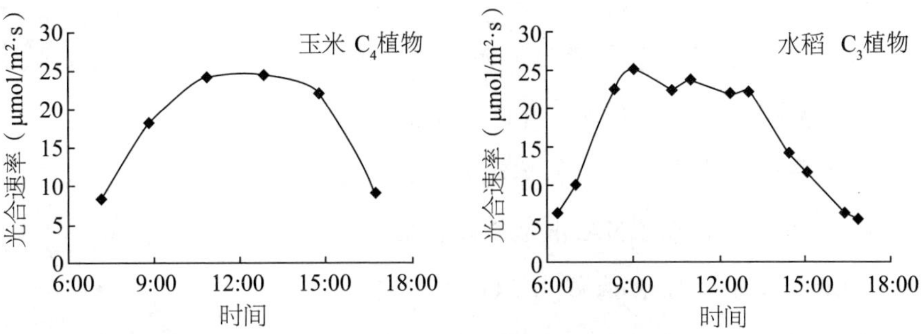

图 7-2　光合速率的日变化规律

“进化视角下的光呼吸”课后评价习题设计

（1）光合作用是地球上最重要的化学反应之一，发生在高等植物、藻类和光合细菌中。

地球上生命活动所需的能量主要来自光反应吸收的。在碳（暗）反应中 RuBP 羧化酶（R 酶）催化 CO_2 与 RuBP（C_5）结合，生成 2 分子 C_3。影响该反应的外部因素，除光照条件外还包括__________（写出两个），内部因素包括__________（写出两个）。

R 酶由 8 个大亚基蛋白（L）和 8 个小亚基蛋白（S）组成。高等植物细胞中 L 由叶绿体基因编码并在叶绿体中合成，S 由细胞核基因编码并在__________中由核糖体合成后进入叶绿体，在叶绿体的__________中与 L 组装成有功能的酶。

研究发现，原核生物蓝藻（蓝细菌）R酶的活性高于高等植物。有人设想通过基因工程技术将蓝藻R酶的S、L基因转入高等植物中，以提高后者的光合作用效率。研究人员将蓝藻S、L基因转入某高等植物（甲）的叶绿体DNA中，同时去除甲的L基因。转基因植株能够存活并生长。检测结果表明，转基因植株中的R酶活性高于未转基因的正常植株。

习题：

（1）由上述实验能否得出"转基因植株中有活性的R酶是由蓝藻的S、L组装而成"的推测？请说明理由。

（2）基于上述实验，能够体现生物统一性的选项包括（　　）。

A. 蓝藻与甲都以DNA作为遗传物质

B. 蓝藻与甲都以R酶催化CO_2的固定

C. 蓝藻R酶大亚基蛋白可在甲的叶绿体中合成

D. 在蓝藻与甲的叶肉细胞中R酶组装的位置不同

（3）甘蔗和大豆是两种常见的农作物，但二者的光合作用途径有所不同。如图7-3为甘蔗光合作用过程，其叶肉细胞中存在一种酶，这种酶对CO_2有极强的亲和力，通过系列反应可以将CO_2"泵"入维管束鞘细胞中，这种酶被称为"CO_2泵"，而大豆则缺乏"CO_2泵"；图7-4表示不同温度对大豆光合速率和呼吸速率的影响。

①图甲维管束鞘细胞中的物质A是____________，如果在甘蔗叶肉细胞中注入某种使"CO_2泵"活性降低的抑制剂，则短期内A的含量将____________。据图甲推测，甘蔗的叶肉细胞____________（填"能"或"不能"）进行卡尔文循环。

②当处于图7-4所示光照条件下，温度为35℃时，大豆每小时可固定____________的CO_2。

③研究人员发现，给大豆浇用 ^{18}O 标记的水，在周围的空气中却检测到了 $C^{18}O_2$，原因是＿＿＿＿＿＿。

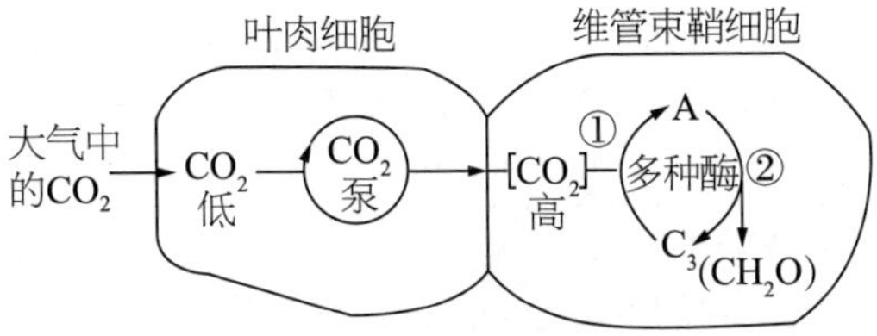

图7-3　甘蔗光合作用过程

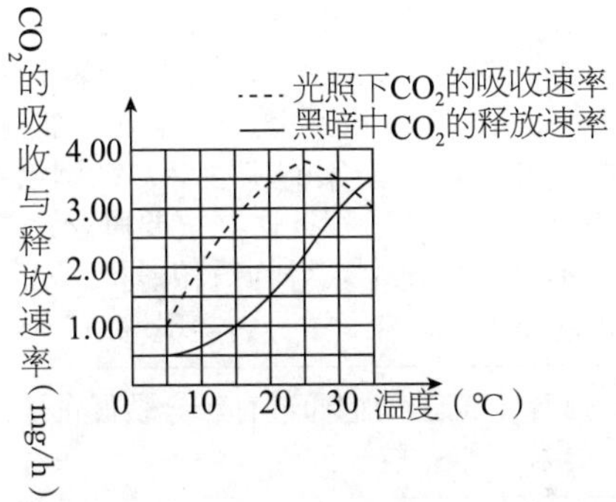

图7-4　不同温度对大豆光合速率和呼吸速率的影响

案例 3：“细胞的增殖”教学设计

表 7-3　教学设计示例——细胞的增殖

<table>
<tr><th colspan="4">教学基本信息</th></tr>
<tr><td rowspan="2">教学内容</td><td>教学主题</td><td colspan="2">细胞的增殖</td></tr>
<tr><td>章节目录</td><td colspan="2">必修 1 第 6 章第 1 节</td></tr>
<tr><td>课型</td><td>新授课</td><td>授课班级</td><td>高一（1）班</td></tr>
<tr><td>授课时间</td><td>2020 年 12 月</td><td>授课地点</td><td>数码互动实验室</td></tr>
<tr><td>授课教师</td><td>常振宇</td><td>辅助手段</td><td>数码互动显微镜
多媒体</td></tr>
</table>

（续表）

<table>
<tr><th colspan="4">学习目标与教学策略</th></tr>
<tr><td>单元教学目标</td><td colspan="3">【内容要求】细胞通过分裂实现增殖
【学业要求】观察处于细胞周期不同阶段的细胞，结合有丝分裂模型，描述细胞增殖的主要特征，并举例说明细胞的分化、衰老、死亡等生命现象（生命观念、科学探究、社会责任）</td></tr>
<tr><td>本节课在单元教学中的地位</td><td colspan="3">本节内容是人教版高中生物必修 1 第 6 章第 1 节的第 1 课时。“观察植物根尖细胞的有丝分裂”是高中生物学中的经典实验，课上通过探讨植物根的生长引出细胞通过分裂增加细胞数目，学生动手实验观察根尖分生区细胞的有丝分裂，分析图像体会“细胞通过不同的方式进行分裂，其中有丝分裂保证了遗传信息在亲代和子代细胞中的一致性”的一般概念；最后结合装修中出现的甲醛污染，探讨如何利用本课的实验展开甲醛对细胞分裂危害的研究。本节内容是本章后续知识的基础，根尖这一模型既有细胞增殖，也有细胞的分化、衰老和死亡，可以一案到底学会“细胞会经历生长、增殖、分化、衰老和死亡等生命进程”这一重要概念；结合细胞在整个生命历程中需要不断从环境中获得物质和能量，进而达成“细胞的生存需要能量和营养物质，并通过分裂实现增殖”这一核心概念</td></tr>
<tr><td rowspan="3">课时学习目标确定依据</td><td rowspan="2">课标分析</td><td>内容要求</td><td>描述细胞通过有丝分裂保证了遗传信息在亲代和子代细胞中的一致性</td></tr>
<tr><td>学业要求</td><td>（1）能使用高倍显微镜观察根尖分生区组织细胞的有丝分裂，并运用其中的操作技能对其他适宜材料进行观察
（2）基于对细胞通过有丝分裂维持染色体数目稳定的理解，认同生命过程的精致和奇妙，尝试以审美的视角举例阐释生命过程</td></tr>
<tr><td>内容分析</td><td colspan="2">本课传统的教学方法是教师讲解实验原理、实验材料、实验操作步骤，学生按要求完成实验，展示实验结果。而在本课中教师提前布置作业让学生思考如何将立体的根尖变成平面以利于观察的问题，学生查找资料提出两种可行性方案，兴趣小组的学生在课前进行预实验。课上通过数码互动显微系统，教师可以更好地发现学生实验过程中出现的问题，学生可以相互分享自己观察到的图像、提交实验结果，学生做实验时会更感兴趣、更加认真</td></tr>
</table>

（续表）

课时学习目标确定依据	学情分析	（1）高一 1 班共有学生 35 名，其中有 25 名学生初中选学了生物，这部分学生在初中都学习了根的结构，也知道细胞通过分裂产生新的细胞来实现细胞数目的增多。通过必修 1 前面章节的学习，学生对细胞核的结构和功能及 DNA、染色质与染色体的关系已有一定认识，但是学生只见过染色体的模式图，并没有真正在显微镜下观察过染色体 （2）学生在花生种子中脂肪的鉴定实验和观察洋葱鳞片叶外表皮细胞的实验中使用过数码显微镜，熟悉显微镜的常规操作和拍照功能，但是学生没有使用此显微镜进行提交作业等操作，需要课前对学生进行培训，防止课上因技术问题而浪费时间 （3）本班学生对生物学科的学习兴趣浓厚，经过半个多学期的学习，已有一部分原来不想在高二选生物的孩子准备以后继续学生物。本课中若学生能自主观察到有丝分裂各时期的图像，有助于学生从细胞的层次研究生命个体的生长繁殖等生命现象，会更加激发学生的学习热情，但同时也要注意可能有一部分学生做不出实验结果，教师要利用数码显微镜的特点及时在实验中指导学生观察视野中的目标细胞，并在学生找寻目标细胞表现不自信时及时确认学生判断的正确性
学习目标	（1）通过制作植物根尖分生区组织细胞有丝分裂的临时装片，正确使用数码互动显微镜观察染色体行为，概述不同时期的染色体行为特点 （2）通过对有丝分裂过程中染色体行为的推测与分析，建立染色体在有丝分裂各时期的动态变化过程 （3）通过两种解离方法进行实验的结果对比，分析不同方法的优缺点 （4）通过设计实验探讨甲醛对细胞有丝分裂的影响，认同生物学知识在解决社会热点问题中的应用	
评估任务	（1）比较两个兴趣小组预实验的成败原因 （2）整理有丝分裂的实验要点 （3）利用数码互动显微镜进行有丝分裂实验 （4）建构有丝分裂过程中染色体变化的模型 （5）总结有丝分裂过程中染色体的变化规律	
教学策略	实验教学，模型建构	

（续表）

板书设计			

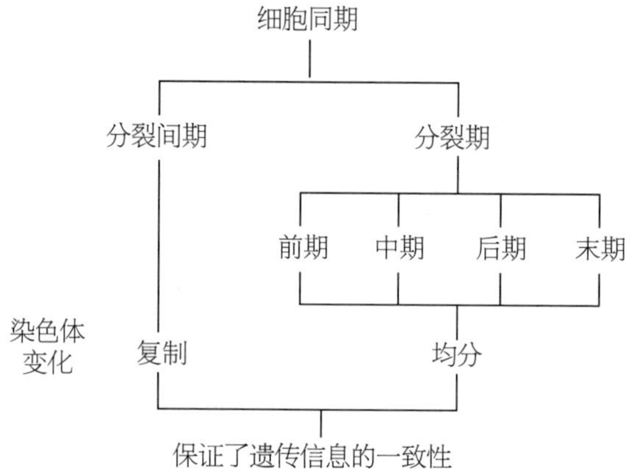

教学环节与任务			
环节 1：创设情境引入细胞增殖			
教师活动	学生活动	评价指标	评价方式
情境 1：实物展示刚培养的风信子和已经培养了一个半月的风信子根的不同长势 提问：根是如何生长的？	分析根的结构，得出分生区细胞会进行细胞分裂	提出根尖分生区细胞会分裂	课堂提问
情境 2：分享教师的调查“各校有丝分裂实验开展情况及实验效果”	根尖有丝分裂实验成功率低，较难观察到有丝分裂各时期的图像	学生进行有丝分裂实验的欲望被激发	课堂观察
环节 2：兴趣小组展示两种实验方法的预实验			
教师活动	学生活动	评价指标	评价方式
布置兴趣小组展示：果胶酶解离和盐酸解离这两种解离方案的思路及实验结果	两组学生展示预实验的思路、过程和结果，分析失败的原因	展示语言的科学性、规范性及综合表现	课堂观察

（续表）

师生共同分析兴趣小组实验失败的原因，探索可行的实验方案，注意实验要点，确保实验正常进行	其他学生记录实验要点	整理实验步骤中的要点	学案达成情况
环节 3：进行实验，分享实验结果			
教师活动	**学生活动**	**评价指标**	**评价方式**
实验员教师分发解离、漂洗后的根尖 教师巡视发现并纠正学生的一些不规范操作，例如压片操作是否正确，是否用吸水纸吸去多余染液以防止污染镜头，等等 通过教师端主机及时评价学生的作品和批改作业	制作装片 在显微镜下观察，从分生区细胞中寻找有丝分裂各时期的图像，拍照并提交作业 体验找到图像的成就感	制作装片的过程是否规范 显微镜的操作不同时期图像的识别	课堂观察 课堂观察 主机数据汇总分析
环节 4：分析图像构建有丝分裂的动态过程			
教师活动	**学生活动**	**评价指标**	**评价方式**
展示学生找到的典型的有丝分裂图像并当堂打印出来 提出问题：你能按照有丝分裂的过程将同学们找到的图像进行排序吗？ 利用显微缩的摄影技术展示细胞有丝分裂的动态过程 如果实验时间足够长，我们会看到一个细胞进行有丝分裂的全过程吗？	按照自己对有丝分裂过程的理解进行排序 建构有丝分裂过程中染色体变化的模型 由静态图像转为动态过程，感受有丝分裂过程的美感 作出回答并解释	图像是否典型？ 有丝分裂过程中染色体变化的模型构建是否正确？ 能否体会实验步骤的合理性？	主机数据汇总分析 课堂观察 模型建构 课堂提问

（续表）

<table>
<tr><th colspan="4">环节5：运用实验解决实际生活中的问题</th></tr>
<tr><th>教师活动</th><th>学生活动</th><th>评价指标</th><th>评价方式</th></tr>
<tr><td>人居住在甲醛超标的房子中会出现嗓子肿痛、咳嗽、抵抗力下降等一系列症状

请你猜测如果将大蒜培养在这样的环境中，根尖的有丝分裂会如何变化？</td><td>建立器官、组织和细胞之间的关系，分析环境中的有害物质对细胞分裂的影响</td><td>回答的科学性</td><td>课堂提问</td></tr>
<tr><td>大蒜是否适合作为环境中甲醛污染的指示生物？</td><td>尝试设计实验进行验证</td><td>科学探究和科学思维</td><td>课堂提问</td></tr>
<tr><th colspan="4">课后自评</th></tr>
<tr><td colspan="4">与常规教学相比，本课具有以下优点：
（1）互动性明显增强。例如，在学生做实验时，教师通过主机的监控，发现有些学生找不到分生区的细胞，有些是直接使用高倍镜观察的，还有些是软件操作不熟练的。在这些实验中出现的问题，教师都可以有针对性地对学生及时给予指导，克服了使用传统显微镜无法及时发现问题这一弊端
（2）提高了学生的实验兴趣。由于数码互动显微镜可以与电脑相连，实验结果更加直观，还可以全班共享，因此，学生做起实验来更有兴趣，也更认真
（3）评价机制的转变。对于一些典型的图像，教师可以全班一起展示。例如，有些装片细胞重叠，有些带有气泡，有些是染色过深。师生同评，改变了传统的教师单一主体的评价机制，加深了对实验细节的掌握，对于染色体特征明显的图像也可以展示给全体学生观察，加深学生对有丝分裂各个时期的理解
（4）可以对数据进行有效整合。传统的显微镜，做完实验后实验图像无法保存，结果只有本人可以看到，无法对实验结果量化处理。数码互动显微镜的使用，可以对实验结果进行保存，便于量化实验指标，精确统计实验结果，使实验结果更加科学准确
在使用数码互动显微镜时，要注意以下几个问题：一是时间控制；目前大多数中学一节课40分钟，在这期间，学生要制作装片，还要利用数码互动显微镜进行观察和提交作业，时间有点紧迫；二是学生自律需要加强；三是实验设备维护，实验后要及时对设备进行维护与保养，以确保下次能够正常运行</td></tr>
</table>

“细胞的增殖”第一课时学案及课堂评价资料

任务 1：分析兴趣小组实验失败的原因，探索可行的实验方案，整理实验要点。

任务 2：在显微镜下观察，从分生区细胞中寻找有丝分裂各时期的典型图像并记录。

任务 3：建构有丝分裂过程中染色体变化的模型。

“细胞的增殖”第一课时课后评价习题设计

一、概念检测

判断下列与显微镜下观察大蒜根尖有丝分裂实验的相关表述是否正确：

（1）在显微镜下观察时发现所有细胞都在进行有丝分裂。(　　)

（2）在显微镜下观察时发现处于分裂期的细胞数量较多。(　　)

（3）如果实验时间足够长，可以观察到一个细胞有丝分裂的全过程。(　　)

（4）图 7-5 是在显微镜下观察到的洋葱根尖细胞有丝分裂图像，请回答问题：

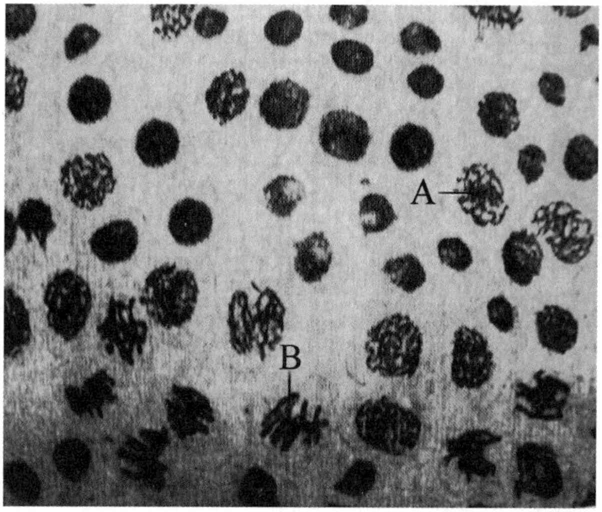

图 7-5　洋葱根尖细胞有丝分裂图像

①观察洋葱根尖有丝分裂装片时，应找到____________区的细胞进行观察。

②在一个视野中大多数的细胞处于____________期，图中的 A 细胞处于分裂的____________期；B 细胞处于分裂的____________期。

二、拓展应用

福橘是我国的传统名果。科研人员以航天搭载的福橘茎尖为材料，探索航天搭载对细胞有丝分裂的影响。科研人员对福橘茎尖细胞进行了显微观察（见图 7-6）。

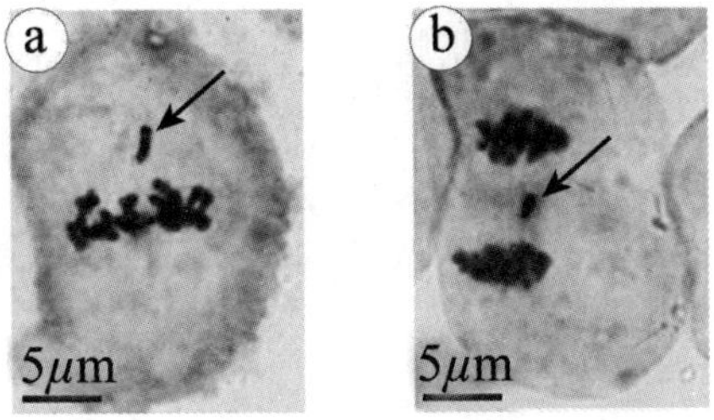

图 7-6　福橘茎尖细胞显微观察图像

（1）制作茎尖临时装片需要经过____________、漂洗、染色和制片等步骤。

（2）照片 a 和 b 中的细胞分别处于有丝分裂的____________期和____________期。正常情况下，染色体会先移至细胞中央赤道板附近，之后着丝粒分裂，____________分开，两条子染色体移向两极。

案例 4："细胞的衰老"教学设计

表 7-4　教学设计示例——细胞的衰老

教学基本信息			
教学内容	教学主题	细胞的衰老	
	章节目录	必修 1 第 6 章第 3 节	
课型	复习课	授课班级	高二（7）班
授课时间	2022 年 7 月	授课地点	高二（7）班
授课教师	任智安	辅助手段	多媒体、学案

（续表）

<table>
<tr><th colspan="4">学习目标与教学策略</th></tr>
<tr><td>单元教学目标</td><td colspan="3">【内容要求】细胞会经历生长、增殖、分化、衰老和死亡等生命进程
【学业要求】观察处于细胞周期不同阶段的细胞，结合有丝分裂模型，描述细胞增殖的主要特征，并举例说明细胞的分化、衰老、死亡等生命现象</td></tr>
<tr><td>本节课在单元教学中的地位</td><td colspan="3">本单元共 3 节内容，细胞的衰老与死亡是第 3 节内容。细胞衰老处于细胞生命历程细胞分化与细胞死亡之间。本节内容对于正确认识细胞衰老、个体衰老具有重要意义。在细胞分化基础上，细胞在多种因素的影响下而发生衰老的变化，并走向凋亡，完成机体内细胞的新老更替。因此，细胞衰老这节内容，虽在篇幅上少于细胞增殖和细胞分化，但从意义上讲，与本单元其他节内容同样重要，并且是承接细胞分化和细胞死亡两个细胞生命历程的中间环节</td></tr>
<tr><td rowspan="4">课时学习目标确定依据</td><td rowspan="2">课标分析</td><td>内容要求</td><td>描述在正常情况下，细胞的衰老是一种自然的生理过程</td></tr>
<tr><td>学业要求</td><td>关注细胞衰老的研究，阐明这些研究成果对人类的健康有重要意义</td></tr>
<tr><td>内容分析</td><td colspan="2">本节内容在人教版教材中主要包括以下几个方面：细胞衰老的现象、特征、原因及细胞衰老与个体衰老的关系。从高考一轮复习的要求出发，本节课对教学内容进行了适度的深度拓展，利用相关的科学史资料，完成整节课“现象与概念—实验论证概念—原因探析—多角度分析—课堂评价”的学习逻辑链条。适度拓展的内容是借鉴了其他版本的教材内容，依据课堂目标而重组和调整，适合学生完成高考复习相应的学习活动和任务。拓展内容 1：海弗里克极限相关科学史资料。拓展内容 2：端粒学说与细胞衰老的原理。拓展内容 3：自由基学说与细胞衰老的原理</td></tr>
<tr><td>学情分析</td><td colspan="2">高二学生在高二第二学期期中以后，并不是所有学科都进入高考复习阶段，因此，学生的高考复习心理和复习状态并没有完全建立。所任教的高二（7）班，等级考科目为理化生，学生整体有较强的科学思维和科学探究能力，能依据科学史资料进行阅读分析，能依据实验资料的分析成果得出合理的结论。班级学生共 43 人。8~10 人学科基础较弱，学科关键能力尚存较大的不足；约 20 人在学科知识和关键能力方面较好。因此，本节课教学依据概念重构复习，重点在于提高学生科学思维能力，发展生命观念和社会责任</td></tr>
</table>

（续表）

学习目标	依据以上几方面分析，本节课学习目标制定为： （1）能从端粒结构变化、自由基损伤、细胞停滞增长信号转导途径阐明细胞衰老的原理 （2）依据科学史实验资料分析归纳海弗里克极限与端粒的关系，分析细胞衰老的端粒学说证据和自由基学说证据 （3）解释克隆动物健康状况和细胞融合后增殖实验中的实验现象，并分析结论 （4）认识到细胞衰老的本质和积极意义，关注老年人的生活不便、生理和心理健康
评估任务	（1）归纳出细胞衰老主要是细胞增殖或复制的衰老 （2）分析海弗里克实验的结果并得出结论 （3）解释端粒与细胞衰老的原因 （4）多角度分析细胞衰老的原因
教学策略	科学史阅读　探究式学习

板书设计

细胞衰老
- 一般含义指“复制衰老”
  - 海弗里克极限
  - 端粒学说
  - 自由基学说
- 基因突变、端粒变短、自由基过多等因素均可导致
- 细胞衰老不代表个体衰老，个体衰老是大量细胞衰老的集合表现
- 关注老年人生理、心理健康，关心其生活

教学环节与任务

环节 1：明确概念“细胞衰老一般指复制衰老”

教师活动	学生活动	评价指标	评价方式
展示“一家三代照片”，提出任务：比较老人和幼儿脸部皮肤。提出思考问题：从细胞	观察图片，比较老人与幼儿皮肤的差异	能概括出老人与幼儿皮肤细胞的差异特征	课堂观察、课堂提问

（续表）

角度分析，老人皮肤细胞有什么特征？“老人的皮肤为什么不能恢复？幼儿面部皮肤有衰老细胞吗？幼儿面部皮肤为什么总能保持水嫩状态？” 评价学生的回答，归纳四个问题，提出“细胞衰老主要指复制衰老” 对学生的回答给予肯定和积极的过程性评价。与学生互动时，创造民主和谐气氛	思考教师提出的问题，得出自己的答案和观点 聆听	积极、正确回答教师提出的四个问题	
环节 2：“海弗里克极限”相关实验探究			
教师活动	**学生活动**	**评价指标**	**评价方式**
组织阅读学案中资料1：诺贝尔奖得主卡莱尔的细胞分裂观点和相关实验 提出思考问题：你认同卡莱尔的观点吗？原因是什么？ 组织阅读学案中资料2：“海弗里克系列实验” 提出思考问题：海弗里克关于男女细胞培养的实验，说明了什么问题？ 海弗里克关于胚胎细胞冷冻复活培养实验，说明了什么问题？如何解释？ 适时组织学生讨论交流，营造民主和谐课堂气氛。对学生的回答与讨论交流给予肯定和积极评价	认真阅读，思考并回答问题 分析实验现象，提出合理的解释 根据实验过程和现象提出解释观点 分析实验现象，提出合理的解释	认真完成材料阅读对卡莱尔实验给出客观的评价 能得出细胞分裂次数是有限的，与细胞自身有关，与环境无关 认真完成材料阅读“细胞分裂次数的痕迹”印刻在每一个细胞内部 正确得出细胞分裂次数与细胞核有关	课堂观察、课堂提问 课堂观察、课堂提问 课堂观察、课堂提问 同学交流互评 课堂观察、课堂提问

（续表）

环节 3：寻找细胞分裂次数有限的原因			
教师活动	学生活动	评价指标	评价方式
组织阅读学案材料 2 中“不同年龄细胞核质融合培养实验” 提出思考问题：细胞分裂次数与细胞自身什么结构有关？ 对学生提出的可能性答案给予评价和分析指正 组织学生阅读材料 3：“端粒与细胞衰老” 提出思考问题：正常细胞染色体在复制时为什么端粒会缩短？端粒变短为什么使细胞不能完成分裂？ 对学生提出的论述给予评价和分析 总结归纳：细胞的分裂次数是有限的，与染色体末端的端粒长短有关，端粒变短使得正常基因表达受损诱导细胞高表达 P53，P53 通过系列信号转导，抑制细胞周期不能由 G1 期进入 S 期，细胞停滞分裂，进入衰老状态	思考问题，根据细胞分裂知识，提出自己的预测 积极参与交流与评价 认真阅读材料 3，思考并回答问题 讨论交流，并根据材料回答两个问题 聆听，与教师互动，共同完成细胞衰老与端粒的关联解释	能对细胞分裂次数被“印记”提出可能的观点 认真完成材料阅读解释端粒变短的机理和细胞分裂停滞的关系 理解并能重述细胞衰老的“端粒学说”	课堂观察、课堂提问 同学互评交流 课堂观察、课堂提问 课堂提问与交流
环节 4：细胞衰老的“自由基学说”实验论证			
教师活动	学生活动	评价指标	评价方式
组织阅读材料 4：关于衰老的“自由基理论” 提出问题和任务：	认真阅读，思考问题，准备完成任务	认真完成材料阅读	课堂观察

（续表）

问题：根据自由基理论，自由基在细胞内失去平衡后，对细胞内哪些结构和物质产生破坏性影响？会导致衰老细胞出现哪些特征？ 任务：设计实验，论证细胞的衰老与自由基直接有关。简述简单的实验思路，材料不限	思考并回答问题，对细胞衰老特征进行归纳整理 分析任务要求，根据所学知识，设计实验验证自由基与细胞的衰老直接有关	能较全面归纳出细胞衰老的形态、结构、生理特征	课堂笔记整理 课堂观察，课堂提问，书写实验思路
环节4：正确认识细胞衰老、老龄化社会			
教师活动	**学生活动**	**评价指标**	**评价方式**
提供“儿童早衰症”图片和相关资料 从常染色体单基因遗传病的角度提出问题：细胞的衰老还与什么因素有关？ 归纳细胞衰老的原因：细胞在内外多因素影响下，使遗传因素发生改变，最终使细胞形态、结构、生理方面发生不可逆的退化特征，细胞增殖停滞 讲授：细胞衰老从细胞生存的角度具有一定的积极意义，防止了遗传错误或物质结构受损的细胞发生癌变，而是走向细胞死亡 提出话题，供课堂讨论：你是如何认识细胞衰老与个体衰老的关系的？ 我国已步入老龄化社会，你会关注老年人哪些方面的困难？	观察图片，感受遗传病带给人类生活带来的影响。分析儿童早衰症的病因 聆听，梳理思路，能综述细胞衰老的特征和原因 聆听，建构概念。认识细胞衰老作为细胞生命历程的积极意义 思考，回答问题 思考，交流，表达自己的观点，并可评价同学的观点	能从情感上同情遗传病患者 得出细胞衰老与某些基因有关 能简述细胞衰老的多个原因和综合特征 正确理解细胞衰老的积极意义 正确表达两者的关系 表达阐述自己关注老年人的观点，并能交流评价	课堂观察，课堂提问 书面整理 课堂提问，课堂观察 课堂提问，课堂观察，同学互评

（续表）

“细胞的衰老”课后自评
本节复习内容是人教版必修 1 第 6 章第 3 节的一部分。这节课如果从新授课的角度来分析，内容含量较少，主要集中于细胞衰老的特征及相关衰老学说，学习难度较小。本节课时内容是整个教材单元内容必不可少的一节，是细胞生命历程的重要环节。新授课的主要任务是从单元概念构建的角度，从衰老细胞引发的生理现象和观察特征入手，学习细胞衰老的特征。从端粒学说和自由基学说了解细胞衰老的多种原因，并引发学生关注老龄化社会的社会与生物学议题。
本节课授课设计为高考第一轮复习课，教学任务主要是概念体系重构和学科关键能力培养。“细胞的衰老”这节课，科学史丰富，含较多的科学探究类科学史实验，结合当前关于细胞衰老的研究进展、检测技术等内容，本节课丰富的教学资源可重组为发展学生学科核心素养的良好载体。在比较分析了 5 个版本的必修 1 教材后，通过查阅专业书籍《细胞生物学》，经过取舍，选择相关科学史资源：卡莱尔细胞永生实验；海弗里克极限系列实验；端粒学说；自由基学说。将本节课学习逻辑设计为：细胞衰老现象—细胞衰老一般含义—细胞分裂是有限的且与端粒有关—端粒变短致使细胞衰老的机理—自由基学说的论证实验设计—细胞衰老的多因素性—细胞衰老的意义、与个体衰老的关系—关注老龄化社会的议题。在学习上述科学史资料和材料的过程中，通过问题设计和材料学习，发展学生分析综合、归纳比较、归因推理等科学思维，发展学生设计实验思路并分析的科学探究能力；引导学生从结构与功能、进化与适应、稳态与平衡等观点认识细胞衰老的机理和过程；引发学生关注老年人衰老后的生理、心理健康问题，并能担负关照老年人的社会责任
本节复习课，实现了内容的重组和适度的深度挖掘，但并没有加大学习难度。在真情境、真问题中探索问题、解决问题，符合发展学科核心素养的教学设计，符合当前高考命题的方向，符合发展学生核心素养的教学规律
在整理科学史资料和其他资料过程中，对于资料和问题的取舍，可能尚存不足。教学环节的设计与衔接、对基础概念的巩固复习需要进一步优化。在师生互动方面，应加大学生自主学习、交流讨论的力度，让课堂自主学习和充分交流的气氛更加浓厚

“细胞的衰老”学案及课堂评价资料

材料 1：卡莱尔关于细胞分裂的观点和相关实验

诺贝尔生理学奖或医学奖获得者法国医生艾里克西斯·卡莱尔（Alexis Carrel，1843—1944）从 1912 年开始培养小鸡的成纤维细胞，不但定时更换营养液，还按时移除多余的细胞。这个实验他一直做到

1944年去世为止，此后他的助手又接着做了两年，直到1946年才停止，时间跨度早已超过了一只鸡的正常寿命。在这34年的时间里，这群细胞一直在不停地分裂繁殖，似乎永远不会停歇。于是后人得出结论说，每一个脊椎动物的体细胞单独拿出来都是可以永生的，衰老是发生在更高层面的事情。这期间也有很多人试图重复这个实验，但都失败了。

问题：

你认同上述有关卡莱尔实验结果的观点吗？原因是什么？

材料2：海弗里克极限有关实验

实验1　海弗里克设计了一组非常巧妙的实验，将已经分裂40次的男性肺成纤维细胞和已经分裂10次的女性肺成纤维细胞混合培养，同时用单独培养的细胞作对照。结果发现，混合培养的两类细胞的分裂次数与它们单独培养时相同。他还将年轻人体细胞去核后与老年人的完整细胞融合，另将老年人体细胞去核后与年轻人的完整细胞融合，分别在体外培养，结果前者不分裂，后者能够旺盛分裂。

实验2　海弗里克研究发现，人的体细胞在培养过程中发生明显的退化和死亡。在体外平均只能分裂40~60次，此后细胞就逐渐解体并死亡，不同年龄人的肺成纤维细胞培养结果如表7-5所示。其他科学家对淋巴细胞、神经胶质细胞等进行体外培养，也得到同样的结果。有趣的是，如果将细胞冻存一段时间后再复苏，细胞仍对其分裂次数保持着记忆，当分裂次数达到最高时，即不再分裂。

表7-5　海里利克实验中不同人群的肺成纤维细胞培养结果

细胞来源	胎儿	中年人	老年人	早衰患儿
分裂次数	40~60	15~30	2~10	2~10

问题：

（1）海弗里克关于男女细胞培养的实验，说明了什么问题？

（2）海弗里克关于胚胎细胞冷冻复活培养实验，说明了什么问题？如何解释？

（3）细胞分裂次数与细胞自身什么结构有关？

材料 3：端粒学说

端粒学说由苏联生物学家阿列克谢·奥洛夫尼科夫（Alexey M.Olovnikov）提出，认为细胞在每次分裂过程中都会由于 DNA 聚合酶功能障碍而不能完全复制它们的染色体，因此最后复制 DNA 序列可能会丢失，最终造成细胞衰老死亡。端粒酶是一种逆转录酶，由 RNA 和蛋白质组成，是以自身 RNA 为模板，合成端粒重复序列，加到新合成 DNA 链末端。在人体内，端粒酶出现在大多数的胚胎组织、生殖细胞、炎性细胞、更新组织的增生细胞以及肿瘤细胞中。正因如此，细胞每有丝分裂一次，就有一段端粒序列丢失，端粒长度缩短到一定程度，会使细胞停止分裂，导致衰老与死亡。2009 年，瑞典卡罗林斯卡医学院将诺贝尔奖生理学或医学奖授予美国加利福尼亚旧金山大学的伊丽莎白·布莱克本（Elizabeth Blackburn）、美国巴尔的摩约翰·霍普金斯医学院的卡罗尔·格雷德（Carol Greider）、美国哈佛医学院的杰克·绍斯塔克（Jack Szostak）以及霍华德休斯医学研究所，以表彰他们发现了端粒和端粒酶保护染色体的机理。

问题：

（1）正常细胞染色体在复制时，为什么端粒会缩短？

（2）端粒变短为什么使细胞不能完成分裂？

材料 4：自由基学说

1900 年，俄裔学者、有机化学教授摩西·冈伯格（Moses

Gomberg）在密歇根大学博士后工作期间，证明了三苯甲基自由基能稳定存在，奠定了自由基化学的基础，也是人类第一次知道自由基是可以独立存在的物质形式之一。

衰老的自由基学说是德纳姆·哈曼（Denham Harman）在1956年提出的，他认为衰老过程中的退行性变化是由于细胞正常代谢过程中产生自由基的有害作用造成的。常把异常活泼的带电分子或基团称为自由基。自由基含有未配对电子，表现出高度的反应活泼性。在生命活动中，细胞不断进行各种氧化反应，在这些反应中很容易产生自由基。此外，辐射以及有害物质入侵也会刺激细胞产生自由基。例如，水在电离辐射下便会产生自由基。生物体的衰老过程是机体的组织细胞不断产生的自由基积累结果，细胞代谢会不断产生大量的自由基，空气污染、辐射、某些化学物质等也可加快自由基的产生。自由基会攻击和破坏细胞内的各种生物大分子，同时产生更多的自由基，这种攻击和破坏会影响蛋白质合成，造成溶酶体损伤，改变膜的透性等，从而导致细胞衰老。

问题：

自由基在细胞内失去平衡后，对细胞内哪些结构和物质产生破坏性影响，会导致衰老细胞出现哪些特征？

任务：

设计实验，论证细胞的衰老与自由基直接有关。简述简单的实验思路，材料不限。

“细胞的衰老”课后评价习题设计

一、基础知识正误理解

（1）老年人体内有幼嫩的细胞，年轻人体内没有衰老的细胞。（　　）

（2）衰老细胞内染色质收缩、染色加深，这样会影响DNA复制和转录。（　　）

（3）对单细胞生物来说，细胞的衰老或死亡就是个体的衰老或死亡。（　　）

（4）正常的细胞衰老有利于机体更好地实现自我更新。（　　）

二、检测题

（1）根据现有的细胞衰老理论，在延缓皮肤衰老方面切实可行的是（　　）。

A. 防晒，减少紫外线伤害

B. 减少营养物质摄入，抑制细胞分裂

C. 减少运动，降低有氧代谢强度

D. 口服多种酶，提高细胞代谢水平

（2）端粒是真核细胞染色体末端的一段DNA——蛋白质复合体。在新细胞中，细胞每分裂一次，端粒就缩短一小段，缩短到一定程度，细胞停止分裂。端粒酶是细胞中负责端粒延长的一种由蛋白质和RNA构成的核糖核蛋白体，可以让端粒不会因细胞分裂而有所损耗，使得细胞分裂的次数增加。下列分析错误的是（　　）。

A. 端粒、端粒酶、核糖体的完全水解产物中均有糖类

B. 组成端粒、端粒酶、T_2噬菌体的化合物相同

C. 端粒缩短可能是导致细胞衰老的原因之一

D. 在癌细胞等肿瘤细胞中端粒酶的活性可能较高

（3）自由基学说是一种细胞衰老假说。图7-7是自由基学说示意图，有关叙述正确的是（　　）。

A. ②①过程引起的作用效果属于负反馈调节

B. 若③过程使酪氨酸酶活性降低，将引起白化病

C. 若③过程使细胞膜上氨基酸的载体受损，氨基酸进出细胞受阻

D. ④过程不可能导致细胞内蛋白质种类发生改变

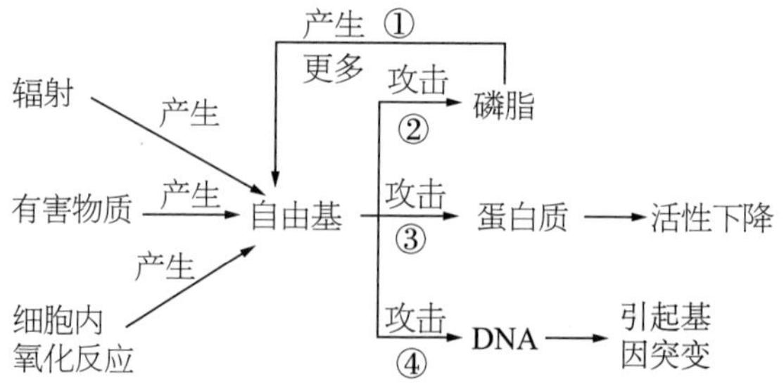

图 7-7 自由基学说示意图

（4）科学家选取正常生活状态不同年龄阶段的 3 只小白鼠作为实验对象，编号为 A、B、C。从它们体内相同部位分离出相同大小的 3 块骨骼肌。测定这 3 块骨骼肌释放 CO_2 的量，其比例为 1.3 ∶ 1.2 ∶ 1。据此分析：

① 3 只小白鼠中年龄最大的是__________。骨骼肌细胞释放 CO_2 的量减少，可能是细胞内__________细胞器的功能减弱所致。

② 3 块骨骼肌细胞内，呼吸酶活性最高的是__________，质膜控制物质进出功能最弱的是__________。

③某兴趣小组在上述实验基础上进一步探究：将鼠 A 体细胞去核后与鼠 C 的完整体细胞融合，将鼠 C 体细胞去核后与鼠 A 的完整体细胞融合，分别在体外培养，并观察细胞分裂情况。推测实验的结果，并尝试作出解释。

三、查阅资料学习

细胞衰老是与健康密切相关的研究热点，利用信息技术手段，查阅关于细胞衰老最新的研究进展、最新的细胞衰老检测技术等知识。将学习成果进行整理，制作 PPT 并在下节课课堂中分小组展示汇报。

第二节
必修 2 教学设计案例

案例 5："孟德尔豌杂交实验（一）"教学设计

表 7-6　教学设计示例——孟德尔豌杂交实验（一）

<table>
<tr><td colspan="4">教学基本信息</td></tr>
<tr><td rowspan="2">教学内容</td><td>教学主题</td><td colspan="2">孟德尔豌豆杂交实验（一）</td></tr>
<tr><td>章节目录</td><td colspan="2">必修 2 第 1 章第 1 节</td></tr>
<tr><td>课型</td><td>复习课</td><td>授课班级</td><td>高二（7）班</td></tr>
<tr><td>授课时间</td><td>2021 年 10 月</td><td>授课地点</td><td>高二（7）班</td></tr>
<tr><td>授课教师</td><td>任智安</td><td>辅助手段</td><td>多媒体</td></tr>
<tr><td colspan="4">学习目标与教学策略</td></tr>
<tr><td>单元教学目标</td><td colspan="3">【内容要求】课标重要概念是：3.1 亲代传递给子代的遗传信息主要编码在 DNA 分子上
【学业要求】从人教版教材单元章节后的"素养发展"摘录："基于对孟德尔豌豆遗传杂交实验过程的分析，解释假说–演绎法的基本思路，尝试在今后的学习和探究中运用假说–演绎法分析和解决问题；认同在科学探究中正确选用实验材料，运用数学统计方法，提出新概念以及应用符号表达概念的重要性，并尝试应用于自己的科学探究中；认同孟德尔敢于质疑的科学精神、缜密的科学思维、大胆的想象与创新，以及他对科学的热爱和锲而不舍的探索精神"</td></tr>
</table>

（续表）

<table>
<tr><td>本节课在单元教学中的地位</td><td colspan="3">从课标对本节内容无具体内容要求来分析，本节内容不是单元知识体系结构化的一部分。本节内容是从科学史的角度，从研究方法、遗传实验实践的角度为单元教学发展核心素养提供内容支撑。从这个角度来看，本节内容是整个单元学习的基础、方法论的基础，是单元教学中发展学科思维和学科探究能力的基础。单元教学目标中的学业要求基本上是本章前两节课学业要求的加强和重复</td></tr>
<tr><td rowspan="4">课时学习目标确定依据</td><td rowspan="2">课标分析</td><td>内容要求</td><td>阐明孟德尔一对相对性状实验的论证原理、操作实践要领，表述假说-演绎法的基本步骤</td></tr>
<tr><td>学业要求</td><td>基于对孟德尔豌豆遗传杂交实验过程的分析，解释假说-演绎法的基本思路；认同在科学探究中正确选用实验材料，运用数学统计方法，提出新概念以及应用符号表达概念的重要性；认同孟德尔敢于质疑的科学精神、缜密的科学思维、大胆的想象与创新，以及他对科学的热爱和锲而不舍的探索精神</td></tr>
<tr><td>内容分析</td><td colspan="2">本节课从高三一轮复习课的角度重整教学内容，以小麦为遗传杂交实验材料，重演遗传因子发现实验的论证全过程。而原教材内容中杂交实验材料是豌豆，豌豆是闭花传粉植物，是遗传杂交实验的模式植物。相对而言，小麦并不是遗传杂交实验的模式生物，这增加了遗传论证的难度。将小麦引入分离定律论证实验中，创设了新的情境，在复习课中达到了将新授课知识应用的能力培养的目的，完成知识和能力的迁移应用。内容的主体是分离定律发现的实验过程和假说演绎步骤</td></tr>
<tr><td>学情分析</td><td colspan="2">授课班级选课组合为理化生，具有一定的理性思维和实验论证能力。但对于遗传杂交实验这个难点依然存在系统认知不足，对实验方法原理和假说演绎论证步骤掌握不透，对一些容易混淆的遗传学名词分辨不清</td></tr>
<tr><td>学习目标</td><td colspan="3">（1）以小麦为实验材料，设计假说演绎的实验流程，比较不同遗传材料在实验操作上的异同
（2）从实验流程中提炼表现型的判断方法，对遗传实验中的易混淆术语归纳比较
（3）能对简单的遗传现象进行分析和论证设计
（4）分析孟德尔取得成功的原因，认同孟德尔大胆想象、敢于创新的精神</td></tr>
<tr><td>评估任务</td><td colspan="3">（1）小麦与豌豆在遗传实验中操作比较。（2）分离定律发现的论证逻辑。（3）遗传实验中各种方法的比较归纳。（4）新情境中遗传现象的解释</td></tr>
<tr><td>教学策略</td><td colspan="3">学教评一致性，UbD，任务驱动</td></tr>
</table>

（续表）

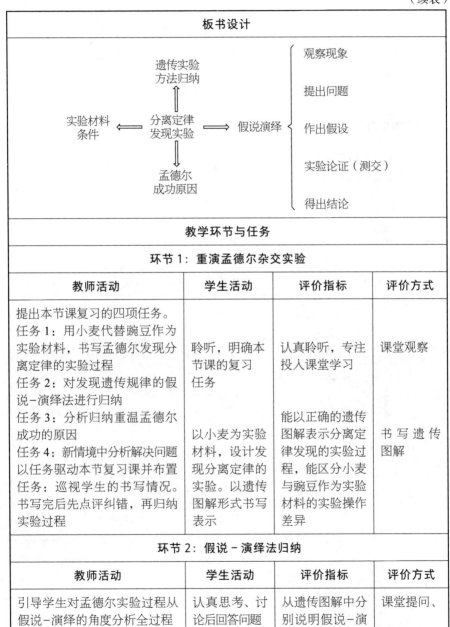

<table>
<tr><th colspan="4">板书设计</th></tr>
<tr><td colspan="4">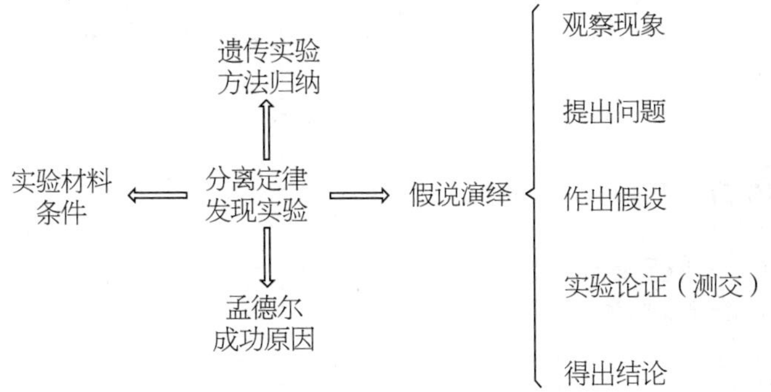
</td></tr>
<tr><th colspan="4">教学环节与任务</th></tr>
<tr><th colspan="4">环节 1：重演孟德尔杂交实验</th></tr>
<tr><th>教师活动</th><th>学生活动</th><th>评价指标</th><th>评价方式</th></tr>
<tr><td>提出本节课复习的四项任务。
任务 1：用小麦代替豌豆作为实验材料，书写孟德尔发现分离定律的实验过程
任务 2：对发现遗传规律的假说-演绎法进行归纳
任务 3：分析归纳重温孟德尔成功的原因
任务 4：新情境中分析解决问题
以任务驱动本节复习课并布置任务：巡视学生的书写情况。书写完后先点评纠错，再归纳实验过程</td><td>聆听，明确本节课的复习任务
以小麦为实验材料，设计发现分离定律的实验。以遗传图解形式书写表示</td><td>认真聆听，专注投入课堂学习
能以正确的遗传图解表示分离定律发现的实验过程，能区分小麦与豌豆作为实验材料的实验操作差异</td><td>课堂观察
书写遗传图解</td></tr>
<tr><th colspan="4">环节 2：假说 - 演绎法归纳</th></tr>
<tr><th>教师活动</th><th>学生活动</th><th>评价指标</th><th>评价方式</th></tr>
<tr><td>引导学生对孟德尔实验过程从假说-演绎的角度分析全过程</td><td>认真思考、讨论后回答问题</td><td>从遗传图解中分别说明假说-演绎</td><td>课堂提问、</td></tr>
</table>

（续表）

提出问题：哪些环节对应假说-演绎的五个步骤？ 对学生的回答给予表现型评价和过程性评价，对错误问题进行讲解纠正	交流、聆听	的五个步骤，观察现象、提出问题、作出假设、实验论证、得出结论	学案问题的书写
引导归纳孟德尔实验过程中的遗传学方法 提出问题：表现型的判定方法？纯合体的获取途径？ 组织讨论、回答问题并对讨论回答给予积极评价，纠正问题的回答情况	讨论、交流后归纳相应的方法，书写验证方法 聆听教师讲解	完成表现型显隐性的几种判定方法的归纳	完成课堂学案
环节 3：孟德尔成功原因分析			
教师活动	**学生活动**	**评价指标**	**评价方式**
对孟德尔豌豆杂交实验（一）进行讲解，阐释基因分离定律的发现和验证逻辑 讲述孟德尔遗传实验的科学史 引导学生归纳孟德尔取得成功的原因	聆听 从多个角度归纳孟德尔取得成功的原因	课堂听讲认真、专注，能与老师进行问题和观点的交流 能从选材、实验方法、数学统计法、符号表达、科学精神等角度完成归纳	课堂观察 学案课堂作业；课堂交流
环节 4：学以致用，解决新问题			
教师活动	**学生活动**	**评价指标**	**评价方式**
对本节课进行复习总结，主要方面是孟德尔发现分离定律的实验设计、假说-演绎的步骤、孟德尔实验中的科学方法归纳、孟德尔取得成功的原因。重点强调孟德尔豌豆杂交实验的论证原理和逻辑	聆听、交流	课堂听讲认真、专注	课堂观察、课堂交流

（续表）

学以致用，以问题评价和反馈本节课学习成果 问题：已知紫花豌豆子代有白花和紫花两种，设计实验方案，以获得纯种紫花豌豆，写清操作过程 对学生书写过程中存在的问题予以纠正 评价学生的学习过程和学案完成情况	认真思考，完成学案中实验设计题 认真完成学案实验设计题 聆听和交流教师对问题的分析及解释	准确选择杂交方法，并正确表达杂交实验操作细节。能用遗传图解表示 认真听讲，并能主动交流	完成学案实验设计题 课堂观察和课堂交流
课后自评			
在课程标准的内容要求中，孟德尔豌豆杂交实验均没有具体内容。这对本节课无论是新授还是复习课都带来了困难。没有课标中的内容要求，一节课的教学就像没有导航灯一样。分析其中的原因，主要是课标内容要求是以“大概念—重要概念—一般概念”的概念体系为标准设计的。所以，孟德尔豌豆杂交实验在课标中无内容要求是合理的。但是这并不意味着这两节课不重要，反而显得非常重要，因为这两节课的实验过程呈现的是构建一般概念的事实、大量的事实、系统的事实。在概念体系中，支撑和建构一般概念的是科学事实，孟德尔豌豆杂交实验主要就是科学事实，还包括程序性知识和一些科学研究方法。 事实知识的教学并非直接陈述和讲授即可，尤其是孟德尔豌豆杂交实验中科学事实体量较大，理解难度较大。教学内容要在微观的遗传因子和宏观的个体性状表现间建立联系，需要具备抽象的概括能力和综合分析能力。这节课科学事实体量大，内容丰富，蕴含严密的科学逻辑。因此，本节课的内容是发展学科核心素养的优良载体，在教材章后栏目中，列举了利用本节知识发展学生核心素养的学习目标。这是本案例主要的学习目标。 事实性知识的教学内容在高三复习课中有无必要再复习呢？毕竟在新授课中，这些科学事实已经被挖掘用来构建概念，其核心功能已发挥。根据多年的教学实践来看，即便是简单的一些事实性知识是有必要复习的，何况是难度较大的成体系的事实性知识。当然，本节课也并非全部是事实性知识，也包含程序性知识、方法类知识。学生对事实性知识的遗忘和理解的不透彻是基本学情，因此，孟德尔豌豆杂交实验的复习是有必要的，须重点复习。 复习目标主要针对三个方面：孟德尔实验流程、选材、验证、杂交操作等关键环节；假说-演绎的基本步骤并分析；表现型显隐性判定。课堂设计为四个环节，四项任务驱动学习过程，在完成相应的学习任务过程中，发展学生实验流程、方法类的掌握能力，发展比较归纳、分析综合等科学思维能力，发展实验设计、遗传实验操作、结果结论分析等科学探究能力，培育敢于创新、不辞劳苦敢于投身科学发现的精神			

“孟德尔豌豆杂交实验（一）”学案及课堂评价资料

（1）以小麦为实验材料，用遗传图解形式写出孟德尔发现分离定律的实验全过程，并对操作要领做备注说明。

实验过程	操作说明

（2）归纳假说-演绎法的主要环节，以上面问题（1）的实验过程为例进行备注说明。

假说-演绎步骤	分离定律实验过程说明

（3）归纳遗传过程中显隐性的判定和孟德尔取得成功的原因。

（4）已知紫花豌豆子代有白花和紫花两种，设计实验方案，以获得纯种紫花豌豆，写清操作过程。

“孟德尔豌豆杂交实验（一）”课后评价习题设计

（1）根据人工异花传粉示意图（见图 7-8），分析回答下列问题：

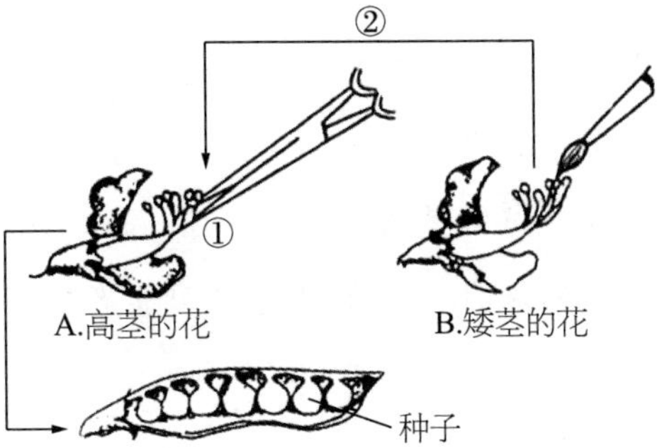

图 7-8　人工异花传粉示意图

a. 图中①为__________，目的是__________，应在__________进行；②为__________，目的是__________，应在__________后进行。

b. 本杂交实验中涉及两次套袋，第一次套袋应在[____]（填“①”或“②”）之后，其目的是____________；第二次套袋应在[____]（填“①”或“②”）之后，其目的是____________。

c. 图示杂交是以____________（填“高茎”或“矮茎”）作母本，若进行反交实验，则 F_1 应表现为____________（填“高茎”或“矮茎”），应如何统计 F_1 性状？能否通过直接统计图示豆荚中种子获得数据？（可就子叶、胚乳、茎高矮、花色及花着生位置等分别说明）

（2）遗传的基本规律是指（　　）。

A. 遗传性状在亲子代之间传递的规律

B. 精子与卵细胞结合的规律

C. 有性生殖细胞形成时基因的传递规律

D. 生物性状表现的一般规律

（3）研究孟德尔分离定律时，让纯合高茎和矮茎豌豆杂交所得 F_1 进一步自交产生 F_2 植株，下列叙述错误的是（　　）。

A. F_2 一半的植株自交时能够稳定遗传

B. F_2 高茎植株中 2/3 的个体不能稳定遗传

C. F_2 中杂合子自交的性状分离比为 3 ∶ 1

D. F_2 植株中的高茎与矮茎均为纯合子

（4）下列有关孟德尔的一对相对性状豌豆杂交实验中提出的假说的叙述，正确的是（　　）。

A. 基因在染色体上是孟德尔提出假说的依据

B. 形成配子时，成对的遗传因子彼此分离是孟德尔假说的内容之一

C. 孟德尔提出的假说能成功解释性状分离现象，从而证明假说正确

D. 亲本产生的雄配子和雌配子数量相等，且随机结合

（5）孟德尔在对一对相对性状进行研究的过程中，发现了基因的分离定律。下列有关基因分离定律的几组比例，能直接说明基因分离定律实质的是（　　）。

A. F_2 的表型比例为 3 ∶ 1

B. F_1 产生配子的种类的比例为 1 ∶ 1

C. F_2 的遗传因子组成比例为 1 ∶ 2 ∶ 1

D. 测交后代的比例为 1 ∶ 1

（6）从下列四组亲本和子代的性状表现中，能判断显性和隐性关系的是（　　）。

①圆粒豌豆 × 皱粒豌豆→98 圆粒 +102 皱粒

②非甜玉米 × 非甜玉米→301 非甜玉米 +101 甜玉米

③番茄绿茎 × 番茄绿茎→番茄绿茎

④抗倒伏小麦 × 易倒伏小麦→抗倒伏小麦

A. ①和②　　B. ①和④

C. ②和④　　D. ②和③

（7）研究人员在家蚕中发现一种新的体态类型——短体蚕，用这种家蚕与正常体态家蚕进行杂交实验，结果如下表所示，下列分析正确的是（　　）。

杂交组合	F_1	
	短体蚕	正常蚕
实验一：短体蚕 × 正常蚕	788	810
实验二：短体蚕 × 短体蚕	1530	790

A. 可以通过连续自交多代的方式获得纯种短体蚕

B. 短体蚕自交后代出现正常蚕是基因突变的结果

C. 实验一 F_1 个体随机交配，F_2 中短体蚕：正常蚕 =2 ：3

D. 实验二 F_1 的正常蚕与短体蚕杂交，可检测正常蚕的基因型

案例 6："减数分裂（第一课时）"教学设计

表 7-7　教学设计示例——减数分裂（第一课时）

教学基本信息			
教学内容	教学主题	减数分裂（第一课时）	
	章节目录	必修 2 第 2 章第 1 节	
课型	新授课	授课班级	高一（1）班
授课时间	2021 年 4 月	授课地点	高一（1）班
授课教师	卫青华	辅助手段	多媒体动画、"毛根"教具

（续表）

<table>
<tr><td colspan="4">学习目标与教学策略</td></tr>
<tr><td>单元教学目标</td><td colspan="3">【内容要求】有性生殖中基因的分离和重组导致双亲后代的基因组合有多种可能
【学业要求】运用细胞减数分裂的模型，阐明遗传信息在有性生殖中的传递规律（生命观念、科学思维）</td></tr>
<tr><td>本节课在单元教学中的地位</td><td colspan="3">减数分裂是遗传学的细胞学基础。在宏观遗传现象和分子遗传规律之间，减数分裂恰好是桥梁。尤其是遗传规律在分子水平的理解和解释，需要减数分裂。依据科学史的发展历程，减数分裂的研究和发现处于遗传规律发现与遗传分子基础科学史之间。学习完本单元，能阐释遗传规律，减数分裂是重要的过程和载体。正是基因在染色体上，在减数分裂过程中基因随染色体的相关行为奠定了遗传基因的传递规律，自然界中的遗传现象得以解释</td></tr>
<tr><td rowspan="4">课时学习目标确定依据</td><td rowspan="2">课标分析</td><td>内容要求</td><td>阐明减数分裂产生染色体数量减半的精细胞或卵细胞</td></tr>
<tr><td>学业要求</td><td>（1）应用演绎推理方法对生物遗传过程中生物染色体恒定和生物多样性现象进行演绎推理
（2）观察减数分裂装片，对减数分裂过程进行模型建构，对减数分裂过程中染色体和 DNA 数量变化规律构建数学模型，并做说明</td></tr>
<tr><td>内容分析</td><td colspan="2">减数分裂是有性生殖的生物产生生殖配子的过程，配子中的染色体只有体细胞的一半，同一个体产生的不同配子中，染色体数目都是体细胞的一半，但所含染色体种类是不同的。减数分裂是特殊的有丝分裂，整个过程中，DNA 复制 1 次，而细胞连续分裂 2 次。减数第一次分裂中，同源染色体和非同源染色体的相关行为是产生配子多样性的基础，是前一章节遗传规律的发生机制，也是后一章节内容的前序。综上所述，减数分裂这一节不论从事实知识还是概念理解与构建，都可以称得上是模块二《遗传与进化》最难的一节课。如何呈现与学习事实知识，如何进行概念模型构建，如何构建概念，如何衔接跨章节的大概念构建，都是教学中的重难点</td></tr>
<tr><td>学情分析</td><td colspan="2">高一学生对于遗传的知识初次学习是在八年级，进入高一第二学期再一次学习遗传学知识，从知识上讲，是从零开始的。经历了第一章《遗传因子的发现》的学习，学生对于遗传知识</td></tr>
</table>

（续表）

<table>
<tr><td>课时学习目标确定依据</td><td>学情分析</td><td>的“难”是领教了的。可以说，从心理上，学生对于学习遗传学知识、减数分裂知识是存在一定的畏难情绪的。在第一学期，学生学习了有丝分裂有关的知识，这为学习减数分裂奠定了基础。班级共 43 人，在学习有丝分裂和遗传因子时发现，部分表现突出的学生有 15 人，较弱的有 8 人，其余 20 人理解和分析问题有一定的难度。整体上学习能力较弱，因此，本节课授课进度易慢。在设计情境和问题时，适当降低难度，降低学习质量要求。减数分裂是学习和衔接其他概念的基础和纽带，适当放慢教学进度是适宜的策略</td></tr>
<tr><td>学习目标</td><td colspan="2">综合三方面分析，本节课学习目标如下：
（1）通过对减数分裂过程装片图像分析，说明减数分裂产生多种配子机制，认识有性生殖是生物多样性成因之一
（2）根据配子特点对减数分裂过程进行推测，对减数分裂过程进行图像模型构建
（3）利用毛根用具制作染色体模型，模拟减数分裂发生的机制和过程
（4）领悟自然界生物多样性的遗传基础</td></tr>
<tr><td>评估任务</td><td colspan="2">（1）根据配子特点，推测减数分裂机制
（2）将减数分裂装片镜检图像进行排序
（3）用毛根制作染色体模型，模拟减数分裂过程
（4）课堂完成减数分裂相关测试题</td></tr>
<tr><td>教学策略</td><td colspan="2">学教评一致，模型建构，小组合作</td></tr>
<tr><td colspan="3">板书设计</td></tr>
<tr><td colspan="3">减数第一次分裂

减数第二次分裂</td></tr>
</table>

（续表）

教学环节与任务			
环节 1：减数分裂机制推测			
教师活动	学生活动	评价指标	评价方式
问题 1：“人类的配子中染色体数目有什么特点？为什么？” 根据学生回答情况进行点评和引导。 分析问题：有性生殖生物的配子（包括人类）中染色体数目是体细胞的一半，这是因为只有减半，经过雌雄配子受精后，子代个体染色体数目才与亲本是一致的，保证了亲子代染色体数目的恒定，保持了物种的稳定	聆听，思考问题 回答问题，聆听、交流	能正确说出配子中的染色体数目是体细胞的一半。从染色体数目恒定和物种延续的角度给予解释说明	课堂观察，课堂交流，课堂问题的回答评判
问题 2：“根据有丝分裂的过程和特征，推测减数分裂的机制和过程，细胞是如何将体细胞中的染色体减半的？” 根据学生回答情况，用两种方案图示讲解，不复制直接分裂和复制一次细胞分裂两次	思考问题，尝试提出自己的观点，并用笔画出相应的过程和机制 聆听、思考	根据配子染色体数目特点，提出两种方案。不复制直接分裂和复制一次细胞分裂两次	课堂提问，问题回答的思辨性
问题 3：“减数分裂是上述哪一种分裂机制呢？” 根据学生回答情况，给予评价和引导，从“进化与适应”角度来分析减数分裂是复制一次分裂两次的过程	思考问题，讨论问题，尝试回答相关的问题	选择一种机制并能给出解释	学案作答，课堂观察，课堂提问

（续表）

问题4："有性生殖的后代性状不完全相同，说明形成不同子代的雌雄配子的种类是不同的，是什么机制使减数分裂形成的配子种类多种多样？同一次减数分裂产生的配子相同吗？尝试提出自己的推测。" 并提出持续学习的问题，"减数分裂是如何产生多种类的配子的？"	回答问题，与教师、同学交流看法 带着问题思考，带着思考学习减数分裂的过程	根据人类家庭特征、自然界生物多样性事实，得出生殖器官中配子种类多，减数分裂产生不同种类配子的假说	课堂观察
环节 2：减数分裂模型构建			
教师活动	**学生活动**	**评价指标**	**评价方式**
PPT 展示随机排放的减数分裂照片或图像，布置学习任务 学习任务 1：根据对减数分裂机制的推测，将学案中的减数分裂各时期图像进行正确排序，并做说明 巡视学生完成学案中图像排序的情况，给予积极评价和引导 对减数分裂的机制和过程进行讲解说明，强调一些减数分裂区别于有丝分裂的特征及其意义 重点强调减数第一次分裂过程中"联会、四分体、同源染色体随机分离，非同源染色体自由组合"等特征	观看图片，聆听 小组合作完成学习任务 1，减数分裂各时期图像排序，并以小组为单位拿出解释方案 聆听，笔记 与教师和同学就疑惑问题进行交流 聆听、交流	小组合作完成减数分裂过程的图像排序	课堂观察，学案作答情况 小组合作交流情况 课堂观察，课堂交流

（续表）

重点分析，不同次的减数分裂产生配子的异同情况；分析同一次减数分裂4个精子染色体组成的异同情况 表现型评价：问题——阐释减数分裂产生精子的过程，说明四个精子异同关系	聆听，思考	流利、正确说出减数分裂的过程，说明4个精子异同情况	问题回答情况
环节3：演示减数分裂过程			
教师活动	学生活动	评价指标	评价方式
学习任务2：利用毛根用具，小组合作，完成减数分裂过程的模拟演示 观察各小组完成情况，给予指导 随机选择一组同学的代表进行制作讲解的说明 教师对本节课进行总结梳理，从减数分裂的机制、过程、特征、意义方面进行阐释	小组合作，动手制作模型，依次按减数分裂过程进行组内演示和将讲解 代表组一位同学进行制作的讲解说明 聆听	能正确制作模型，对减数分裂过程正确演示	课堂观察，模型制作的任务完成情况 课堂观察，课堂交流
课后自评			
“减数分裂”一直是高中生物学必修两个模块中较难教学的章节，也是学生学习难度大的章节。笔者在过去教学时采取过很多种策略，包括借助模型图片或动画进行讲授法和探究式学习法。但是内容属于微观层面，又包含十几个图像，图像和有丝分裂容易混淆，所以内容过于抽象。本节课设计尝试概念建构和逆向教学设计，避开偏碎片化知识的各种时期图像的讲解，先进行意义和机制的假设推测，由此出发，进行机制和过程的探究分析，探究分析所用的工具是减数分裂各期的图像。这样，将减数分裂各期图像的学习由被动变为主动，进行有意义的学习。在机制推测、过程模型建构和教师阐述的基础上，利用毛根用			

（续表）

具，动手制作减数分裂各期染色体模型进行演示，相当于以实践的手段进行第二次学习和模型建构。 从教学策略上分析，本节课依据学教评一致性策略设计。首先，依据评价目标，即课程标准中重要概念和一般概念的内容要求、单元学业要求和模块学业质量标准，结合、教学内容分析和学情分析，设计制定了本节课的学习目标。根据教学内容和教学策略制定了本节课三个环节。在每一个环节中，始终按学教评一致性逆向进行教学设计。做到评什么和学什么、教什么在每个环节有机统一。在每一个环节中，始终考虑“学生的活动是什么？”“学生的学如何体现？”“怎么学才能高效？”“教师在学生学的过程中，到底发挥什么样的角色合适？” 从学情角度分析，学习难度的加大，对于本班较弱的学习能力而言，本节课学习难度很大。因此，适当减慢教学进度，增加有效教学方法。本节课设计了3课时，本课时为第一课时，主要是机制探究和概念模型构建及物理模型演示，从实质和特征上学习减数分裂。第二课时为卵子的形成和精卵形成的比较。第三课时为评价巩固，以练带学，巩固和加强对减数分裂特征和意义的学习。 总之，难点的教学始终是值得反思和研究的课题。遵从科学的教学方法和规律必然是高效的，因此，本节课实施了学教评一致性教学策略、模型建构策略、小组合作学习策略和重难点教师的讲授学习

“减数分裂”学案及课堂评价资料

（1）根据配子中染色体数目是体细胞一半的情况，结合有丝分裂DNA复制1次，细胞分裂2次的机制，尝试提出减数分裂的机制，并简单绘图表示。

任务：小组合作，根据减数分裂机制，将以下减数分裂图像进行排序，以便它们构成减数分裂的过程模型。（1~10）

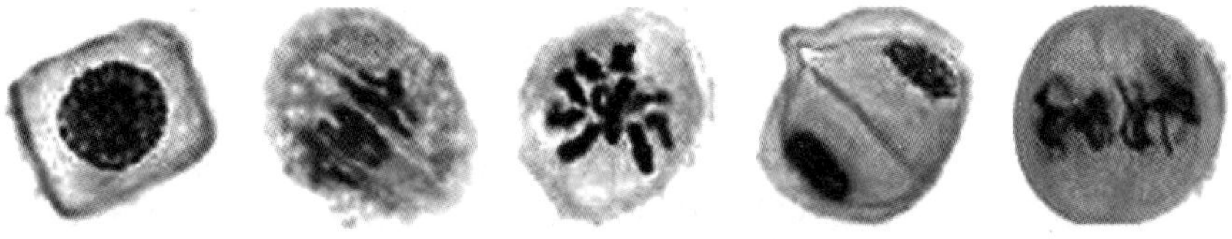

1　　2　　3　　4　　5

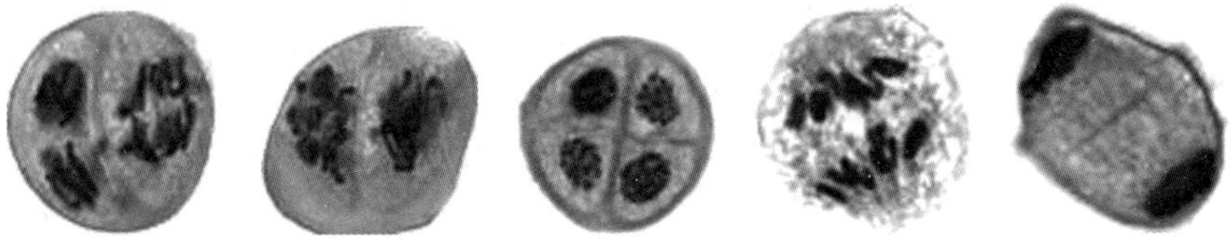

6　　7　　8　　9　　10

（2）简述减数分裂的过程，说明一次减数分裂产生的4个精子的异同情况。

任务：小组合作，用毛根工具，制作染色体模型，演示减数分裂产生精子的过程。

“减数分裂”课后评价习题设计

一、完成相关图像特征的简述

时期	有丝分裂	减数分裂Ⅰ	减数分裂Ⅱ
前期		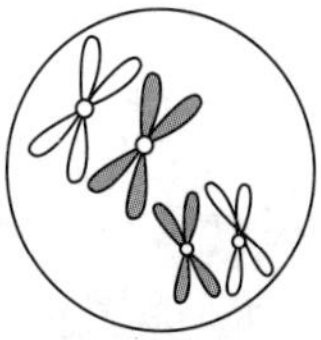	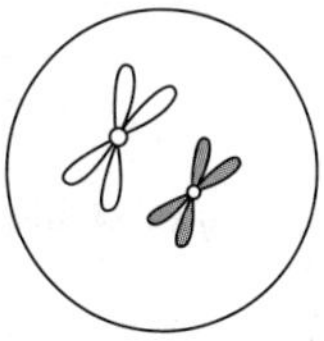
	有同源染色体	________________ ________________	无同源染色体
中期			
	________________	________________	着丝粒排列在赤道板上，无同源染色体
后期	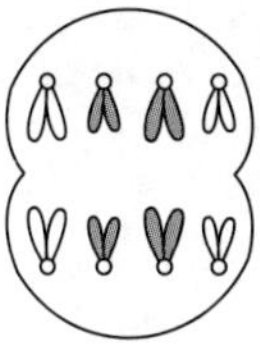	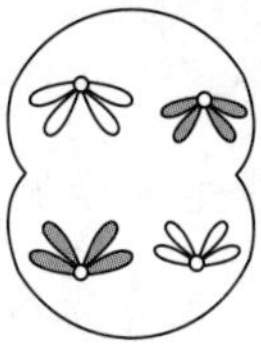	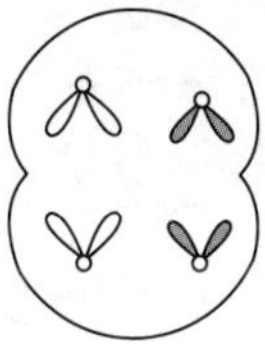
	________________	________________， 有同源染色体	________________

二、完成下列选择题

（1）以下甲～丁为某高等动物体内的一些细胞分裂图，图中所示细胞分裂具有连续性。下列有关叙述正确的是（　　）。

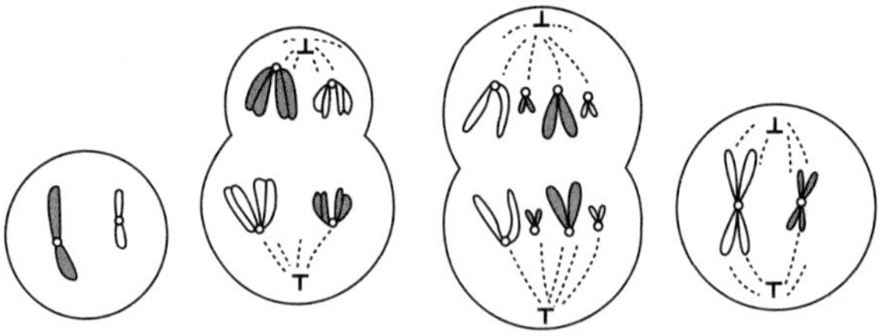

甲　　乙　　丙　　丁

A. 细胞分裂的顺序依次为乙→丁→丙→甲

B. 乙是卵原细胞或初级卵母细胞，甲最可能为卵细胞

C. 甲、乙、丙、丁细胞中含有的染色体组数目依次为1、2、4、1

D. 没有突变、互换发生时，如果乙的基因组成是EEeeFFff，那么丁的基因组成是EeFf

（2）雌兔的某细胞正在进行着丝粒分裂，下列有关叙述不正确的是（　　）。

A. 该细胞可能正在进行有丝分裂

B. 该细胞可能是初级卵母细胞

C. 该细胞内可能含有同源染色体

D. 该细胞的子细胞可能是卵细胞

（3）下图①～⑤是用某种方法在显微镜（不用染色）下拍到的二倍体百合（$2n=24$）某个细胞的减数分裂不同时期的图像。下列相关叙述不正确的是（　　）。

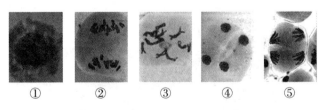

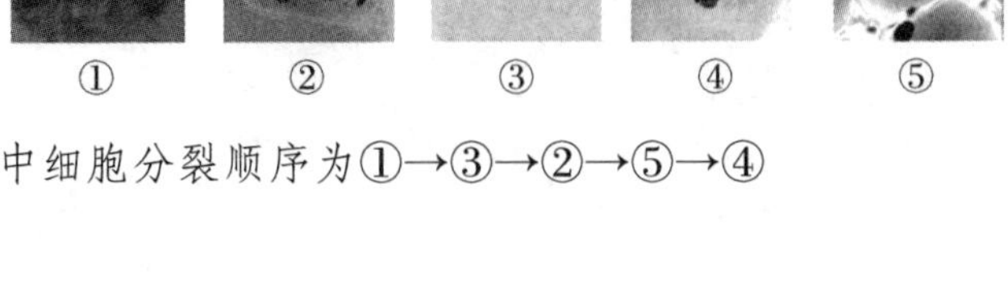

①　　②　　③　　④　　⑤

A. 图中细胞分裂顺序为①→③→②→⑤→④

B. 图①细胞内核 DNA 和染色体数目加倍

C. 图②③细胞中 DNA 数目相同

D. 图②③⑤细胞中染色体数目相同

（4）有研究者采用荧光染色法制片，在显微镜下观察拟南芥（$2n=10$）花药减数分裂细胞中染色体形态、位置和数目，以下为镜检时拍摄的 4 幅图片。下列叙述正确的是（　　）。

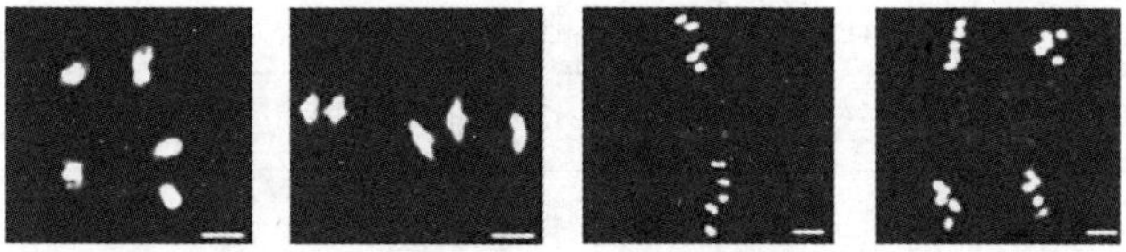

甲　　乙　　丙　　丁

A. 图甲、丙中细胞处于减数第一次分裂时期

B. 图甲细胞中同源染色体已彼此分离

C. 图乙细胞中 5 个四分体排列在赤道板附近

D. 图中细胞按照减数分裂时期排列的先后顺序为甲→丙→乙→丁

（5）下图表示某种动物不同细胞分裂的图像，下列与此相关的叙述中，正确的是（　　）。

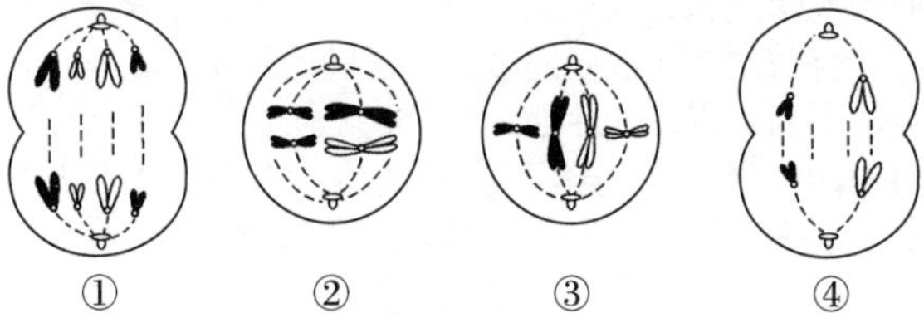

①　　②　　③　　④

A. ①②③④所示细胞都有同源染色体

B. ①②③细胞中均含有 8 条姐妹染色单体

C. 动物的精巢中有可能同时发现上述四种状态的细胞

D. 图④所示细胞状态往往导致非等位基因的自由组合

案例 7：“甘蔗到底哪头甜？”教学设计

表 7-8 教学设计示例——甘蔗到底哪头甜？

<table>
<tr><th colspan="5">教学基本信息</th></tr>
<tr><td rowspan="2">教学内容</td><td colspan="2">教学主题</td><td colspan="2">甘蔗到底哪头甜？</td></tr>
<tr><td colspan="2">章节目录</td><td colspan="2">必修 1 第 5 章第 4 节
必修 2 第 4 章</td></tr>
<tr><td>课型</td><td colspan="2">复习课</td><td>授课班级</td><td>高三（2）班</td></tr>
<tr><td>授课时间</td><td colspan="2">2016 年 4 月</td><td>授课地点</td><td>高三（2）班</td></tr>
<tr><td>授课教师</td><td colspan="2">常振宇</td><td>辅助手段</td><td>多媒体</td></tr>
<tr><th colspan="5">学习目标与教学策略</th></tr>
<tr><td>单元教学目标</td><td colspan="4">【内容要求】细胞的生存需要能量和营养物质；遗传信息控制生物性状并代代相传
【学业要求】从物质与能量视角探索光合作用，阐明细胞生命活动过程中贯穿着物质与能量的变化（生命观念、科学思维、科学探究）
阐明 DNA 通过转录、翻译等过程表达遗传信息（生命观念）</td></tr>
<tr><td>本节课在单元教学中的地位</td><td colspan="4">本节课是高三主题复习课，以“甘蔗到底哪头甜”这一问题引发探讨，将教材中的相关知识有机整合，在学生回顾经典科学史总结了生物学研究中的科学思想和一般方法后，体会生活中所蕴含的值得探讨的生物学问题，在实验设计的过程中体会科学实验的严谨性和研究中与人合作的重要性；通过高考试题的展示，使学生体会高考试题对学生能力的考查；最后通过展示科学研究的一般步骤再次回扣单元主题，使学生深化对科学研究的思想和一般方法的理解。本课时的教学既是后续高考复习的基础，也是对学生能力培养的延续</td></tr>
<tr><td>课时学习目标确定依据</td><td>课标分析</td><td>内容要求</td><td colspan="2">（1）说明植物细胞的叶绿体从太阳光中捕获能量，这些能量在二氧化碳和水转变为碳和氧气的过程中，转换并储存为糖分子中的化学能
（2）概述 DNA 分子上的遗传信息通过 RNA 指导蛋白质的合成，生物的性状主要通过蛋白质表现</td></tr>
</table>

（续表）

<table>
<tr><td rowspan="3">课时学习目标确定依据</td><td>课标分析</td><td>学业要求</td><td>（1）初步形成生物学的物质与能量观，并尝试运用这一观点解释细胞的生命活动
（2）通过本单元的探究实践，进一步学会控制自变量，观察和检测因变量的变化，能设置对照组和重复实验，并能将这些方法和技能应用于其他的探究活动
（3）基于甘蔗不同部位的甜度分析的学习，认同科学是在实验中前进的，科学工作者既要继承前人的科学成果，又要有创新精神，锲而不舍，促进科学发展
（4）举例说明酶、光合作用、基因表达和基因工程等科学知识与生活和生产紧密联系，关注这些原理的广泛应用，认同科学技术的重要价值</td></tr>
<tr><td>内容分析</td><td colspan="2">本节课内容属于“生物技术与实践”主题下的“生物学研究中的科学思想和一般方法”，高考考核目标与要求是以考查考生的生物科学素养为总体目标，注重理论联系实际，将生物学问题与现实生活和生产实践相联系。侧重于考生所学生物学基础知识的理解，强调对实验与探究能力、新知识的获取和信息处理能力以及分析解决问题的考查，以利于考生终身学习。本节课的三个环节符合高考考试说明中对考生实验与探究能力的要求，并能通过具体的生物学问题和科研论文让学生体会生物学研究中的科学思想和一般方法</td></tr>
<tr><td>学情分析</td><td colspan="2">在知识方面，大多数学生对光合作用与呼吸作用、基因表达及其调控的相关知识都已熟练掌握，同时在前一课时的学习中，学生对假说演绎的科学方法和科学探究实验的一般步骤也有一定的认知，这为本节课的开展打下坚实基础，但是很多学生以为通过假说-演绎法得出的结论就是“理论”，并没有体会到从“假说”到一个科学理论的确立是需要很多位科学家进行系列研究才能完成的
在能力方面，学生初步具备了设计实验的能力，但学生更多的是关注实验的自变量和因变量、对照原则和单一变量原则，容易忽略平行重复原则和无关变量的控制，需要教师关注。同时，本课中的图表资料较多且新颖，所以对学生的能力要求较高，需要在以后的教学中持续关注学生相关能力的培养
情感态度与价值观方面，学生已经认识到生物是一门实验科学，大多数学生都认同可以通过生物学实验证实或证伪自己对某一现实世界中的生物学问题作出的假说，在课堂的讨论中，学生都乐于与同学分享自己的观点并能从团队合作中发现自己在思维严密性方面存在的问题</td></tr>
</table>

（续表）

<table>
<tr><td>学习目标</td><td colspan="3">（1）应用假说–演绎的科学方法和科学研究的一般步骤解决现实生活中的问题，使学生发现现实世界中的生物学问题，针对特定的生物学现象，进行观察、提问、实验设计、方案实施以及结果的交流与讨论
（2）进行科学的实验设计探讨甘蔗到底哪头甜，并能从定性分析发展为采用合适的仪器定量分析，面对科研论文中实验结果的新颖展现形式能快速找到关键信息分析问题
（3）体验生物学研究的思想和方法，认同科学结论的得出是很多位科学家不断探索的结果，一项研究结束后会带来新的思考和新的研究方向，越来越接近问题的本质，有助于理解或解释较大范围的相关事件和现象，科学研究的问题来源于生产生活，研究的结果又作用于生产生活</td></tr>
<tr><td>评估任务</td><td colspan="3">（1）针对问题提出合理假设
（2）设计可行的实验方案检验假设并能交流讨论
（3）面对新颖的结果呈现形式能快速获取有效信息
（4）综合运用所学知识解释生物学现象，阐述思维过程
（5）总结科学研究的思想和一般步骤</td></tr>
<tr><td>教学策略</td><td colspan="3">探究式学习，应用模型解决问题</td></tr>
<tr><td colspan="4">板书设计</td></tr>
<tr><td colspan="4">体验科学研究的思想和方法
观察现象 → 提出问题 → 作出假说 → 进行实验 → 证明或证伪
（证明或证伪 → 作出假说）</td></tr>
<tr><td colspan="4">教学环节与任务</td></tr>
<tr><td colspan="4">环节 1：以“甘蔗到底哪头甜”为情境运用科学研究的方法设计可行的实验方案</td></tr>
<tr><td>教师活动</td><td>学生活动</td><td>评价指标</td><td>评价方式</td></tr>
<tr><td>由作文素材“甘蔗没有两头甜，自古美事难两全”引入，提出问题：甘蔗到底哪头甜？

你的假说是什么？</td><td>提出不同的假说。
假说 1：上部甜
假说 2：下部甜
假说 3：中间甜
假说 4：一样甜</td><td>分析该假说是否科学合理</td><td>课堂提问</td></tr>
</table>

（续表）

如何设计实验验证你的假说？ 引导学生思考：进行生物学实验时应注意实验的自变量、因变量；实验原则；无关变量的控制 点评学生的设计：味蕾钝化的问题；如何进行双盲设计；样本数量尽可能大；其他无关变量的设置…… 引导学生总结实验设计 针对刚才讨论时学生提出的定量测糖，介绍手持糖度计、带电子读数的便携式糖度计和近红外光谱无损测糖技术，并展示国内柑橘类水果第一条标准化生产线	分组讨论，进行实验设计，相互启发 在教师引导下思考为验证哪个部位甜可以统计试吃的结果，讨论一个人吃还是多个人吃。选取 19 名男生、19 名女生为实验参与者，教师负责结果统计，5 名学生负责分甘蔗并标号；每名学生吃的三块应包含上中下三个节；吃的甘蔗块应大小一致…… 对实验结果的分析由定性转向定量。体会科技改变生活，科学技术与社会的关系，科学研究对社会发展的巨大推动作用	在进行实验设计时注意实验原则：对照、单一变量、平行重复 通过实验结果的收集过程，回溯实验过程中要控制无关变量 通过统计学的结果分析得出实验结论 体验随技术发展，定量的检测结果越来越精确，体会科学的严谨性 感受科技改变生活	课堂观察 课堂提问 学案达成度 课堂观察
环节 2：通过科研论文寻找证据证明假设			
教师活动	**学生活动**	**评价指标**	**评价方式**
展示论文 1：利用近红外光谱技术检测蔗糖 出示论文中对实验材料的处理及其以散点图形式呈现的实验结果 展示甘蔗论文 2：甘蔗节间蔗糖含量及与蔗糖代谢相关的 4 种酶活性之间的关系剖析	分析论文中对实验材料的处理，再次体验真实的科学实验的严谨性，了解散点图在科研论文中经常出现	能联系高考试题回忆散点图的特征	课堂提问

（续表）

展示图 1：甘蔗不同节间的蔗糖含量。提出问题 1：甘蔗到底哪头甜？ 问题 2：此实验可以和高中生物的哪部分知识相联系？ 问题 3：从图中还可以获取什么信息？ 展示图 2：甘蔗节间四种酶的活性 问题 4：整体关注图 1 和图 2，你觉得哪种酶对甘蔗的甜度至关重要？ 问题 5：如果继续进行实验，你研究的方向是什么？ 展示以“甘蔗甜度检测与基因表达”为关键词检索出的论文 甘蔗论文 3：甘蔗 SPS 基因家族成员表达与糖分积累关系解析 展示新颖的图表展现形式 问题 6：这么复杂的图表，你最应该关注什么？能获取哪些信息？	生活中的问题与科研论文碰撞，体会习以为常的现象中可能蕴含着深刻的科学道理 根据论文资料可知甘蔗的根下部更甜，解决模拟实验时一直困惑的问题，排除其余假说 体会无论面对什么样的背景材料，首先要考虑的是材料和自己所建立的高中生物知识体系有何联系 图中的甘蔗分别为高糖和低糖两个品种 阅读信息，得出结论；SPS 酶的作用最重要 将必修 1 的知识和必修 2 的知识相联系，性状由基因控制。思考相关的基因是如何发挥作用的	快速获取信息，得出两种甘蔗品种都表现出下部更甜 能提出细胞代谢，如光合作用和呼吸作用、酶等相关知识 在分析曲线图时迅速找出自变量和因变量 综合分析 SPS 酶最重要 提出 SPS 基因表达的问题 面对新的图表展现形式时能首先关注注释，遵循单一变量原则分析问题	课堂提问 课堂观察 课堂提问 课堂提问 课堂提问 课堂提问

（续表）

问题 7：现在我们已经深入到了分子水平，如果继续研究，你的研究方向又会是什么？ 再次引导学生体会科研的连续性和永无止境	关注表头，关注新颖符号的生物学含义，面对多因子变量时每次只分析一个自变量 在甘蔗糖分积累的初期，高糖品种的 SPS 基因家族表达量高（高糖品种赢在了起跑线上） 分析回答：将与高糖相关基因克隆出来构建基因表达载体导入低糖品种以增加其蔗糖含量	能从基因表达转向利用基因工程技术改良甘蔗品种	课堂提问
环节 3：以真实科研为背景的甘蔗模拟试题			
教师活动	**学生活动**	**评价指标**	**评价方式**
以上述科研论文中的四个主线问题，逐一展示与高考试题相似的设问 以学习使用没有说明书的智能手机为例引导学生思考高考考查的理解、应用、思辨和创新并不仅仅是为了应试，也有助于学生的终身发展	结合材料回答问题，体会从科研论文材料改编为成熟试题的过程 体会能力培养有利于自己终身发展	能将试题的不同设问与高考试题的能力考查一一对应	学案检测

（续表）

环节 4：课堂总结　主题升华			
教师活动	学生活动	评价指标	评价方式
小结 1：综合本节内容，解释甘蔗为什么下部更甜 小结 2：回顾科学研究的一般步骤 虽然有些同学上大学后不再学习生物学相关知识，但是希望同学们通过高中生物学的训练在以后的学习、工作和生活中能保持善于发问、独立思考和与人合作的能力，永远对这个未知的世界保持好奇心	思考并回答：甘蔗下部 SPS 基因家族高表达，使 SPS 酶的活性更高，进而蔗糖积累更多；上部合成蔗糖后向下部运输；下部水少，使糖的浓度进一步升高…… 回忆并整理科学研究的思想方法和一般步骤	能综合运用生物学知识，由里（基因）及表（甜度）得出结果，阐述思维过程 总结科学研究的思想方法和一般步骤	课堂提问 学案检测
课后自评			
（1）本节课关注现实世界中的生物学问题，从生活谚语中发现值得研究的问题，带领学生从思维层面体会科研的乐趣以及真正科研时的严谨求真。让学生体会科学研究的问题来源于生产生活，研究的结果又作用于生产生活，科技改变生活，科技让生活更美好 （2）我们平时在课上或试题中所遇到的实验只是系列实验的片鳞半甲，这会使学生只见树木不见森林，缺乏对实验研究共性的总结，不能体会科学研究的魅力。而现代生物实验的系列研究几乎都会由表及里深入到某一实验现象的分子机制，本节课中选择了由表象到分子机制的几篇甘蔗甜度研究的相关论文，通过科研论文中的内容展示和对生物学研究一般步骤的总结，使学生深刻体会科研方法的共性、科学研究的连续性和永无止境 学生上完课后跑来问我：大学中生物学的研究是不是就是这样？学生想以科研为他的终身职业，我想这就是这节课最突出之处			

“甘蔗到底哪头甜？”学案及课堂评价资料

任务 1：作文素材“甘蔗没有两头甜，自古美事难两全”中蕴含的生物学问题。

合理假设	
设计实验 验证假设	
预期实验结果	

任务 2：图 7-9 至图 7-14 演示了甘蔗生长发育和节间蔗糖含量与可溶性酸性转化酶（SAI）、中性转化酶（NI）、蔗糖磷酸合成酶（SPS）和蔗糖合成酶（SS）之间的关系，回答下列问题。

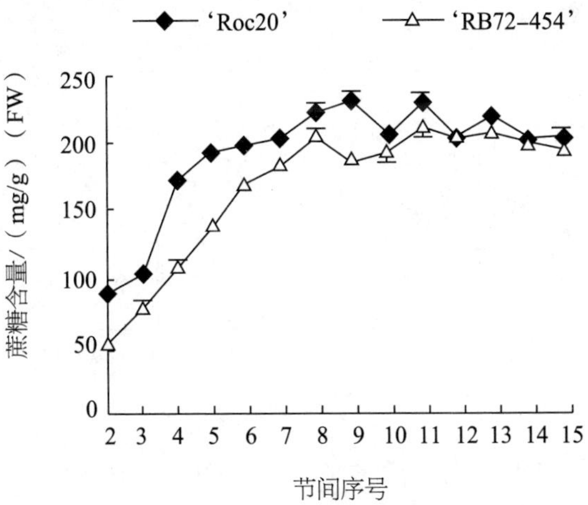

图 7-9　甘蔗节间的蔗糖和蛋白质含量（1）

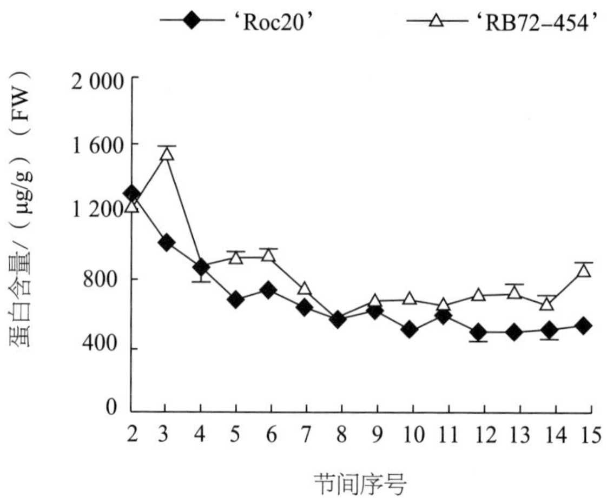

图 7-10　甘蔗节间的蔗糖和蛋白质含量（2）

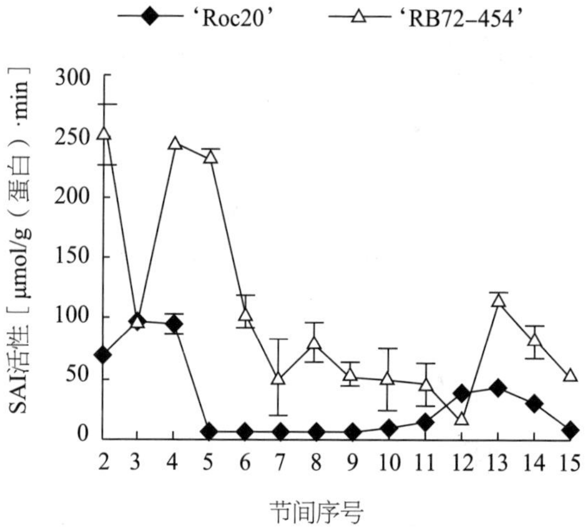

图 7-11　甘蔗节间的 SPS、SS、SAI 和 NI 酶活性（1）

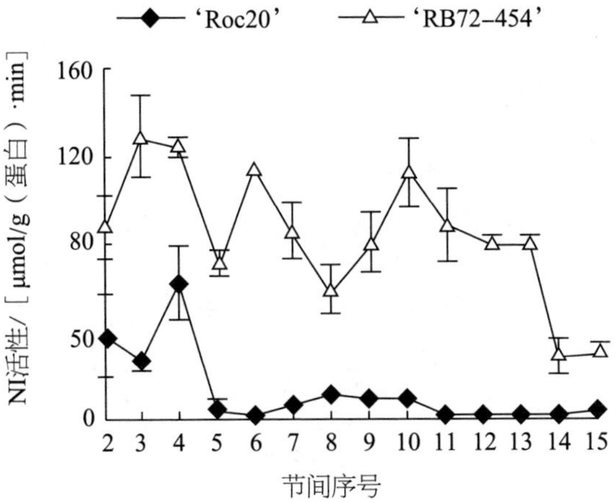

图 7-12　甘蔗节间的 SPS、SS、SAI 和 NI 酶活性（2）

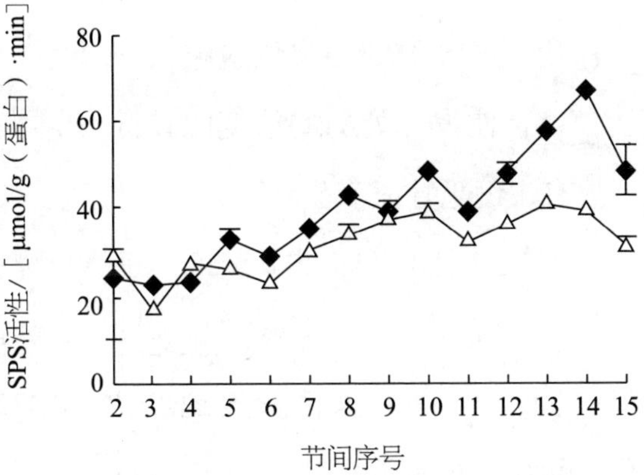

图 7-13　甘蔗节间的 SPS、SS、SAI 和 NI 酶活性（3）

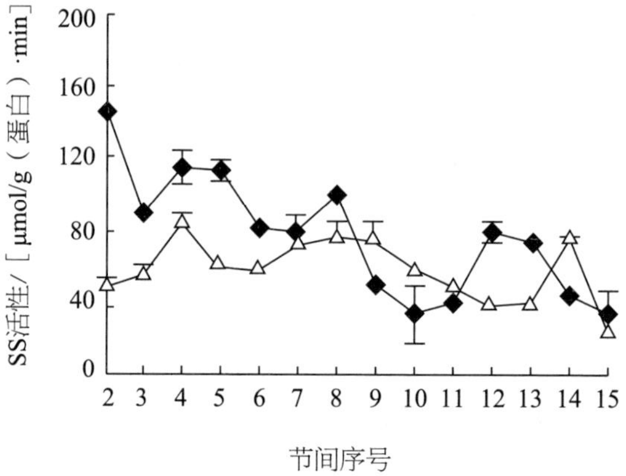

图 7-14　甘蔗节间的 SPS、SS、SAI 和 NI 酶活性（4）

（1）甘蔗的功能叶片是________作用和蔗糖合成的主要场所。甘蔗幼苗在成长的过程中要不断消耗养料，所以上下都不甜。长大以后，一方面制造出来的糖分增加，另一方面消耗养分减少，即________作用大于________作用，多余的糖分就贮藏起来；同时，由于叶片代谢需要大量的________，使得此处糖的浓度比较低，所以甘蔗靠近（上或下）部较甜，故有“倒吃甘蔗节节甜”之说。

（2）由图 7-9 和图 7-10 可知，‘Roc20’蔗糖含量在每一节间均比‘RB72-454’高，但是在 2~10 节两者________，说明‘Roc20’的________（较嫩或成熟）节间中蔗糖积累速度比‘RB72-454’的快。‘Roc20’各节间的可溶性蛋白质含量比‘RB72-454’的小，第________节间下降较快，其他节间的变化幅度较小。

（3）从图 7-11 至图 7-14 可以看出，‘Roc20’的各节间中________活性普遍比‘RB72-454’的低，________活性均比‘RB72-454’的低得多；第________节间以后 SPS 活性比‘RB72-454’的高；第

________节间中 SS 活性都高于‘RB72-454’的，第________节以后 2 个品种各有高低。2 个品种第 5 节间以后的 SAI 活性表现为明显下降，而 SPS 活性则呈现为________的趋势。

（4）综合上述结果可知，在两种蔗糖品种中各种酶对蔗糖积累起的作用不同，其中酶________与蔗糖含量呈极显著负相关，酶________与蔗糖含量呈极显著正相关；而在‘RB72-454’中酶________相关性不显著。

（5）进一步研究发现，SPS 的活性是蔗糖合成途径中的一个重要控制点，在植物中 SPS 基因是一个多基因家族。研究者研究了高糖和低糖两个品种在蔗糖积累的早、中、后期 SPS 家族基因的相对表达量，结果见表 7-9、表 7-10、表 7-11。

表 7-9　甘蔗糖分积累初期 SPS 家族基因的相对表达量比较

组织部位	SPS Ⅰ	SPS Ⅱ	SPS Ⅲ	SPS Ⅳ	SPS Ⅴ
幼叶	▲	▲	▲	▲	■
正 3 叶	●	■	■	▲	■
茎第 2 节	■	■	■	▲	■
茎第 9 节	●	■	■	▲	●
茎第 14 节	●	■	▲	▲	■
茎第 18 节	■	■	■	▲	■

表 7-10　甘蔗糖分积累中期 SPS 家族基因的相对表达量比较

组织部位	SPS Ⅰ	SPS Ⅱ	SPS Ⅲ	SPS Ⅳ	SPS Ⅴ
幼叶	■	■	▲	▲	■
正 3 叶	■	■	■	■	■
茎第 2 节	■	■	■	■	▲
茎第 9 节	■	■	▲	▲	▲
茎第 14 节	■	▲	■	▲	▲
茎第 18 节	▲	▲	■	■	▲

表 7-11　甘蔗糖分积累后期 SPS 家族基因的相对表达量比较

组织部位	SPS Ⅰ	SPS Ⅱ	SPS Ⅲ	SPS Ⅳ	SPS Ⅴ
幼叶	▲	▲	▲	▲	▲
正 3 叶	■	▲	■	■	■
茎第 2 节	▲	▲	■	■	●
茎第 9 节	▲	●	■	●	●
茎第 14 节	▲	▲	▲	■	▲
茎第 18 节	▲	▲	▲	■	●

▲ 低糖品种表达量高　■ 高糖品种表达量高　● 差异不明显

由上述几张表可知，________（填部位名称）对高蔗糖中糖分的积累至关重要，同时整体分析可知低糖品种在________期大量积累蔗糖，而高糖品种在________期大量积累蔗糖。其中 SPS Ⅲ、SPSV 在蔗糖积累的不同时期在高糖品种的表达量均高于低糖品种．说明它们与高糖品种的高蔗糖性状紧密相关。在此基础上将进行________的研究，为深入研究 SPS 酶与糖代谢的关系提供更明确的方向。

任务 3：总结生物学研究的一般步骤。

《甘蔗到底哪头甜？》课后评价习题设计

（1）为研究棉花去棉铃（果实）后对叶片光合作用的影响，研究者选取至少具有 10 个棉铃的植株，去除不同比例棉铃，3 天后测定叶片的 CO_2 固定速率以及蔗糖和淀粉含量，结果如图 7–15 和图 7–16 所示。

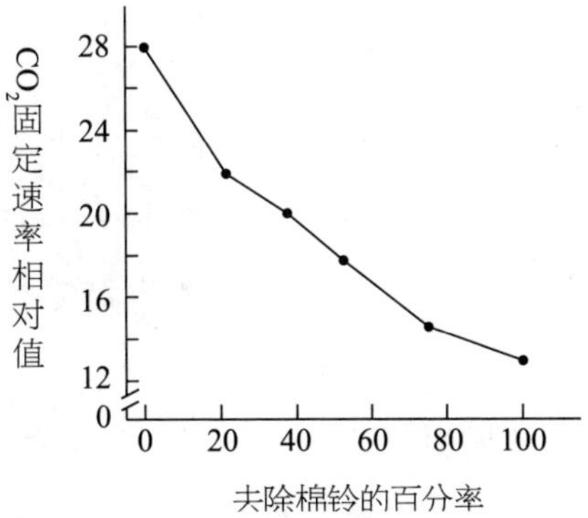

图 7–15　去除棉铃 CO_2 固定速率的变化

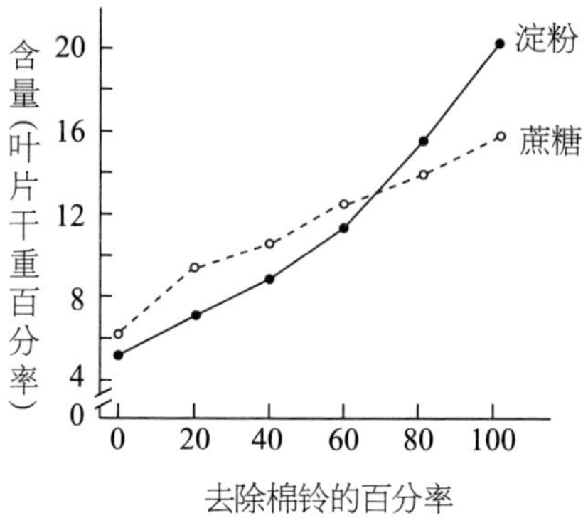

图 7-16　去除棉铃后叶片中有机物含量的变化

①光合作用碳（暗）反应利用光反应产生的 ATP 和________，在________________中将 CO_2 转化为三碳糖，进而形成淀粉和蔗糖。

②由图 7-15 可知，随着去除棉铃百分率的提高，叶片光合速率________。本实验中对照组（空白对照组）植株的 CO_2 固定速率相对值是________。

③由图 7-16 可知，去除棉铃后，植株叶片中________________增加。已知叶片光合产物会被运到棉铃等器官并被利用，因此去除棉铃后，叶片光合产物利用量减少，________降低，进而在叶片中积累。

④综合上述结果可推测，叶片中光合产物的积累会________光合作用。

⑤一种验证上述推测的方法为：去除植株上的棉铃并对部分叶片遮光处理，使遮光叶片成为需要光合产物输入的器官，检测________叶片的光合产物含量和光合速率。与只去除棉铃植株的叶片相比，若检测结果是________________，则支持上述推测。

（2）研究者用仪器检测拟南芥叶片在光–暗转换条件下 CO_2 吸收量的变化，每 2 秒记录一个实验数据并在图中以点的形式呈现（见图 7-17）。

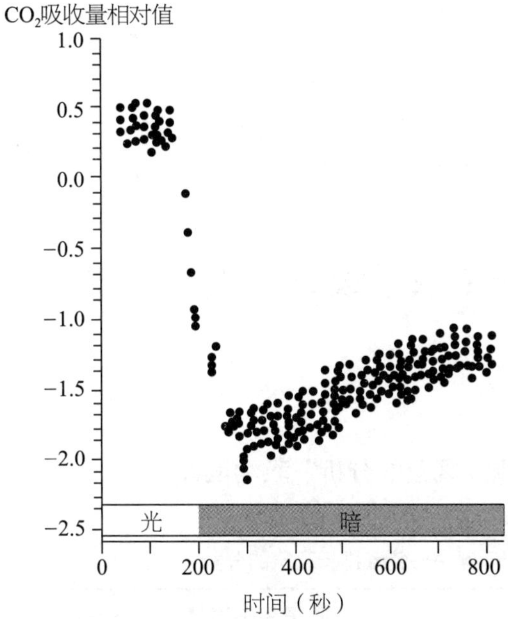

图 7-17　不同时长的光照强度对拟南芥 CO_2 吸收量的影响

①在开始检测后的200秒内，拟南芥叶肉细胞利用光能分解________，同化 CO_2。而在实验的整个过程中，叶片可通过________将储藏在有机物中稳定的化学能转化为________________和热能。

②图中显示，拟南芥叶片在照光条件下，CO_2 吸收量在________ $\mu mol/m^2 \cdot s$ 范围内，在300秒时 CO_2________达到 $2.2\mu mol/m^2 \cdot s$。由此得出，叶片的总（真实）光合速率大约是________ $\mu mol\ CO_2/m^2 \cdot s$。（本小题所填数值保留到小数点后一位）

③从图7-17还可看出，在转入黑暗条件下100秒以后，叶片的 CO_2 释放________，并达到一个相对稳定的水平，这提示在光下叶片可能存在一个与在黑暗中不同的呼吸过程。

④为证明叶片在光下呼吸产生的 CO_2 中的碳元素一部分来自叶绿体中的五碳化合物，可利用________________技术进行探究。

第三节
选择性必修 1 教学设计案例

案例 8：“免疫排斥现象的分析”教学设计

表 7-12 教学设计示例——免疫排斥现象的分析

<table>
<tr><td colspan="4">教学基本信息</td></tr>
<tr><td rowspan="2">教学内容</td><td>教学主题</td><td colspan="2">免疫排斥现象的分析</td></tr>
<tr><td>章节目录</td><td colspan="2">选择性必修 1 第 4 章第 4 节</td></tr>
<tr><td>课型</td><td>复习课</td><td>授课班级</td><td>高三（5）班</td></tr>
<tr><td>授课时间</td><td>2019 年 5 月</td><td>授课地点</td><td>高三（5）班</td></tr>
<tr><td>授课教师</td><td>常振宇</td><td>辅助手段</td><td>多媒体</td></tr>
<tr><td colspan="4">学习目标与教学策略</td></tr>
<tr><td>单元教学目标</td><td colspan="3">【内容要求】免疫系统能够抵御病原体的侵袭，识别并清除机体内衰老、死亡或异常的细胞，实现机体稳态
【学业要求】结合日常生活中的情境，分析说明人体通过免疫系统的调节作用对内外环境的变化作出反应，以维持内环境稳态</td></tr>
<tr><td>本节课在单元教学中的地位</td><td colspan="3">本节课内容属于高中生物选择性必修 3“稳态与环境”这一模块中第 4 章“免疫调节”。本课内容历来是等级考中的重点。本课通过在器官移植这一具体情境中发现的免疫排斥和“免疫耐受”两种现象，引领学生不断分析两个过程中的现象、假设、新实验验证和应用，体会生物学是一门实验学科，讲究实验证据。最终通过器官捐献培养学生正确的生命观。通过本课的学习，学生应当能从系统分析的角度认识个体生命系统的稳态，形成稳态与平衡观</td></tr>
</table>

（续表）

<table>
<tr><td rowspan="4">课时学习目标确定依据</td><td rowspan="2">课标分析</td><td>内容要求</td><td>讨论器官移植与组织相容性抗原的关系，探讨干细胞移植的价值</td></tr>
<tr><td>学业要求</td><td>认识到仅靠目前的医疗技术和科技发展水平，并不能解决供体器官的短缺问题，认同器官捐献</td></tr>
<tr><td>内容分析</td><td colspan="2">本课伊始通过分析器官移植的困境和器官捐献证书的展示培养学生的社会责任，然后在免疫排斥问题的解决过程中，引领学生不断分析实验过程中的现象、假设、新实验验证和应用，培养学生的科学探究和科学思维。通过几个问题的探讨使学生理解生命的复杂性，最后指出破解现在器官移植困境最有前景的方法——异种器官移植，体会科学技术发展对此方法的巨大推动作用</td></tr>
<tr><td>学情分析</td><td colspan="2">在知识方面，通过高二新授课的学习和高三的复习，大多数学生对体液免疫和细胞免疫的相关知识都已熟练掌握，同时学生对假说-演绎的科学方法也有一定的认知，这为本节课的开展打下坚实基础
在能力方面，学生初步具备了实验设计能力，并能对实验现象和结果进行解释、分析与处理。但学生在设计新实验验证假设时分析问题不全面，需要教师引导。同时在分析实验结果时，往往理解不到位，有时只是停留在口头，不愿动手写，需要教师在巡视过程中及时发现学生的问题并进行指导
情感态度与价值观方面，学生对器官移植这一现象很感兴趣，同时学生已经认识到生物是一门实验科学，大多数学生都认同可以通过生物学实验证实或证伪自己对某一现实世界中的生物学问题作出的假说，在课堂的讨论中，学生都乐于与同学分享自己的观点，这为本课顺利实施打下基础</td></tr>
<tr><td>学习目标</td><td colspan="3">（1）通过对免疫排斥的分析，得出在器官移植中主要通过细胞免疫产生免疫排斥
（2）尝试提出假设并进行科学的实验设计验证假设
（3）运用假说-演绎的科学方法培养学生分析问题解决问题的能力
（4）体会生命现象和生命规律的复杂性，形成正确的生命观</td></tr>
<tr><td>评估任务</td><td colspan="3">（1）应用特异性免疫应答解释不同品系小鼠皮肤移植时的免疫排斥现象
（2）利用逆向思维提出新的实验方案验证假设
（3）结合资料解释免疫耐受现象
（4）结合所学知识针对目前器官移植短缺问题提出可行的解决方案</td></tr>
<tr><td>教学策略</td><td colspan="3">任务驱动、探究式教学</td></tr>
</table>

（续表）

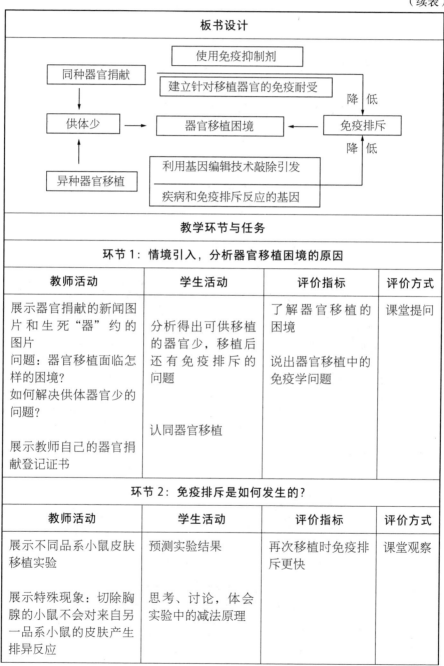

<table>
<tr><th colspan="4">板书设计</th></tr>
<tr><td colspan="4">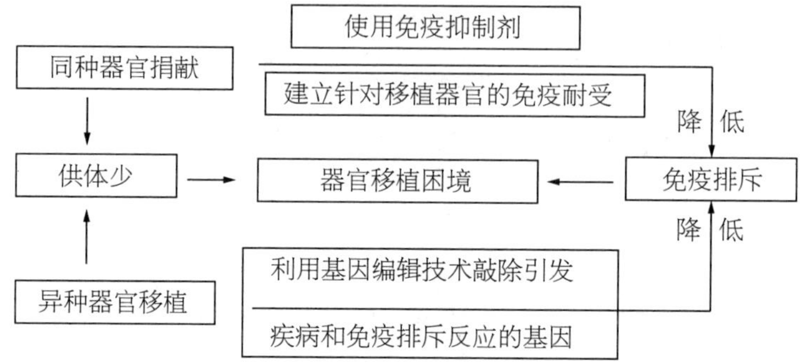
</td></tr>
<tr><th colspan="4">教学环节与任务</th></tr>
<tr><th colspan="4">环节 1：情境引入，分析器官移植困境的原因</th></tr>
<tr><th>教师活动</th><th>学生活动</th><th>评价指标</th><th>评价方式</th></tr>
<tr><td>展示器官捐献的新闻图片和生死“器”约的图片
问题：器官移植面临怎样的困境?
如何解决供体器官少的问题?

展示教师自己的器官捐献登记证书</td><td>分析得出可供移植的器官少，移植后还有免疫排斥的问题

认同器官移植</td><td>了解器官移植的困境

说出器官移植中的免疫学问题</td><td>课堂提问</td></tr>
<tr><th colspan="4">环节 2：免疫排斥是如何发生的?</th></tr>
<tr><th>教师活动</th><th>学生活动</th><th>评价指标</th><th>评价方式</th></tr>
<tr><td>展示不同品系小鼠皮肤移植实验

展示特殊现象：切除胸腺的小鼠不会对来自另一品系小鼠的皮肤产生排异反应</td><td>预测实验结果

思考、讨论，体会实验中的减法原理</td><td>再次移植时免疫排斥更快</td><td>课堂观察</td></tr>
</table>

（续表）

展示层层深入的实验（做减法），引导学生提出免疫排斥的合理假说 继续研究：你还能提出一种验证上述推测的方法吗？ 引发学生思考并讨论器官移植术后免疫排斥的防治 展示常见的免疫抑制剂及作用机理	作出合理假设 从加法原理的角度，在初次移植时注射已发生免疫排斥的同种小鼠体内的成熟T细胞，会使免疫排斥的时间提前 使用免疫抑制剂抑制细胞免疫的发生以降低免疫排斥的发生概率	说出免疫排斥需要胸腺中的T细胞的假设 能运用逆向思维设计实验验证假设 联系生活实际，体验免疫学在现实生活中的运用	学案达成情况 学案达成情况
环节3：如何理解免疫不排斥？			
教师活动	**学生活动**	**评价指标**	**评价方式**
通过眼角膜这一“免疫豁免区”引出免疫不排斥 展示：不同品系大鼠的肝移植实验 展示：科学家进一步研究“免疫耐受”机理的实验数据 继续研究：如果这一假设是正确的，你还能提出一种验证上述推测的方法吗？ 你认为新的实验组会得出什么结论？ 综合所学知识，提出既能克服免疫排斥反应，又能避免免疫抑制剂副作用的新的医学途径	阅读与思考 分析乙组实验的独特性，产生认知冲突：思考B品系给L品系移植时为何会出现“免疫耐受”的现象 结合学案尝试提出合理假设解释“免疫耐受” 应用逆向思维，用IL-2缺陷型的L品系大鼠重复乙组实验，并与甲、乙两组大鼠生存率进行比较作出假设 应用实验结果解决实际问题	能够获取信息找出异常现象 找到两组实验的区别在于IL-2分子在不同时间发挥了截然相反的两种作用（既是“油门”，也是“刹车”），导致免疫排斥和免疫耐受 预期实验结果刚好与已知结果相反 能通过本环节中的问题串感受到免疫系统的复杂性	学案达成情况 学案达成情况 课堂观察

（续表）

环节 4：怎样解决异种器官移植之间的免疫排斥？			
教师活动	学生活动	评价指标	评价方式
情境回归：捐献志愿者的增加并不能从根本上改变器官移植供体少的困境 展示基因改造过的猪心脏被同位移植到狒狒体内的实验 学案展示：异种器官移植面临的两大问题——超急性免疫排斥（抗体参与）和病毒传染，引导学生思考解决方法 展示科学家的实验流程。克隆技术和 CRISPR-Cas9 等基因编辑技术使异种器官移植实验获得重大突破	思考自然衰老死亡个体可用于移植的器官较少，猝然离世的概率又较低等问题 感受最新生物科技前沿 分析引导学生采用基因编辑的方法对猪进行基因修饰 印证猜想	重新考虑器官移植困境 展示最新科技前沿 培养学生运用所学知识解决问题的能力 能够认同除认同器官移植以外，还要通过不断发展的科学技术解决器官移植供体少的困境	课堂观察 学案达成情况 课堂观察
课后自评			
（1）本课紧密联系学生的生活实际，依托器官移植过程中的排斥与不排斥，引领学生体会免疫学知识在现实生活和最新异体器官移植的医学研究中的应用，形成完整的知识体系 （2）突出生物学实验学科的特点，在免疫排斥和“免疫耐受”假设的验证实验分析过程中引导学生体会实验设计的“减法原理”和“加法原理”，体验生物学研究的思想和方法。不断提升学生的逆向思维和批判性思维，并带领学生体会逆向工程和逆向设计在现实社会中的运用，培养学生跨学科的能力，感知创意在今天这个互联网时代的重要性 （3）在课程最后通过不断追问使学生体会到他（她）觉得已经很明白的知识背后仍有很多谜团未曾解开，体会生命现象和生命规律的复杂性以及生命的独特性，激发学生继续探索的兴趣和热情 （4）通过教师本人的器官捐献证书的展示，言教不如身教，于无声处教育学生形成正确的生命观			

“免疫排斥现象的分析”学案及课堂评价资料

任务 1：免疫排斥是如何发生的？

根据图 7-18，分析不同品系小鼠皮肤移植实验。

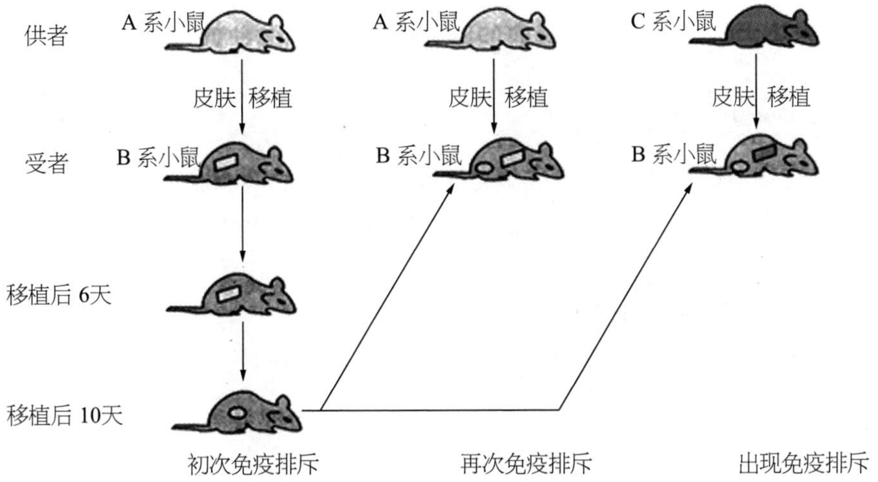

图 7-18 不同品系小鼠皮肤移植实验

据此推测：在不同品系小鼠之间移植皮肤时，供体皮肤作为____________诱导受体小鼠产生____________，大量裂解供体皮肤细胞，产生免疫排斥。

继续研究：你还能提出一种验证上述推测的方法吗？

任务 2：如何理解免疫不排斥？

科研人员利用 B、L 两个品系的大鼠进行肝移植实验，统计手术后的大鼠生存率，得到图 7-19 所示实验结果（移植关系用“供体→受体”表示）。

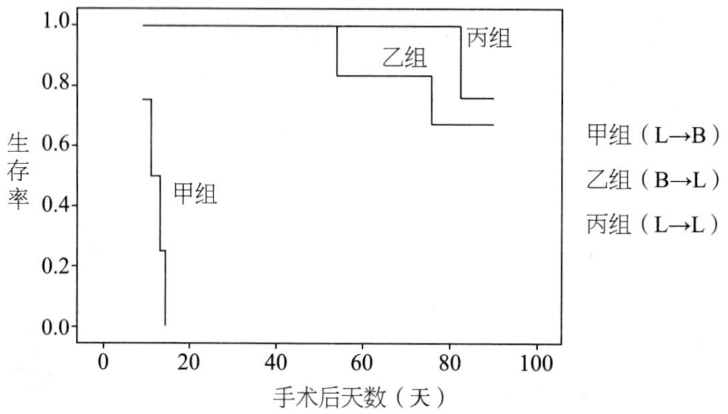

图 7-19　两个品系大鼠肝移植后的生存率变化

（1）哪组大鼠出现了“免疫耐受”？

（2）为进一步研究“免疫耐受”机理，科研人员测定了上述三组大鼠血清中淋巴因子 IL-2 的含量，结果如图 7-20 所示。

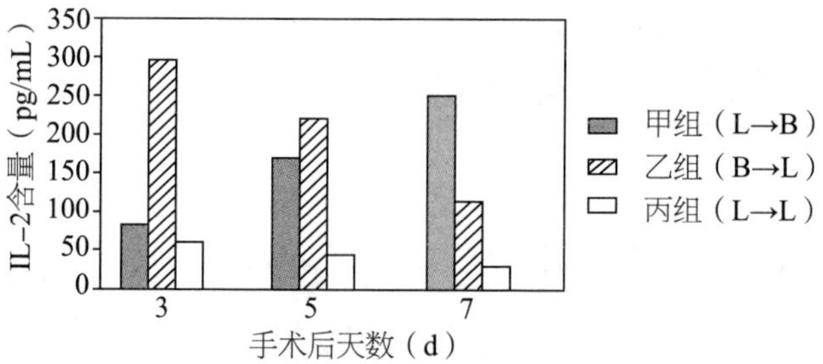

图 7-20　两个品系大鼠肝移植后血清 IL-2 含量的变化

①据图分析，甲组大鼠在第 3~7 天 IL-2 的表达量显著增高与该组大鼠出现免疫排斥反应相一致，推测 IL-2 能够________________甲组大鼠 T 淋巴细胞的增殖和分化。

②乙组大鼠在第 3~5 天体内 IL−2 表达量很高，并且发现大量 T 淋巴细胞的凋亡，由此推测，乙组大鼠手术后 3~5 天高表达量的 IL−2 的作用是________________，从而建立免疫耐受。

③一种验证上述推测的新实验方法为：用________________的 L 品系大鼠重复乙组实验，并与甲、乙两组大鼠生存率进行比较。

预期新实验结果：

任务 3：如何解决异种器官移植中的免疫排斥问题?

科学家发现，大多数的人体免疫反应是针对一个单一的猪抗原：细胞表面一种称为 α−1，3−半乳糖（简称为 α−乳糖）的糖分子能在几分钟内引起器官排斥。α−半乳糖基转移酶是产生这种糖的必需酶，敲除该基因能够减轻排斥反应。

猪基因组中携带有一种病毒 PERVs 可能会感染人类细胞。此病毒的关键基因 pol 编码是一种逆转录酶，让病毒能够藏进其他物种的基因组里。这个基因很“狡猾”，在猪的肾上皮细胞里，它足足在基因组中留了 62 套备份。若能全部敲除它们，就能防止病毒侵染人体。

“免疫排斥现象的分析”课后评价习题设计

我国科学家发现，疫苗与佐剂 S 一起使用，可使机体的免疫应答更强烈、持久。为揭示其机理，科研人员进行了系列研究。

（1）如图 7-21 所示，接种疫苗后，疫苗中的蛋白质成分作为抗原被吞噬细胞通过________作用摄取形成吞噬小体。在 R-G 作用下，吞噬小体中的抗原被处理成抗原肽，呈递给________细胞，产生免疫应答。当细胞内的 R-G 过多时，吞噬小体与溶酶体融合，形成吞噬溶酶体，抗原被________，免疫应答受阻。

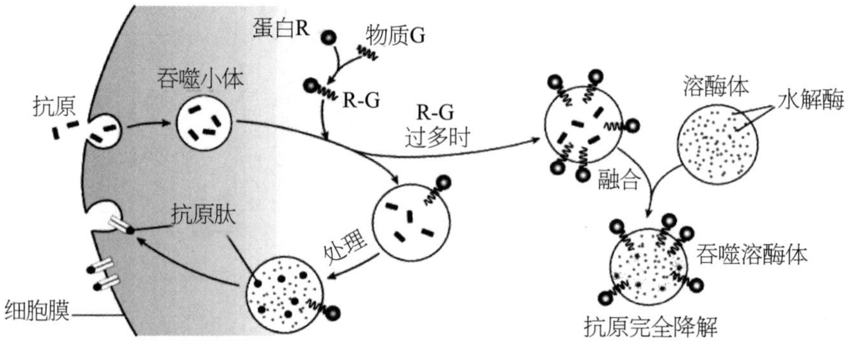

图 7-21　注射疫苗后吞噬细胞内的免疫应答机制

（2）研究者推测佐剂 S 通过影响体内物质 G 的合成，进而影响对疫苗的免疫应答。为验证该推测，研究者分别给四组小鼠注射表相应物质，一段时间后，测定四组小鼠抗体水平，其结果如表 7-13、图 7-22 所示。

表 7-13　被注射有关物质后的小鼠抗体水平

注射成分	第 1 组	第 2 组	第 3 组	第 4 组
疫苗	+	Ⅱ	+	+
佐剂 S	−	−	Ⅲ	+
物质 G	Ⅰ	+	−	Ⅳ

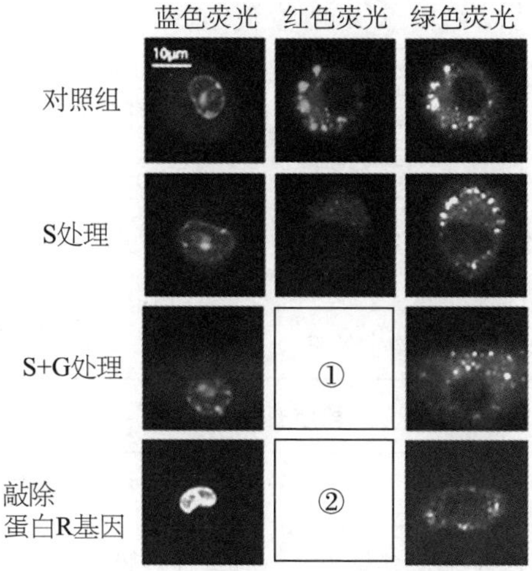

图 7-22　不同物质处理后吞噬细胞内结构变化

注："+"表示注射，"-"表示不注射。

①请完善表格内容，表格中Ⅰ、Ⅱ、Ⅲ、Ⅳ依次应为________（填写"+"或"-"）。

②测定结果显示第3组抗体水平显著高于其他三组，说明佐剂S可________体内物质G的合成。

（3）研究者将体外培养的吞噬细胞分组进行图7-19所示处理，各组细胞进一步用蓝色荧光标记细胞核，红色荧光标记细胞内的吞噬溶酶体，再加入绿色荧光标记的抗原，温育相同时间后，荧光显微镜下进行观察。各组细胞中的荧光分布如图7-22所示。

据图中实验结果判断，图7-22中①②两处结果应分别为________和________（选填图片下方字母）。

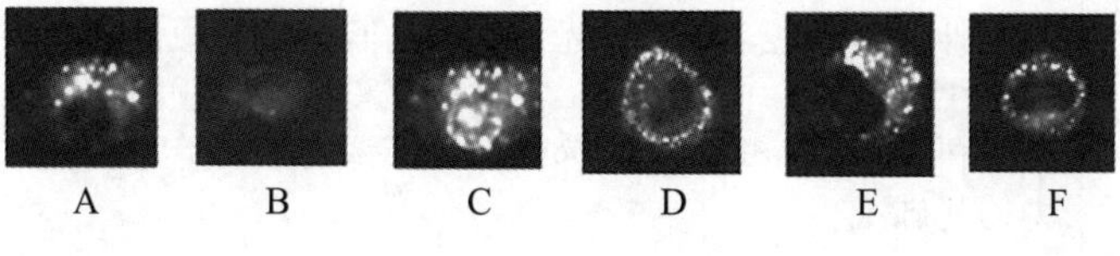

（4）研究发现，佐剂S处理能使抗原在吞噬细胞中停留的时间延长。综合上述研究，推测佐剂S通过________，加强机体免疫应答。

案例9：“植物生长素”教学设计

表7-14 教学设计示例——植物生长素

<table>
<tr><th colspan="4">教学基本信息</th></tr>
<tr><td rowspan="2">教学内容</td><td>教学主题</td><td colspan="2">植物生长素</td></tr>
<tr><td>章节目录</td><td colspan="2">选择性必修1第5章第1节</td></tr>
<tr><td>课型</td><td>新授课</td><td>授课班级</td><td>高二（8）班</td></tr>
<tr><td>授课时间</td><td>2020年10月</td><td>授课地点</td><td>高二（8）班</td></tr>
<tr><td>授课教师</td><td>任智安</td><td>辅助手段</td><td>实验成果演示；PPT</td></tr>
<tr><th colspan="4">学习目标与教学策略</th></tr>
<tr><td>单元教学目标</td><td colspan="3">【内容要求】植物生命活动受到多种因素的调节，其中最重要的是植物激素的调节
【学业要求】基于植物激素在生产生活中应用的相关资料，结合植物激素和其他因素对植物生命活动的调节，分析并尝试提出生产实践方案（科学探究、社会责任）</td></tr>
<tr><td>本节课在单元教学中的地位</td><td colspan="3">本节课是第5章“植物生命活动的调节”的第一节，开启了学习植物生命活动调节的序章，对后续章节内容的学习具有承接作用。本节课内容按科学史发展进程，以达尔文等科学家通过向光性实验发现植物生长素为中心内容，展现了科学探究的方法、论证逻辑和复杂性。解释了植物向光性的原理，提出了生长素在胚芽鞘尖端极性运输的概念，解释了生长素作用特点——两重性，列举生长素促进细胞伸长等功能，提出向光性现象的其他解释假说。本节课是发展学生生命观念、科学思维、科学探究和社会责任的良好途径，本节课学科核心素养的发展将为后续几节课的学习奠定知识、方法和能力的基础</td></tr>
</table>

（续表）

<table>
<tr><td rowspan="4">课时学习目标确定依据</td><td rowspan="2">课标分析</td><td>内容要求</td><td>概述科学家经过不断的探索，发现了植物生长素，并揭示了它在调节植物生长时表现出的两重性：既能促进生长，也能抑制生长</td></tr>
<tr><td>学业要求</td><td>（1）通过概述生长素的发现过程，认同科学探究需要大胆的推测、严谨的实验、认真的观察和严密的逻辑分析，科学的进步需要一代又一代科学家的努力
（2）说明生长素的作用特点，阐释生物学中的适度与平衡观念，并运用这一观念分析解决现实中的问题</td></tr>
<tr><td>内容分析</td><td colspan="2">本节内容以生长素的发现史为线索，呈现了科学探究的方法和一代又一代科学家的探索精神。经过多代科学家的接力，揭开了植物相关生长的奥秘。在单侧光刺激下，胚芽鞘尖端产生的生长素从向光侧运输到背光侧，再极性运输到尖端下方，引起相关生长。说明了生长素作用的特点——两重性。列举了生长素在其他方面的功能</td></tr>
<tr><td>学情分析</td><td colspan="2">通过前四章的学习，学生对于本模块的稳态与平衡等生命观念有一定程度的发展，对于生命活动调节的研究方法、调节机理、调节特点均有了一定程度的掌握。因此，学生从学科素养、科学研究方法等方面具备了很好的基础。另外，植物生命活动的调节相关的现象或情境与学生生活体验及生活中的观察思考有一定的距离，需要教学中提供适合学生前认知的情境</td></tr>
<tr><td>学习目标</td><td colspan="3">（1）概述科学家经过不断探索发现植物生长素的过程中如何提出假设和设计实验
（2）通过生长素发现实验的结果，解释植物向光性生长现象，归纳植物激素的概念
（3）通过生长素发现的系列实验，评价系列实验的关联和设计思路
（4）认同几代科学家接力完成科学探究的科学精神</td></tr>
<tr><td>评估任务</td><td colspan="3">（1）观察达尔文实验的现象，得出相应的结论，能提出结论中进一步需要探索的问题
（2）根据拜尔实验结果，得出相应的结论
（3）根据詹森实验的结果，得出相应的结论
（4）分析温特实验的思路、过程和结果，得出相应的结论
（5）根据系列探索实验，解释植物向光性生长的现象
（6）根据生长素发现实验中生长素的产生、运输、作用等特点，归纳植物激素的概念</td></tr>
</table>

（续表）

教学策略	学教评一致；小组合作；探究式学习；

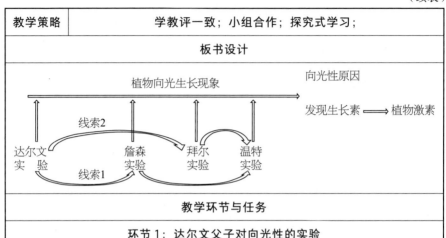

板书设计

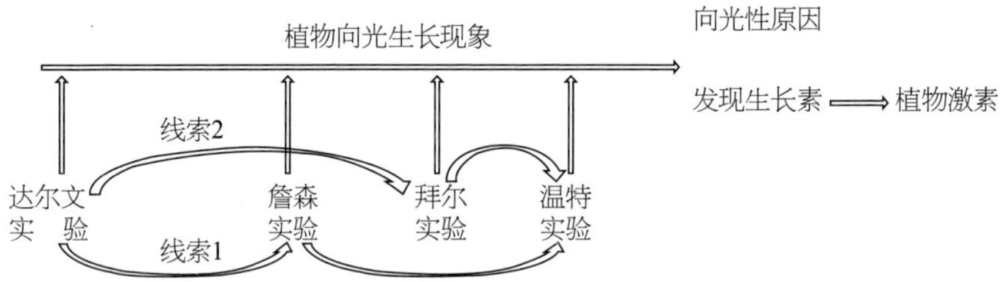

教学环节与任务

环节 1：达尔文父子对向光性的实验

教师活动	学生活动	评价指标	评价方式
真实情境引入，展示课前两周做的向光生长的幼苗，提出问题：“你看到了什么现象？平时生活中你遇见过这样的现象吗？怎么解释这种生长现象？”	观察小麦幼苗向光生长的实验结果，思考、讨论、尝试回答问题	能提出“向光生长”，能认识到向光生长有利于植物得到更多阳光，能更有利于光合作用，有利于幼苗生长。提出幼苗对环境的适应性生长	课堂观察，课堂交流 情境案例分析 回答情境案例问题
对学生的讨论、回答给予引导，给予积极评价。引导解答上述问题 引出达尔文关注此现象的科学史，引出达尔文父子的实验。	聆听，交流，思考		
引导学生分析达尔文实验的结果和结论 总结分析达尔文实验的结果与结论 “胚芽鞘尖端受到单侧光刺激后，就向下面的伸长区传递某种‘影响’，造成伸长区背光面比向光面生长快，因而向光弯曲”	聆听，思考，回答教师提出的问题		课堂观察，课堂提问 问题回答

（续表）

提出问题：关于向光性的解释，达尔文实验的结论还有哪些因素没有确定？或者达尔文实验的结论，是否完全解释清楚了向光性生长的原因？ 引导分析问题，给予积极评价。提出达尔文实验结论存在的两个未知：影响是什么，弯曲生长的原因是什么？ 由此问题，过渡到环节2	进一步思考、讨论，回答问题 聆听，思考，尝试回答问题，与教师和同学交流	能提出“影响是什么”和“弯曲生长的原因”两个方面的问题	课堂观察，课堂交流
环节2：詹森、拜尔和温特关于向光性的实验			
教师活动	**学生活动**	**评价指标**	**评价方式**
讲述达尔文实验遗留的“悬念”和后续科学家在该实验的影响下继续探究的实验历程。 利用PPT展示詹森实验，引导学生分析实验结果得出结论。 引导学生回答，总结得出“影响”是可以由尖端向尖端下方传递的 利用PPT展示拜尔实验，引导学生分析实验结果得出结论。 引导学生回答，总结得出“弯曲生长原因是尖端产生的影响不均导致的” 利用PPT展示温特实验，引导学生分析实验结果得出结论。 “影响”是物质，弯曲生长是“影响”在尖端下方分布不均导致的。该物质被称为“生长素” 进一步引导学生评价该实验的设计思路与拜尔实验、詹森实验的关系，对向光性系列实验给出自己的评价	聆听，感受科学研究的传承与接力精神 观察、思考、讨论、回答詹森实验的结果与结论 观察、思考、讨论、回答拜尔实验的结果与结论 观察、思考、讨论、回答温特实验的结果与结论 对四个探究实验整体上给予分析评价	根据詹森实验的结果，得出相应的结论 根据拜尔实验结果，得出相应的结论 根据温特实验的结果，分析得出结论。主要是“影响是物质”和“弯曲生长是因为影响分布不均导致”两个方面 能从科学家传承、接力、不放弃、严谨等角度分析总结	课堂观察，课堂交流 实验现象的分析与解释 问题回答表现型评价 实验现象的分析与解释 实验现象分析 问题回答表现型评价

（续表）

环节 3：向光生长机理			
教师活动	学生活动	评价指标	评价方式
对向光性现象科学探究的两条线索进行归纳讲解，引导学生对植物向光性作出完整解释 对学生的总结和阐述给予积极肯定和引导，对不足之处给予补充和指正	聆听，思考向光性生长的原因 利用四个实验的结论，归纳向光生长的原因，作出全面合理的解释	概述植物向光生长的机理	问题的回答阐述，表现型评价
环节 4：归纳植物激素的概念			
教师活动	**学生活动**	**评价指标**	**评价方式**
提出问题：在植物向光生长的活动中，生长素的调节有什么特点？和动物激素调节生命活动，有何异同？ 引导学生思考、回答上述问题。结合动物激素调节特点，从合成、运输、调节、含量、效果等方面讨论回答	聆听、思考问题 讨论、回答问题 与同学和教师交流，在教师引导下，结合对动物激素的前认知，归纳出植物激素的概念	归纳出“植物激素”的概念	课堂观察，课堂提问 问题回答
课后自评			
“植物生长素”这一节内容，对教师来说往往是难教的一节课。教师对教学知识体系紧凑的课型比较容易把握。这节课内容主要是生长素发现的科学史，并且科学史是实验性质的，还不止一个科学实验，至少四个，相互有承接的关系。这意味着教学中须分析每一个科学探究实验，还需要总体分析所有的科学探究实验。科学探究本身就属于学科核心素养中较难发展的，从能力角度来讲，科学探究也属于较高难度的。因此，本节课教学难度大			

（续表）

本节教学设计从学教评一致性理念出发，从课标中单元和课时的内容要求、学业要求出发，参考教材单元末的素养发展要求，结合教学内容和学情，制定了相应的学习目标。制定的学习目标可教、可学、可测。教学中，将科学史实验按两条线索推进探究分析，线索来自达尔文父子实验结论中的两个“未知”：“影响”是什么，“向光弯曲生长的原因”是什么。科学史实验学习路径分别是“达尔文—詹森—温特”和“达尔文—拜尔—温特”
教学中课前由教师完成了禾本科植物幼苗向光生长的实验，学案中补充了达尔文父子实验的背景资料，这些情境资料都为课堂中学生分析实验提供了有力支撑。学习环节中，突出了学生对科学史实验设计的思考，突出了学生对科学史实验结果的分析，同时教师补充了学生对科学史实验的评价。整节课可以说实现了“一境到底”，即“植物向光生长的原因”，通过对这个问题的归因分析，完成系列科学史的探究学习
在植物向光性原因的追溯过程中，学生对植物生命活动的调节有了认识，了解了生长素和植物向光性的关联，由此出发，引导学生归纳出“植物激素”的概念

“植物生长素”学案及课堂评价资料

一、达尔文父子关于植物向光生长的实验

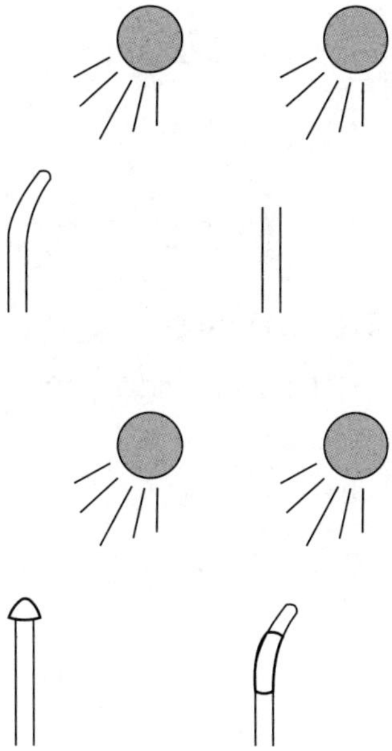

图 7-23　达尔文的实验示意图

（1）达尔文寻找的植物看见光的“眼睛”是什么？

（2）概述达尔文实验的实验结果。

（3）达尔文实验结果得出的结论是什么？

（4）实验结论能否解释向光生长，有哪些问题还没有揭示？

二、詹森实验

（1）概述实验结果。

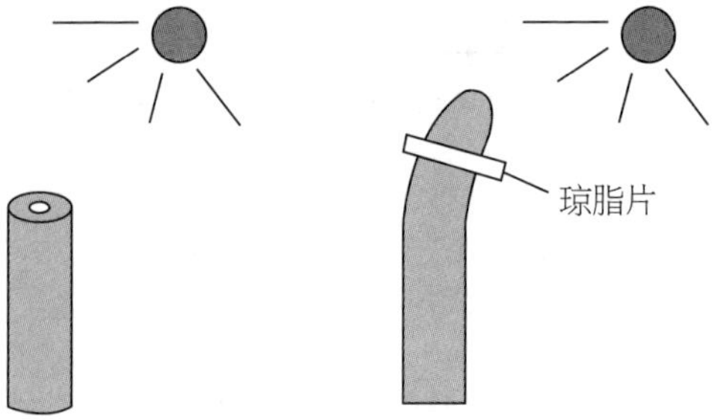

（2）实验结论是什么？

图 7-24　詹森的实验示意图

三、拜尔实验

（1）概述实验结果。

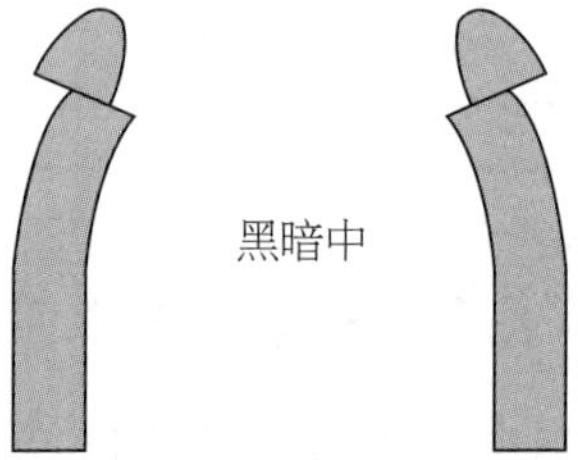

（2）实验结论是什么？

图 7-25　拜尔的实验示意图

四、温特实验

（1）概述实验结果。

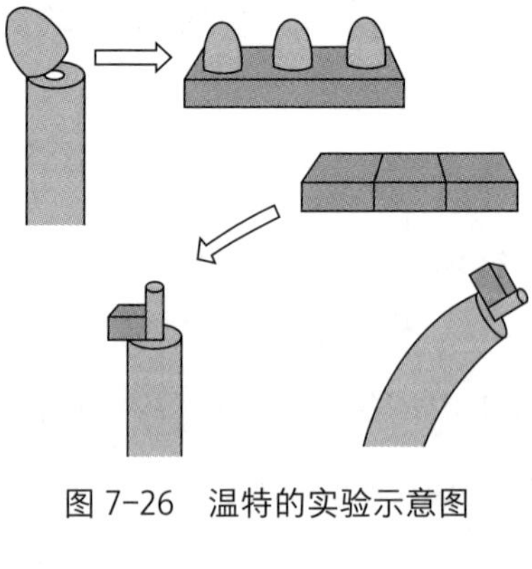

（2）实验结论是什么？

图 7-26　温特的实验示意图

“植物生长素”课后评价习题设计

（1）下列关于植物生长素的科学发现史，叙述错误的是（　　）。

A. 达尔文的实验提出胚芽鞘尖端受单侧光刺激后向下面的伸长区传递某种“影响”

B. 詹森的实验证明胚芽鞘尖端产生的影响可以透过琼脂片

C. 拜尔的实验证明胚芽鞘的弯曲生长是尖端产生的影响在下部分布不均匀造成的

D. 温特的实验证明胚芽鞘的弯曲生长确实是一种化学物质——吲哚乙酸引起的

（2）经过一代又一代科学家的探索，最终通过实验证明胚芽鞘弯曲生长是某种化学物质引起的。下列有关温特实验的叙述，错误的是（　　）。

A. 詹森的实验启发温特用琼脂块收集某种化学物质

B. 与拜尔的实验不同，温特的实验可以在光照条件下进行

C. 设置空白对照组可以排除琼脂块本身对实验结果的影响

D. 温特发现单侧光下胚芽鞘伸长区两侧吲哚乙酸分布不均

（3）某研究小组切取某种植物胚芽鞘的顶端，分成甲、乙两组（见图 7-27），按如图所示的方法用琼脂块收集生长素，再将含有生长素的琼脂块置于去顶胚芽鞘切段的一侧，一段时间后，测量胚芽鞘切段的弯曲程度（α 角），测得数据见下表，据此回答问题。

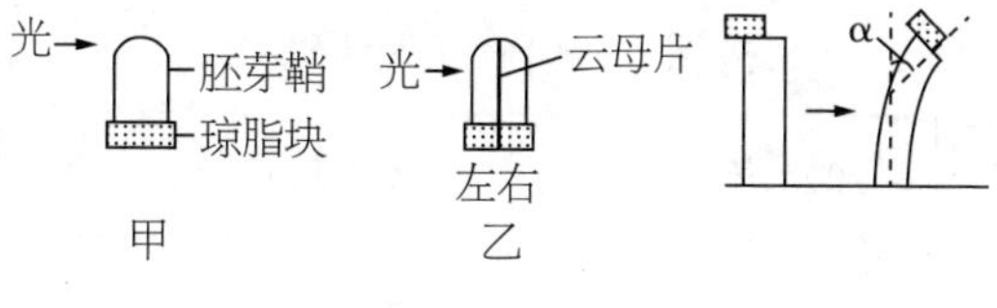

图 7-27　实验示意图

<table>
<tr><td>分组</td><td rowspan="2">甲</td><td colspan="2">乙</td></tr>
<tr><td>琼脂块</td><td>左</td><td>右</td></tr>
<tr><td>α 角/度</td><td>20.4</td><td>9.0</td><td>9.1</td></tr>
</table>

①生长素在胚芽鞘中的运输属于极性运输，这种运输的方向是____。

②上图中 α 角形成的原因是____。

③据表可知乙组中左、右两侧的琼脂块所引起的 α 角基本相同，但小于甲琼脂块所引起的 α 角，原因是____。

案例 10：“环境因素参与植物生命活动调节”教学设计

表 7-15　教学设计示例——环境因素参与植物生命活动调节

<table>
<tr><th colspan="4">教学基本信息</th></tr>
<tr><td rowspan="2">教学内容</td><td>教学主题</td><td colspan="2">环境因素参与植物生命活动调节</td></tr>
<tr><td>章节目录</td><td colspan="2">选择性必修 1 第 5 章第 4 节</td></tr>
<tr><td>课型</td><td>新授课</td><td>授课班级</td><td>高二（7）班</td></tr>
<tr><td>授课时间</td><td>2021 年 11 月</td><td>授课地点</td><td>高二（7）班</td></tr>
<tr><td>授课教师</td><td>任智安</td><td>辅助手段</td><td>实验教学；多媒体</td></tr>
</table>

（续表）

<table>
<tr><th colspan="4">学习目标与教学策略</th></tr>
<tr><td>单元教学目标</td><td colspan="3">【内容要求】植物生命活动受到多种因素的调节，其中最重要的是植物激素的调节
【学业要求】基于光照、温度和重力等环境因素对植物生长发育的认识，分析和解决生产和生活中的一些实际问题</td></tr>
<tr><td>本节课在单元教学中的地位</td><td colspan="3">本节课是本单元最后一节课，从内容上分析，本节内容是全章内容的集合和归纳，形成了单元概念和跨单元概念。在发展单元教学目标中，本节课的地位作用突出，学生在比较归纳、分析综合实验现象过程中，通过对实验现象和实验设计进行归因推理，最终完成跨越模块的概念“植物生命活动的整体调控”。本节内容是完成课程目标、模块学习目标、单元学习目标的良好载体</td></tr>
<tr><td rowspan="3">课时学习目标确定依据</td><td rowspan="3">课标分析</td><td rowspan="2">课标摘录</td><td>【内容要求】1.6.4：概述其他因素参与植物生命活动调节，如光、重力和温度等</td></tr>
<tr><td>【学业要求】基于光照、温度和重力等环境因素对植物生长发育的认识，分析和解决生产和生活中的一些实际问题</td></tr>
<tr><td>课标分析</td><td>从内容分析，本节课学生需要学到以下内容：光等环境因素作为信号，参与调节植物生长、发育的全过程。环境因素、激素调节和基因表达调控相互影响共同调节植物生命活动。在单元框架内，学习植物生命活动调节的复杂性和整体性
从“概述”要求分析，需构建环境因素参与调节植物生命活动反应机制流程图，需构建植物生命活动调节具有整体性的概念模型
从学业要求分析，在构建概念过程中，发展生命观念、科学思维、科学探究和社会责任四项核心素养。在此基础上，对生产和生活中的实际问题进行科学分析，提出科学解决方案</td></tr>
</table>

（续表）

<table>
<tr><td rowspan="2">课时学习目标确定依据</td><td>内容分析</td><td>本节内容是本单元最后一节，从内容分析来看，本节是单元教学中具有概括性的一节课。在激素调节的复杂性基础上，以实验结果分析和资料阅读的方式，加入环境因素参与调节植物生命活动的内容
本节内容主要以光为重点因素，辅以温度和重力因素，将水作为信号调节的内容放置于课后习题中，供本节课学习完迁移应用。光调节反应机制图和本节内容逻辑结构适合用模型建构的思维学习本节重难点，因此，本节课组织内容宜少而精，突出重难点。从分子水平阐述了环境信号感知—信号转导—基因表达—蛋白质—生物学效应的调节路径
从内容载体来分析，本节内容适合发展信息观、系统观、稳态与平衡观、进化与适应观、结构与功能观等生命观念；在概念建构中充分利用归因、推理、演绎论证、归纳比较等科学思维。从课堂实验分析和课外实践栏目来分析，本节课是发展科学探究素养的良好载体，结合生产生活实际，结合本单元前几节内容，培养学生关注科学—技术—社会方面的议题，并能提出合理的解决方案</td></tr>
<tr><td>学情分析</td><td>学生学习完前四章，对于生命活动的稳态与调节有一定的认识，具备了动物激素调节的相关知识，具备一定程度的信息观、稳态与平衡观等生命观念，科学思维和科学探究素养都有一定的基础，并能关注与调节有关的生活、健康、科技等方面的议题
学习完第五章前三节，但是对于植物生命活动调节，仅停留在激素调节的层面，对于环境因素参与、基因表达层面调控处于未知状态。学生对于光、水、温度等因素的前认知，停留在这些因素是植物的能量、营养和保障酶活性的层面。授课班级学生选课组合为纯理科，具备一定的科学思维和科学探究能力，但整体学习能力一般</td></tr>
<tr><td>学习目标</td><td colspan="2">（1）通过分析实验、资料阅读和模型建构，树立以下观念：环境因素作为信号被感知后，通过信号转导等机制参与调节植物生命活动；不同生物感知环境因素的方式和效应不同，是长期自然选择适应环境的结果；植物生命活动是环境因素、激素调节和基因表达共同作用整体调控；不同环境激素参与调节时依赖植物细胞不同结构的受体
（2）对不同条件下莴苣种子萌发结果比较、归纳、归因、推理，得出合理解释构建概念，结合资料阅读分析综合并构建环境因素参与调节莴苣种子萌发反应机制流程图，最终构建植物生命活动整体调控概念模型图</td></tr>
</table>

（续表）

学习目标	（3）能合理分析解释小麦和莴苣种子萌发的异同，并能推测提出相应的方案；对本节课多个莴苣种子萌发实验的实验处理正确解读，通过观察、比较归纳、分析综合后得出正确的实验结果和实验结论，并能提出进一步验证的设计方案；设计简单实验方案验证根感知重力的部位在根尖根冠部位，对水分参与调节的习题情境中的结果和结论作出科学分析和判断 （4）在认知情境冲突中，通过分析判断更新认知；通过植物生命活动调节复杂性和整体性的概念建构，进一步领悟生物多样性的含义；将本节课学习获得的内容、观念、方法和技能应用于生活、生产中的相关问题分析与解决
评估任务	任务 1：观察实验现象，根据所学知识，对实验现象提出合理假设 任务 2：阅读资料，从分子水平对莴苣种子萌发与光的关系机制给予阐释 任务 3：阅读学案资料，完成光调节莴苣种子萌发的机制模型 任务 4：观察现象进行分析，阅读资料，完成环境因素调节莴苣生命活动的机制模型 任务 5：完成植物生命活动整体调节的机制模型
教学策略	实验教学　探究式学习　模型建构
板书设计	

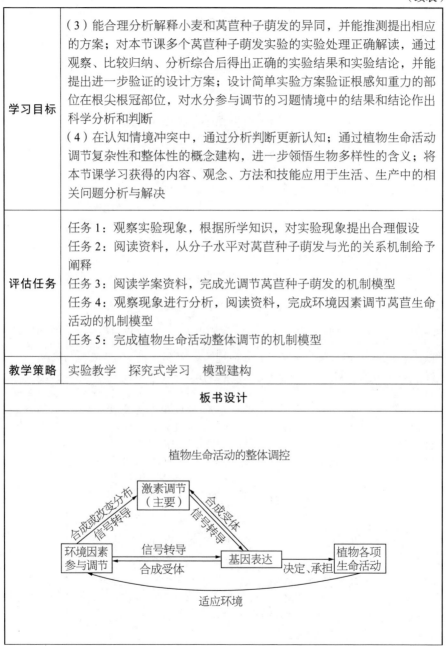

植物生命活动的整体调控

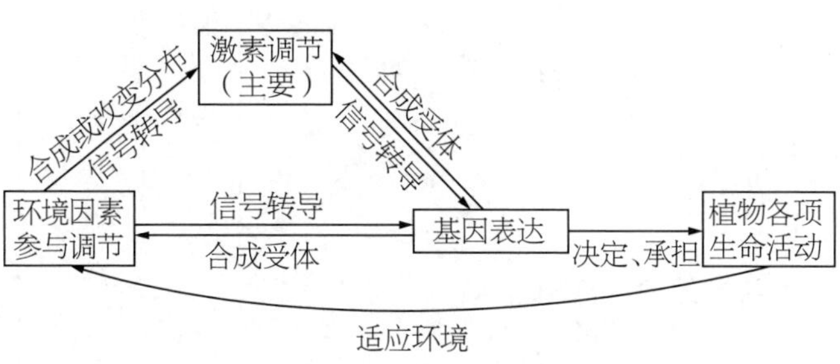

（续表）

教学环节与任务			
环节1：情境问题导入			
教师活动	学生活动	评价指标	评价方式
先展示在黑暗和光下萌发的莴苣种子区别，诱发思考，提出问题；评价学生回答的问题后，引入在黑暗和光下萌发小麦种子的照片，进一步引发思考，“为什么光下莴苣种子萌发效果好？”，评价问题后，进一步展示莴苣和小麦种子混装的照片，引向答案，最终出示光下小麦和莴苣种子同期萌发的对比照片，形成答案	观察、比较莴苣和小麦种子在不同条件下的萌发结果。思考问题，提出自己观点，对同学的回答给予思考和交流 在讨论交流、教师引导下回答三个进阶问题	能够从“小”“绿”的角度分析，萌发可能需要阳光 在交流和引导下，得出莴苣种子小、储藏养料少、萌发后需要及时自养的判断	课堂观察 课堂提问
环节2：构建光调节莴苣生命活动反应机制流程图			
教师活动	学生活动	评价指标	评价方式
以“莴苣萌发真的需要光吗”导入实验情境，展示光下和黑暗下莴苣种子萌发情况 问题驱动：光是如何促进莴苣种子萌发？ 设计认知冲突——光是否为种子提供能量 展示“光敏色素（光受体）”图文资料 任务驱动：概括光促进萌发原因；提出进一步验证的实验方案 展示红光、远红光处理莴苣种子实验结果，组织观察分析 问题思考：红光促进萌发与赤霉素促进萌发有着什么关联？	观察现象，分析实验，得出结论 思考问题并阅读资料，分析光促进莴苣种子萌发原因。提出进一步验证红光和远红光调节莴苣种子萌发的实验方案	比较实验结果，能得出莴苣种子萌发需要光照的判断 口述概括原因；提出进一步验证的实验方案	课堂观察 课堂提问

（续表）

展示红光促进种子萌发反应机制示意图，赤霉素促进种子萌发反应机制示意图 任务驱动：在赤霉素促进种子萌发反应机制基础上，构建光促进莴苣种子萌发反应机制图。 问题：光除了参与调节莴苣种子萌发，还调节那些生命活动？展示光下、黑暗中莴苣种子萌发后的实验结果 任务驱动：完成光调节莴苣生命活动反应机制流程图	思考，阅读，回顾书写赤霉素促进种子萌发反应机制图 思考，回答 观察实验结果，得出结论 在光调节萌发流程图基础上完成光调节莴苣生命活动反应机制流程图	提出合理的观点 正确写出光促进种子萌发反应机制图 完成光调节莴苣生命活动反应机制流程图	学案资料 学案资料 课堂观察
环节 3：构建植物生命活动整体性调节概念图			
教师活动	**学生活动**	**评价指标**	**评价方式**
问题驱动：光是环境因素，温度、重力、水等环境因素是否也参与调节植物生命活动？温度对植物生命活动有什么影响？设计认知冲突——低温下酶活性低，植物种子萌发率低。展示低温与室温下，莴苣种子萌发的实验结果 问题驱动：低温是如何促进莴苣种子萌发的？ 预测低温调节莴苣种子萌发的机制？ 根据推测和资料图，互动讲述低温参与调节植物生命活动反应机制流程图	推测、判断，回答问题 观察、比较并得出结论 思考，作出假设 阅读并解释原因，预测低温调节机制并与光照调节机制图做对比 聆听，领悟实例，对实例对比分析	答出温度主要通过影响酶活性而影响生命活动。 得出：低温能促进莴苣种子萌发 从图中得出：低温促进莴苣种子表达赤霉素，进而促进萌发 能辨认出低温与光照调节植物生命活动机制有相同之处	课堂观察 课堂提问

（续表）

展示概念：不同环境因素调节莴苣和小麦生命活动的关系图。 举例分析：不同环境因素参与调节植物生命活动过程在具有统一性和差异性，举例说明。 不同植物对同一环境因素也具有统一性和差异性 举例说明。聚焦统一性，构建环境因素参与调节植物生命活动的反应机制流程图 任务驱动：流程图中，植物生命活动调节涵盖哪些方面？这些环节相互间什么关系？构建相应的概念图 讲述基因表达层面调控	思考，回答问题。聆听内化 构建植物生命活动调节的三方面因素的概念图	能回答出实例分析比较后关于"统一性"和"差异性"的观点 从流程图中分析出基因表达、激素调节和环境因素 构建概念图	课堂观察 课堂提问 学案资料作答 课堂观察 课堂提问 学案资料作答
环节 4：构建概念"植物生命活动调节具有复杂性和整体性"			
教师活动	**学生活动**	**评价指标**	**评价方式**
提供实例，组织分析概念图。引导学生归纳植物生命活动调节的复杂性和整体性 教师阐释植物生命活动调节的"复杂性"和"整体性" "复杂性"体现在基因、激素和环境信号均通过复杂的信号传导机制，相互间以复杂的网络机制共同完成调节；"整体性"体现在三方面因素调节时相互联系，相互影响，共同调节一项植物生命活动	分析实例，分析概念图，尝试归纳植物生命活动调节的特点 聆听，思考，内化概念	尝试归纳出植物生命活动调节的特点 简述植物生命活动调节的复杂性和整体性	课堂观察 课堂提问

（续表）

环节 5：课堂评测			
教师活动	学生活动	评价指标	评价方式
思考题：科学–技术–社会方面，完成课堂学案课内思考题 组织检测本单元、本课时学习成果，检测本单元和本课时学业发展水平。完成课堂学案课堂检测题部分	思考，讨论、交流并回答问题 认真阅读分析，完成“干旱因素是如何调节植物的生命活动”检测题	提取信息，提出合理解决方案并解释 完成检测题相关问题，能提出干旱作为信号参与调节植物生命活动，并对调节机制提出假设	学案检测 课堂观察 课堂提问 学案检测
课后自评			
本节课授课摒弃了对知识的过度关注和学习，避免了对知识的碎片化学习。整体设计是以发展学科核心素养为目标的逆向教学设计，应用了概念教学的设计，应用了模型建构的教学策略，应用了学教评一致性教学设计策略 通过对教学内容的分析和结构化，设计了 5 个教学环节，制定了相应的课堂评价指标和课后评价资料。5 个教学环节中，学生活动与评价任务有机结合起来，在教师的组织引导下，逐步完成概念的建构，以概念图的形式形成本节课的概念学习，以概念图完成引导了学习活动和评价任务的完成。在上述任务和活动中，发展学生学科稳态与平衡、进化与适应、结构与功能等生命观念，发展了学生比较归纳、归因推理、分析综合、模型建构等科学思维，在分析实验现象和实验设计时，发展学生科学探究能力，在课堂评价问题中，通过问题的思考与解答，提升学生对于科学—技术—社会的认识 通过课下莴苣种子萌发的真实实验，在课堂上展示实验结果，制造认知冲突，创设真实的问题情境，激发思考。这是本节课在完成课时学习目标核心的环节设计。符合新高考大题命题均以真实科研情境为背景的趋势，对于激发学生学习兴趣、激发学生上课深度思考都是非常关键的 受疫情、学情和课时的影响，本节课实验主要由教师在课余时间完成。没有学生的参与，实验的情境性、实验结果的认知冲突特点和课堂分析思考的深度都会有一定的不足 就本节课而言，从学情的实际出发，课堂容量稍多，可以设计在 2 节课内完成			

“环境因素参与植物生命活动调节”学案及课堂评价资料

一、课堂同步导学

（1）参考资料图（见图 7-28），构建光参与调节莴苣种子萌发的流程图。

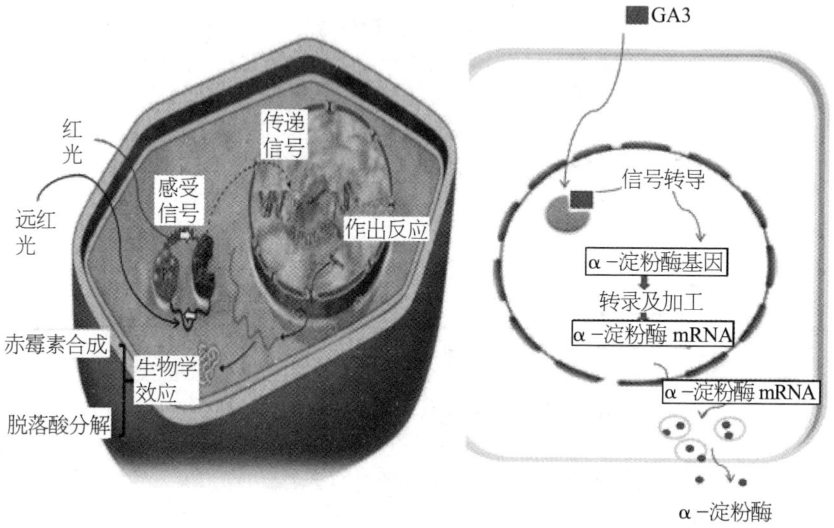

图 7-28　资料图

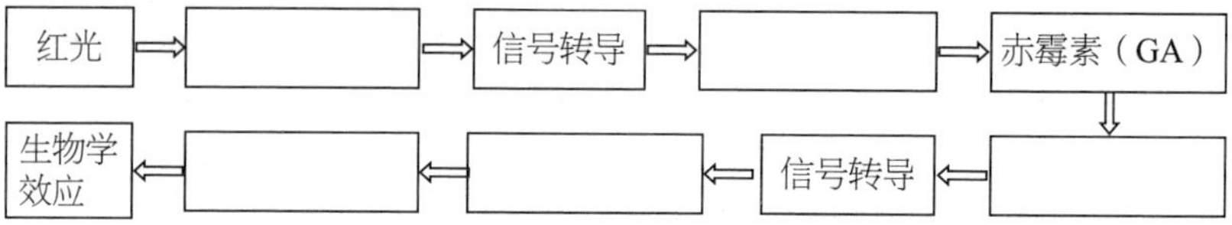

（2）在上题流程图基础上完善信息，构建光调节莴苣生命活动流程图。

（3）构建植物生命活动整体调控概念图。

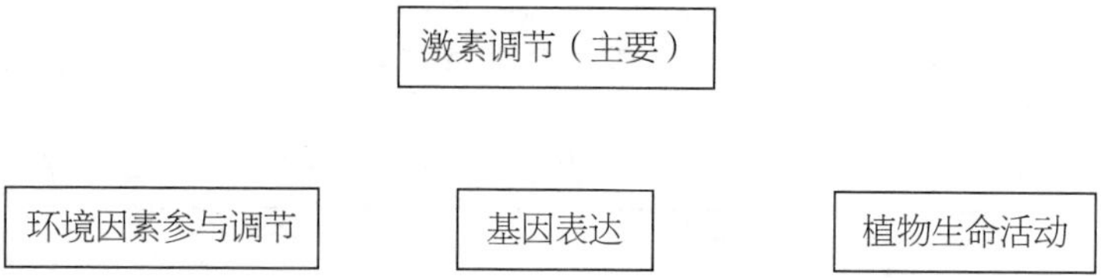

二、课内思考

在国庆节假期间，园艺工作者需要在天安门广场上将上万盆春季开花植物——三色堇与其他花卉共同布置成花坛。请问，可采取哪些措施使三色堇在国庆假期间盛开并能保持较长花期呢？

三、课后检测

（1）当干旱发生时，植物之间是否会交流信息呢？如果有信息交流，是通过地上信号还是地下信号呢？为了探究这些问题，有研究者设计了如下实验。将 11 株盆栽豌豆等距排列，6~11 号植株在根部由管子相通，这样在不移动土壤的情况下，化学信息可以通过管子进行交流；1~6 号的根部不联系（见图 7−29）。

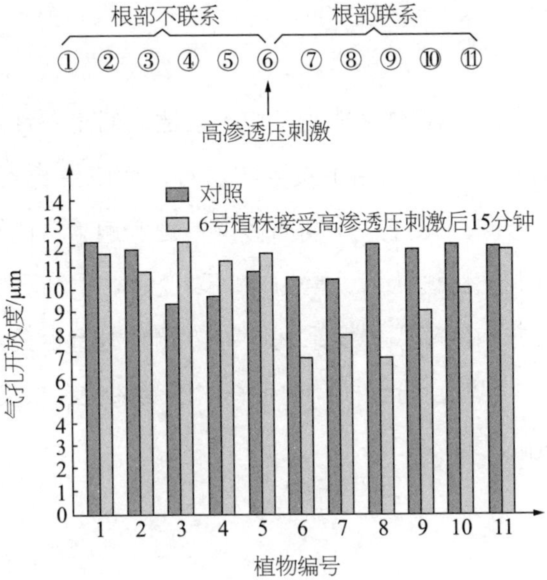

图 7−29　植物间信息交流实验设计示意图

用高浓度的甘露醇浇灌（高渗透压，模拟干旱）来刺激6号植株，15分钟后，测定所有植株的气孔开放度。对照组是用水浇灌6号植株。

①对照组的实验结果说明了什么？

②在干旱条件下，6~8号植株与9~11号植株相比，气孔的开放度有什么不一样？

③这些数据支持“当干旱发生时，植物之间会交流信息”这一观点吗？如果会，是通过地上部分还是地下部分交流信息的？

④在对6号植株进行干旱诱导后1小时，再次测定所有植株的气孔开放度，发现6~11号植株的气孔大多数都关闭了。这是为什么？

（2）重力是调节植物生长发育和形态建成的重要环境因素。植物通过将重力信号转变为运输生长素的信号，造成生长素分布不平衡，从而调节生长方向。“淀粉-平衡石假说”是普遍承认的解释重力是植物生长调节机制。假说认为，重力方向改变时，平衡石细胞中的淀粉体就会沿重力方向沉降，引发系列信号转导，引起生长素运输和分布的不平衡。设计实验，验证根向地生长的感受部位在根尖的根冠部位。写出实验方案和预期结果。

“环境因素参与调节植物生命活动”课后评价习题设计

（1）在黑暗条件下培养小麦的根尖，当根尖生长到10毫米左右时用不同强度的单侧光对直立生长的根尖进行照射处理，一段时间后对向光侧与背光侧的生长素含量进行测定，结果如下表所示。下列相关叙述正确的是（　　）。

处理方式	生长素（IAA）含量/（ng/g）	
	向光侧	背光侧
光强：500 lx	163.24	426.6
光强：1 000 lx	147.2	439.4

A. 根尖产生的生长素化学本质是 α-萘乙酸

B. 实验表明光照强度影响了生长素的合成

C. 实验说明单侧光促进生长素向背光侧运输

D. 强光照射可能促进根尖背向光源弯曲生长

（2）图7-30是某光照条件下光促进与抑制拟南芥种子萌发的作用光谱，有关说法错误的是（　　）。

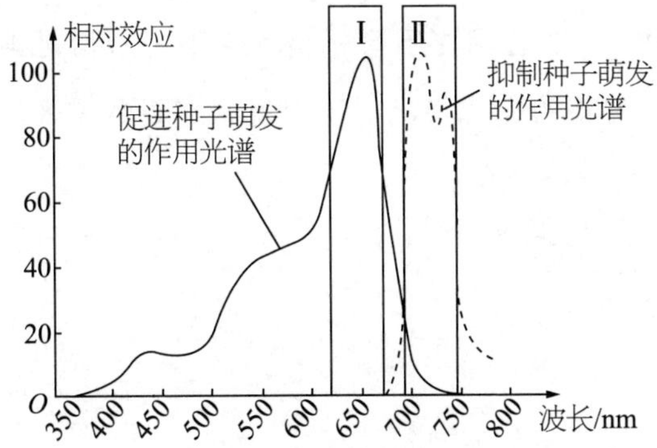

图7-30　拟南芥种子萌发与休眠的吸收光谱

A. 不同波长的光对拟南芥种子萌发所起的调控作用不同

B. 波长Ⅰ和Ⅱ区域的光照对拟南芥种子萌发的作用效果较为显著

C. 图中显示蓝光比红光对拟南芥种子萌发的抑制作用显著

D. 随着波长的增加，光对拟南芥种子萌发表现出短波长促进种子萌发、长波长抑制种子萌发的特点

（3）自然条件下，冬小麦是在头一年秋季萌发，以营养体（长出根、茎、叶的植物体）过冬，第二年夏初开花和结实。秋末冬春的低温是诱导开花的必要条件。经研究发现低温能促使冬小麦体内赤霉素含量增加，说明（　　）。

A. 未经过低温处理的冬小麦，如果施用适宜浓度的赤霉素也能诱导开花

B. 赤霉素等植物激素控制着植物的生命活动

C. 赤霉素直接参与细胞内的代谢活动

D. 赤霉素具有解除种子休眠的作用

（4）在短日照、短日照 + 赤霉素（GA_3）、自然条件 + 脱落酸（ABA）、自然条件下分别生长的桃树植株，其休眠进程和深度各不相同（见图 7–31）。已知第一颗芽萌发所需时间 ≥ 10 天时，表明芽已进入休眠状态。图 7–32 表示在不同处理条件下，不同时期桃叶芽中 GA_3 含量 /ABA 含量的值的变化情况。下列说法错误的是（　　）。

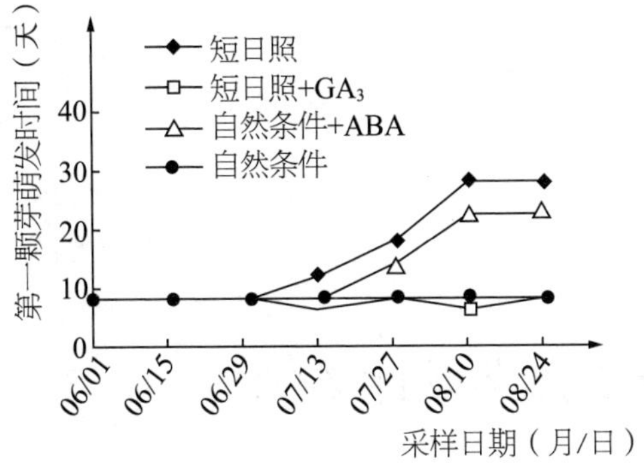

图 7-31 不同光照周期和激素下桃树种子休眠情况

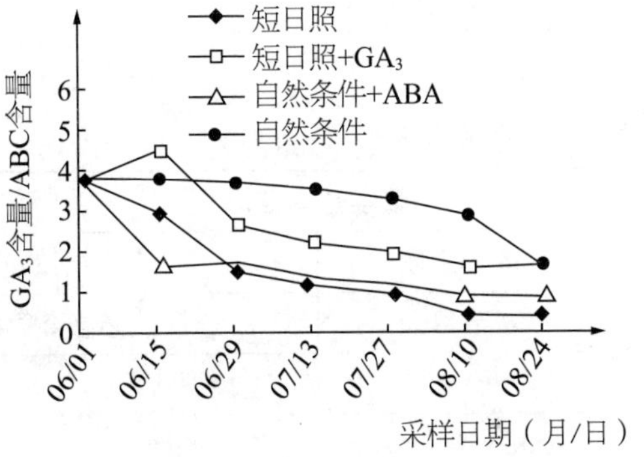

图 7-32 不同光照周期和激素下激素含量变化

A. 由图 7-31 可知，短日照条件下生长的桃树植株最先进入休眠状态

B. 由图 7-31 可知，在短日照 +GA_3 条件下桃树植株可能不进入休眠状态

C. 分析两图可知，GA_3 含量 /ABA 含量的值较低可能会造成桃树植株进入休眠状态

D. 分析两图可知，短日照可能会引起桃树植株内部脱落酸含量减少

第四节
选择性必修 2 教学设计案例

案例 11：“群落的演替”教学设计

表 7-16　教学设计示例——群落的演替

<table>
<tr><th colspan="4">教学基本信息</th></tr>
<tr><td rowspan="2">教学内容</td><td>教学主题</td><td colspan="2">群落的演替</td></tr>
<tr><td>章节目录</td><td colspan="2">选择性必修 2 第 2 章第 3 节</td></tr>
<tr><td>课型</td><td>新授课</td><td>授课班级</td><td>高二（8）班</td></tr>
<tr><td>授课时间</td><td>2020 年 11 月</td><td>授课地点</td><td>高二（8）班</td></tr>
<tr><td>授课教师</td><td>任智安</td><td>辅助手段</td><td>网络、多媒体</td></tr>
<tr><th colspan="4">学习目标与教学策略</th></tr>
<tr><td>单元教学目标</td><td colspan="3">【内容要求】不同种群的生物在长期适应环境和彼此相互适应的过程中形成动态的生物群落
【学业要求】举例说明不同类型群落的结构、特征及演替规律（生命观念）</td></tr>
<tr><td>本节课在单元教学中的地位</td><td colspan="3">从模块角度来讲，本节是从群落角度体现“进化与适应”重要内容。本单元“群落及其演替”中，本节内容是中心内容。群落的演替是环境发生改变后，经过新环境的自然选择，改变了原有群落的物种种类、优势种，进而改变群落的结构。无论是初生演替还是次生演替，都是如此。群落的演替是整个单元的核心，本节内容的学习需要前两节作为基础。同时，“群落的演替”这部分内容是学习下一个单元内容“生态系统稳定性”的基础</td></tr>
</table>

（续表）

<table>
<tr><td rowspan="4">课时学习目标确定依据</td><td rowspan="2">课标分析</td><td>内容要求</td><td>（1）阐明一个群落替代另一个群落的演替过程，包括初生演替和次生演替两种类型
（2）分析不同群落中的生物具有与该群落环境相适应的形态结构、生理特征和分布特点</td></tr>
<tr><td>学业要求</td><td>（1）运用结构与功能观、进化与适应观分析群落的形成和演替
（2）基于不同种类的群落与其环境关系的分析，认同群落的形成和演替是有客观规律的，人类活动也应该顺应自然规律
（3）基于对人类活动影响群落结构和演替的了解，分析人与自然的关系，认同退耕还林、还草、还湖的必要性</td></tr>
<tr><td>内容分析</td><td colspan="2">群落的演替包括初生演替和次生演替。在人教版教材中，以诸多实例说明了两种演替的类型和特征，举例说明人类活动对群落演替的影响，关注了退耕还林、还草和还湖的问题。从教材内容分析，教学内容很难做到结构化和真实情境的分析。因此，本节课根据教材内容补充了三方面的学习内容：北京香山森林群落的稳定；京北塞罕坝森林群落的百年演替；外来物种入侵的案例调查。补充内容结合教材内容得以将本节课概念结构化，即群落演替的过程和机制，以概念模型的建立完成案例分析。在此过程中，发展学生生命观念、科学思维、科学探究和社会责任</td></tr>
<tr><td>学情分析</td><td colspan="2">高二学生具备一定的自主阅读学习能力，具备一定的网络资料调查能力，具有较强的社会热点关注和讨论的能力。在必修 2 的学习中，学生已领悟和能应用进化与适应观、结构与功能观分析问题。授课班级学习积极主动，尤其在小组讨论、资料调查方面能力较强</td></tr>
<tr><td>学习目标</td><td colspan="3">（1）通过自主阅读学习，对初生演替和次生演替的规律和特征进行比较归纳
（2）通过对情境案例的分析讨论，能用物质和能量观、进化与适应观、稳态与平衡观及结构与功能观阐述群落演替的本质和机理
（3）对由情境案例引出的问题，进行归因和推理分析，构建群落演替的机制模型
（4）对由人类活动和物种入侵引起的群落逆行演替进行调查和分析
（5）通过自主学习、小组合作学习与展示，提高自主学习能力，关注外来物种入侵，认同退耕还林等生态措施。养成爱护环境的意识，履行与自然和谐共处的社会责任</td></tr>
</table>

（续表）

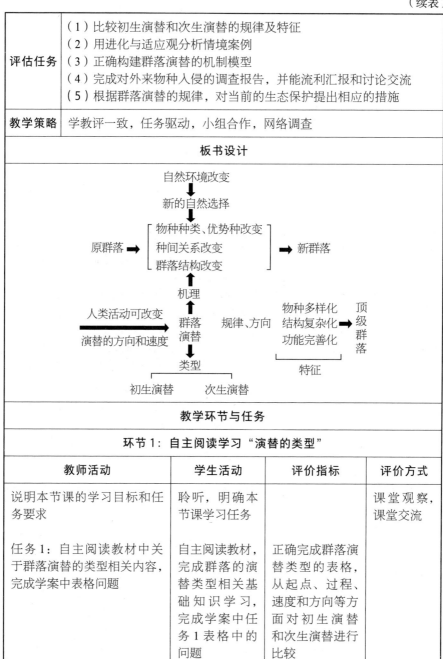

<table>
<tr><td>评估任务</td><td colspan="3">（1）比较初生演替和次生演替的规律及特征
（2）用进化与适应观分析情境案例
（3）正确构建群落演替的机制模型
（4）完成对外来物种入侵的调查报告，并能流利汇报和讨论交流
（5）根据群落演替的规律，对当前的生态保护提出相应的措施</td></tr>
<tr><td>教学策略</td><td colspan="3">学教评一致，任务驱动，小组合作，网络调查</td></tr>
<tr><td colspan="4">板书设计</td></tr>
<tr><td colspan="4">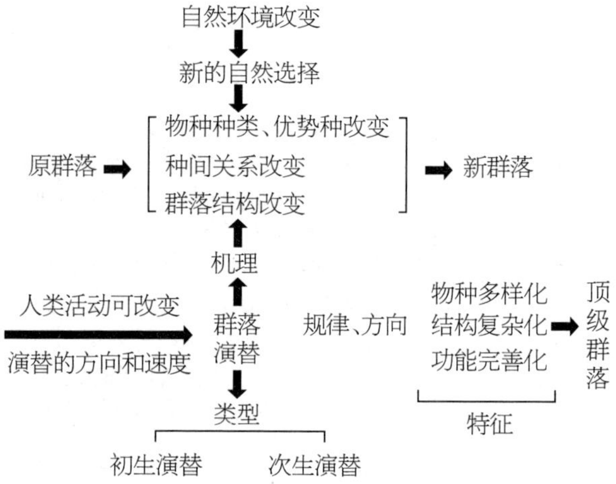
</td></tr>
<tr><td colspan="4">教学环节与任务</td></tr>
<tr><td colspan="4">环节 1：自主阅读学习“演替的类型”</td></tr>
<tr><td>教师活动</td><td>学生活动</td><td>评价指标</td><td>评价方式</td></tr>
<tr><td>说明本节课的学习目标和任务要求

任务 1：自主阅读教材中关于群落演替的类型相关内容，完成学案中表格问题</td><td>聆听，明确本节课学习任务

自主阅读教材，完成群落的演替类型相关基础知识学习，完成学案中任务 1 表格中的问题</td><td>

正确完成群落演替类型的表格，从起点、过程、速度和方向等方面对初生演替和次生演替进行比较</td><td>课堂观察，课堂交流</td></tr>
</table>

（续表）

对学生自主阅读学习过程观察，给予方法指导 组织学生回答表格填写情况，对回答问题的同学给予积极评价。对表格中出现的问题给予订正讲解	自主阅读学习 思考回答问题，对有疑惑的问题与教师和同学进行交流		学案任务 1 表格完成情况
环节 2：构建演替机制模型			
教师活动	**学生活动**	**评价指标**	**评价方式**
任务 2：情境案例分析。展示香山公园森林植被群落 问题：香山公园是同学经常去游玩的地方，对香山红叶更为熟悉。那么，香山群落在近几十年中，有没有发生植被群落的演替呢？你的判断理由是什么？尝试写出群落演替发生的机制和过程 对学生的回答给予评价和引导 对阐述的观点给予评判和引导 对任务 1 问题进行分析解答。从“进化与适应”的观点分析问题，带领学生分析出群落演替的过程和机制，演替的核心机理是环境的变化，新环境自然选择使物种种类和优势种发生改变，从而改变群落的结构，发生演替 指导学生完成群落演替的过程和机制模型构建	根据自身经历、自身认知，对香山植被群落几十年的演替作出判断 认真思考问题，确定自己观点的理由 师生交流 聆听、思考 完成群落演替过程和机制的概念模型	判断出香山森林群落在几十年中的“静”，物种种类、优势树种无变化，即没有演替发生 从环境条件没有发生明显变化阐明观点和理由 构建群落演替过程和机制的正确模型。中心是自然选择和群落结构改变	课堂观察，课堂交流 学案任务 1 中的问题作答 在学案上构建群落演替过程和机制的概念模型

（续表）

环节 3：完善演替机制模型			
教师活动	**学生活动**	**评价指标**	**评价方式**
任务 3：阅读教材课后资料，分析京北塞罕坝森林群落几百年以来的群落变化。给出正确的解释，同时完善群落演替过程和机制的模型	认真阅读塞罕坝森林群落几百年变化特点。分析原因并解释	应用群落演替过程和机制模型解释塞罕坝百年变化过程	课堂观察，课堂交流，任务 2 问题回答
对学生的回答给予积极评价和引导	交流、聆听、思考		
引导学生从人类活动影响群落演替的角度完善演替机制模型。分析演替的方向和顶级群落的特征	完善群落演替过程和机制模型	能从人类活动影响群落演替的角度完善演替过程和机制模型	学案中已建立的模型完善
环节 4：小组汇报"外来物种入侵"调查成果			
教师活动	**学生活动**	**评价指标**	**评价方式**
任务 4：各小组进行课前完成的调查报告汇报	各小组代表进行调查汇报，每组 1~2 分钟，使用 PPT 演示讲解	调查报告的科学性、规范性。汇报过程的综合表现	课堂观察，课堂交流
对各小组的汇报给予积极评价。引导其他组同学对各组汇报给予评价，提出自己的问题和质疑			调查报告汇报过程中表现型评价
从入侵物种、入侵地域、入侵危害、应对策略等方面进行总结讲评	聆听、思考，交流		
提出问题：我国对于物种入侵有哪些应对措施，你如何宣传外来物种入侵的危害？	聆听，思考，总结		问题回答
解释退耕还林等措施的生态学原理	思考、回答问题	回答规范、科学，能用生物与环境相适应和群落演替的角度分析并解释	表现型评价
	解释退耕还林等措施的生态学原理		

（续表）

课后自评
“群落的演替”这节课，过去讲过很多遍，每次的授课方法和课后的感觉都不同。一般都是按课标内容要求和教材内容组织教学，教学侧重点偏向于教学知识的输出。首先是学习“群落演替的类型”并进行比较，然后举例说明人类活动影响群落演替。整节课学习结束之后，学生只是在群落演替的类型、与人类活动的关系等知识点上有所收获。对于群落的演替认识限于概念，或者说限于静态的画面，而对于演替的动态过程、演替的发生机制和原理并没有涉及，这并不利于发展学生的科学思维能力。而学生关于演替过程中的生命观念、学习演替过程的科学思维均没有有效提升，在认同退耕还林等生态措施方面的社会责任也是通过阅读教材了解而已，没有进行深度学习 在发展核心素养的教学背景下，考试评价在逐步发生变革，传统的教学方式产生的教学效果已不能满足新的考试评价要求。一节课中，如何设计“评价”，如何设计“学生活动”，如何设计“教学环节”，如何将教学内容结构化，这些问题是核心素养背景下教学设计的关键要素。本教学设计打破教学传统常规，运用学教评一致性教学策略，先根据课程标准内容要求、学业要求和质量标准确定本节课评价目标，再结合教学内容和学情分析制定本节课学习目标。根据教学内容结构化目标和学习目标，设计本节课的四个学习环节，结合学情设计学生活动、评价任务和教师活动。在设计上达到学教评一致性，以求实现在生物学学科的核心素养方面高效发展。通过本节课学习，学生将在结构与功能观、进化与适应观、稳态与平衡观等生命观念方面得到发展；通过本节课的学习过程，学生将在比较分类、分析综合、归因推理和模型建构等科学思维方面得到发展；通过本节课学习，学生在利用网络媒体资源完成生态热点议题调查方面有所进步；通过本节课学习，学生对生态环境保护、生态保护措施的执行和宣传方面得到更好的认同和关注 课堂教学过程表明，学生经过自主学习、身边情境案例分析、热点生态议题的调查汇报，学生学习积极性增高，学习效果很好。课后评价作业完成情况表明，学习效果突出

"群落的演替"学案及课堂评价资料

任务 1：自主学习群落演替的两种类型，完成下列表格。

演替类型	演替前群落	演替时间长短	演替方向	发生地域
初生演替				
次生演替				

任务 2：香山森林群落分析，构建群落演替机制模型。

任务 3：塞罕坝森林群落演替分析，完善群落演替机制模型。

任务 4：小组汇报外来物种入侵的调查报告。

“群落的演替”课后评价习题设计

（1）完成表格问题

<table>
<tr><th colspan="2">项目</th><th>初生演替</th><th>次生演替</th></tr>
<tr><td rowspan="3">不同点</td><td>起点</td><td></td><td></td></tr>
<tr><td>演替速度</td><td></td><td></td></tr>
<tr><td>经历阶段</td><td></td><td></td></tr>
<tr><td colspan="2">相同点</td><td colspan="2">①群落结构从________
②物种数量和群落层次________
③土壤、光能得到更充分的利用
④最终都会达到一个与群落所处环境相适应的________的状态</td></tr>
</table>

（2）群落是一个不断发展变化的动态系统。下列关于发生在裸岩和弃耕农田上的群落演替的说法，错误的是（　　）。

A. 人为因素或自然因素的干扰可以改变植物群落演替的方向

B. 发生在裸岩和弃耕农田上的演替分别为初生演替和次生演替

C. 发生在裸岩和弃耕农田上的演替都要经历苔藓阶段、草本阶段

D. 在演替过程中，群落通常向结构复杂、稳定性强的方向发展

（3）水生演替系列是湖泊填平的过程，该过程是从湖泊的周围向湖泊中央顺序发生的，一般经历以下阶段：自由漂浮阶段→沉水植物阶段→浮叶根生植物阶段→直立水生阶段→湿生草本阶段→木本植物阶段。下列有关叙述正确的是（　　）。

A. 一般情况下，所有湖泊最终都会演替到木本植物阶段

B. 浮叶根生植物的出现，会导致沉水植物向更深的湖泊中央转移

C. 湖泊周围和湖泊中央出现了不同的植物类群，体现了群落的垂直结构

D. 随着演替的进行，生态系统的恢复力稳定性越来越高

（4）研究人员在调查某沙地的植物群落演替时，发现其自然演替顺序为：一年生草本→多年生草本→多年生亚灌木→多年生灌木。下列有关叙述错误的是（　　）。

A. 多年生草本群落在争夺阳光和空间方面比一年生草本群落更有优势

B. 与草本群落相比，灌木群落的垂直结构更加复杂

C. 多年生亚灌木群落里有草本和亚灌木，其自我调节能力比多年生灌木群落更强

D. 该沙地主要植被是多年生灌木，与其根系发达、抗风和吸水能力较强有关

（5）为研究退耕还林的群落演替规律，利用“把同一时间内的不同群落当作同一群落不同演替阶段”原理，调查随退耕年限的变化，群落中不同植物类群的物种数变化如图 7–33 所示。下列叙述错误的是（　　）。

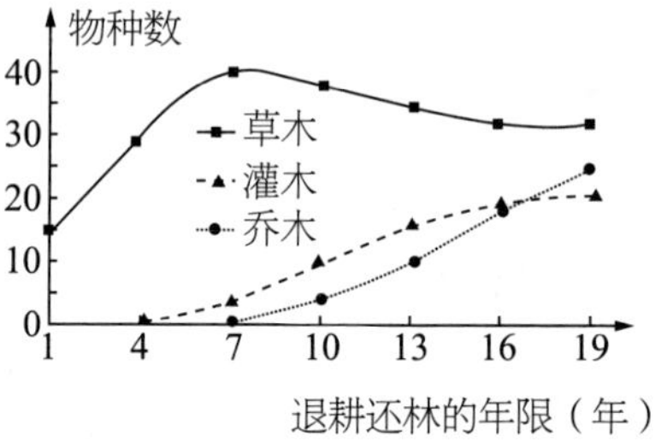

图 7–33　退耕年限与群落丰富度变化

A. 群落演替过程中，前一阶段为后一阶段的形成提供了适宜条件

B. 植物为动物提供食物和栖息场所，群落演替主要表现为植物的更替

C. 随着退耕时间的延长，群落对光能等环境资源的利用更充分

D. 在第二年人工种植乔木，草本植物物种数的峰值会推迟

（6）某湿地是由河流携带的泥沙长期淤积逐渐形成的，该湿地由近水边到岸边分为光滩区、近水缓冲区、湿地核心区等区域，如图 7–34 所示。研究人员统计了近水缓冲区和湿地核心区的植物盖度（表示植被的茂密程度），结果如图 7–35 所示。下列叙述错误的是（　　）。

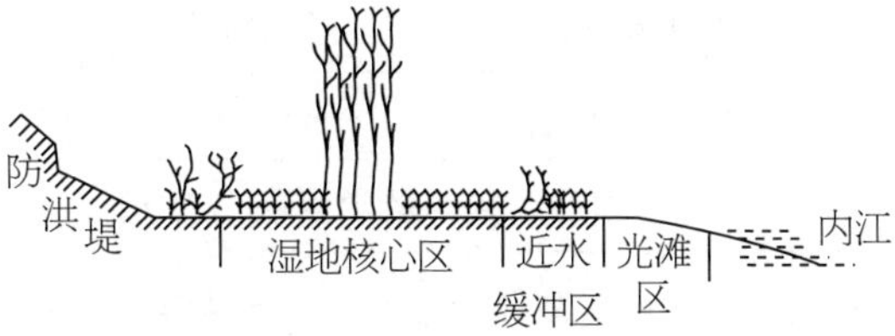

图 7–34　某湿地地形图

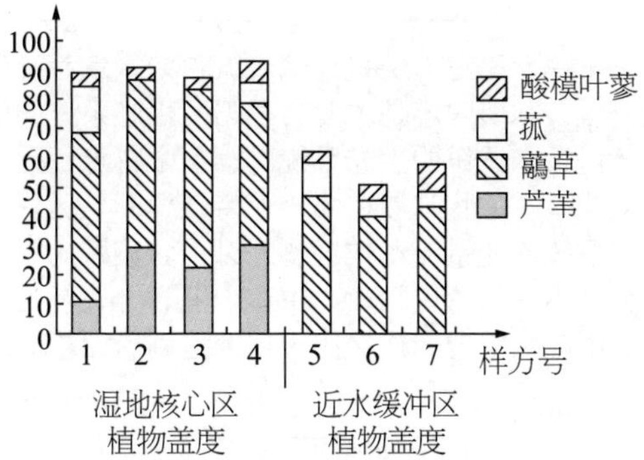

图 7–35　湿地不同区域的植物盖度

A. 若进行人为干预可能会加快该群落的演替速度

B. 芦苇在该湿地的分布不能体现该湿地群落垂直结构上的差异

C. 近水缓冲区群落能代表湿地核心区群落形成的早期状况

D. 在多年的演替中，灌木逐渐替代了草本，主要原因是灌木繁殖能力较强

案例 12：“生态系统的物质循环”教学设计

表 7-17　教学设计示例——生态系统的物质循环

<table>
<tr><th colspan="4">教学基本信息</th></tr>
<tr><td rowspan="2">教学内容</td><td>教学主题</td><td colspan="2">生态系统的物质循环</td></tr>
<tr><td>章节目录</td><td colspan="2">选择性必修二第三章第 3 节</td></tr>
<tr><td>课型</td><td>新授课</td><td>授课班级</td><td>高二（2）班</td></tr>
<tr><td>授课时间</td><td>2021 年 12 月</td><td>授课地点</td><td>高二（2）班</td></tr>
<tr><td>授课教师</td><td>曹凯</td><td>辅助手段</td><td>多媒体</td></tr>
<tr><th colspan="4">学习目标与教学策略</th></tr>
<tr><td>单元教学目标</td><td colspan="3">【内容要求】生物群落与非生物的环境因素相互作用形成多样化的生态系统，完成物质循环、能量流动和信息传递
【学业要求】分析生态系统中物质循环的规律，并利用规律科学有效地解决生态系统中的资源利用问题</td></tr>
<tr><td>本节课在单元教学中的地位</td><td colspan="3">本节课是本单元第三节课，经笔者调整为本章教学的第二节内容，从内容上分析，本节内容是本章在学习了生态系统的成分和结构等基础内容后，讨论和认识的生态系统的第一个特点，因其内容较能量流动这一特点简单，故将其放在第一个特点学习。另外，学完本节内容也可为生态系统的能量流动作铺垫，以达到较好的单元整体性学习的效果。本节课不仅作为单元教学主体内容之一，并且承前启后，在整个单元教学中起到重要的连接作用，为达到单元整体教学目标起到重要作用</td></tr>
<tr><td rowspan="2">课时学习目标确定依据</td><td rowspan="2">课标分析</td><td>内容要求</td><td>（1）分析生态系统中的物质在生物群落与无机环境之间不断循环的规律
（2）举例说明利用物质循环规律，人们能够更加科学、有效地利用生态系统中的资源</td></tr>
<tr><td>学业要求</td><td>分析生态系统中物质循环的规律，并利用规律科学有效地解决生态系统中的资源利用问题</td></tr>
</table>

（续表）

<table>
<tr><td rowspan="2">课时学习目标确定依据</td><td>内容分析</td><td>本节内容以落实生态系统的物质循环概念及特点为目标，以 C 循环概念模型为主体内容，在归纳其他物质的循环得出生态系统物质循环的概念，另外指出生物富集现象的存在。琐碎知识较多，若将不同物质的循环模型一一摆出，难以突出重点和循环特点，因此适宜以 C 循环为主，其他物质循环为辅，主要讨论 C 循环，并通过 C 循环模型引发学生对解决现存生态问题“温室效应”的讨论，这也符合我国“碳中和”的生态理念，让学生体会学以致用的知识魅力
从内容载体分析，本节内容适合发展系统观、生态观、稳态与平衡观等生命观念；在概念建构中充分利用推理、归纳比较等科学思维，本节课是发展科学探究素养的良好载体
结合生产生活实际，培养学生认同建设可持续生态文明社会、形成健康生活理念的重要意义，尝试对生态农业方面的议题，提出合理的解决方案</td></tr>
<tr><td>学情分析</td><td>学生学完本章第一节，对生态系统的成分和结构有了一定的认识，但想要解决实际生态问题，还需认识生态系统的三大规律，正确深入地认识生态系统的运作原理。学生在之前的学习中，已具备一定程度的系统观、生态观等生命观念，科学思维和科学探究素养都有一定的基础，并能关注与生态学有关的议题。但对于生态系统的稳态认识很浅，也不能具体从多角度分析生态系统的运作，不具备解决现实生态问题的能力。授课班级学生选课组合为纯理科，具备一定的科学思维和科学探究能力，但整体学习能力一般</td></tr>
<tr><td>学习目标</td><td colspan="2">（1）通过生态瓶的制作、生物圈 2 号、N 循环等过程构建和描述形成生态系统的物质循环的概念及其全球性和循环性的特点，通过资料分析形成生物富集概念，并深化物质循环特点（生命观念）
（2）通过 C 循环的模型构建和完善模型过程培养建模思维（科学思维）
（3）通过生态瓶的制作过程、生态瓶三个月后出现生物死亡及生态瓶在光照和黑暗中生活状态的比较，培养学生善于实践，用实践检验真理的科学探究精神（科学探究）
（4）通过碳排放量的增加、物质循环特点的生态应用和我国的再生铅资源的发展，体会生物学与社会的联系，提高爱国情怀和珍爱生命爱护环境的社会责任感（社会责任）</td></tr>
</table>

（续表）

评估任务	任务 1：根据制作流程，结合所学知识，初步构建生态瓶中 C 循环路径 任务 2：阅读资料，扩大概念，完善生物圈中 C 循环模型，并总结特点。 任务 3：阅读 N 循环资料，形成生态系统物质循环的概念 任务 4：通过资料理解生物富集，并认同远离重金属制品的健康生活理念 任务 5：知识迁移，思维拓展，为生态系统的能力流动作铺垫
教学策略	探究式学习，模型构建

板书设计

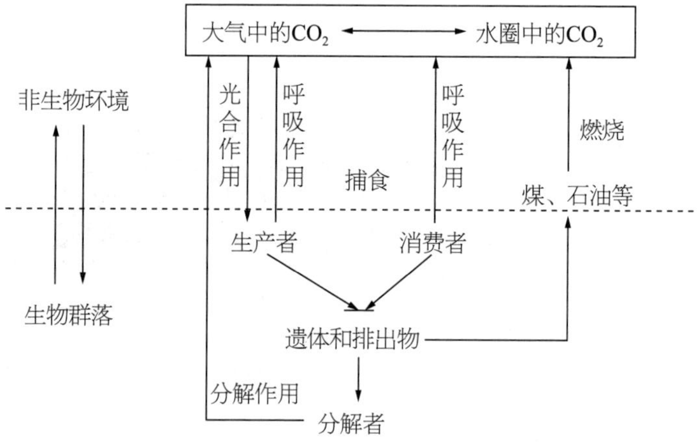

教学环节与任务

环节 1：情景问题导入

教师活动	学生活动	评价指标	评价方式
展示学生课前制作的生态瓶，设置连续提问： （1）这是一个生态系统吗？为什么？ （2）你在制作生态瓶时，向里面加入了哪些成分？ （3）为什么加这些成分？	根据课前制作生态瓶的流程及对生态瓶原理的理解和观察，依次回答问题，并对其他同学的问题进行修正	认同生态瓶是一个生态系统，因为制作时基本具备了生态系统的四大成分	课堂观察 课堂提问

（续表）

（4）你认为这个生态瓶在密封透光的情况下能正常运行多久？ 评价学生回答的问题，形成对旧知识的系统回顾 进一步提问：构成生物体有机物的最基本元素C在生物体内是以什么形式存在的？在非生物环境中以什么形式存在呢？ 布置教学任务一：构建生态瓶中C元素的循环路径（箭头上标明生命活动） 对学生的答案进行评价和修改模型。达成共识：C元素能在生物群落与非生物环境中往复循环	根据已知知识大胆预测生态瓶的正常运行时间并解释原因 思考问题，提出：动物通过呼吸作用释放的CO_2会被植物以光合作用利用，进而形成循环 学案上构建模型或上黑板板书。并在学生互评和教师指导下修正模型，形成C在生物群落和非生物环境往复循环的基本概念	大胆预测生态瓶的运行时间，对自己的预测有符合科学知识的解释 在交流和引导下认同C通过生物的呼吸作用和光合作用在生态系统中是循环的 正确构建C循环初步过程，为本节课形成生态系统的物质循环概念作准备	学案作答及板书书写
环节2：阅读“生物圈2号”资料，构建生物圈中C循环模型			
教师活动	**学生活动**	**评价指标**	**评价方式**
展示教师三个月前制作的水生生态瓶，已出现小鱼死亡的现象，认知冲突：既然C元素能在生物群落和非生物环境中循环往复，为什么生态瓶不能长久地正常运行下去？提问引导，既然如此，做一个更大的生态系统可以吗？ 展示资料“生物圈2号”。 任务驱动：阅读资料，回答问题： （1）生物圈2号实验失败的根本原因是什么？	观察现象，思考作答：物质不够多，气体比例失衡，小动物太多等 阅读资料，思考讨论问题并尝试回答：（1）CO_2被混凝土墙吸收，无法进入循环，气体无法达到平衡，物种多样性不够等；（2）地球上有足够多的生物种类，有足够多的气体，调节能力比较强，C储量较大	对生态瓶中小鱼死亡作出符合科学知识的解释，如密闭空间内的气体或物质不够小动物使用	课堂观察 课堂提问

（续表）

（2）与之对比，我们能在生物圈1号即地球长久正常生活的原因是什么？ 评价学生答案并给予正确引导，最终达成共识：人类的正常生活离不开美丽的地球生物圈，C循环在具有全球性的特点。 展示资料：生物圈（图），说明资料内容 任务驱动：在前模型基础上构建生物圈中的C循环模型（箭头上标明发生的生命活动）并板书 评价模型，并请同学描述过程，说明C循环特点	阅读资料，认真思考后修改模型并板书 描述模型中C循环的过程及特点	口述概括原因 提出合理的解释 正确修改生物圈中的C循环模型 完整描述C循环的过程及特点	学案资料 课堂观察 学案资料 作答 课堂观察 课堂提问
环节3：形成生物圈中物质循环概念			
教师活动	**学生活动**	**评价指标**	**评价方式**
展示资料：研究人员调查的生物圈每年碳的流通量（图） 任务驱动：什么原因会导致大气中 CO_2 增加？ 问题引导：简述大气中 CO_2 每年增加会导致什么结果，说明温室效应加剧的后果 任务驱动：通过今天的学习，怎样缓解温室效应加剧？ 展示资料：我国签订的相关国际条约，说出我国减少碳排放的具体措施	阅读资料，思考后回答问题 聆听并作答 根据C循环模型图能从减排的角度作答 思考，回答问题	阅读图文，答出人类对化石燃料的燃烧利用 口述答案：可以减少碳排放 除了控制C排放外，能分析C循环的模型图，从大气中 CO_2 的来路与去路方面答出植树造林，增加植物对 CO_2 的吸收	课堂观察 课堂提问 课堂提问 课堂观察

（续表）

进一步提问：还有没有其他的办法减少大气中的CO_2增加？ 展示我国最大的人工林——塞罕坝人工林，说明我国在提高植物固碳方面对世界的贡献 任务驱动：我们可以从日常生活的哪些地方为降低C排放做贡献？教师小结 展示N循环示意图：说明N是构成生物体蛋白质等重要大分子的主要元素，N的循环也具有全球性、循环性的特点 总结生态系统的物质循环的概念和特点 任务驱动：如何利用生态系统的物质循环的特点，尝试改造传统农业，增加农业生产效益？	思考，作答，补充 理解认同生态系统物质循环的概念及特点 思考，回答并聆听他人答案	联系日常生活中的节能行为也可减少C排放 从N循环过程图的阅读思考中领悟生态系统中的重要元素具有全球性、循环性的特点，并初步归纳生态系统物质循环的概念 将物质循环思想贯彻到农业中，表现出学以致用的思想	课堂观察 资料阅读与讨论 课堂回答
环节4：认识个别物质在生态系统中的“生物富集”			
教师活动	**学生活动**	**评价指标**	**评价方式**
展示资料：人工合成的杀虫剂DDT在企鹅体内残留数十年不降 任务驱动：为什么施用于农田的DDT会出现在南极企鹅体内？ 展示资料：研究人员定量分析某一食物链中DDT残留量图 任务驱动：DDT在沿食物链传递过程中有什么特点？	阅读资料，思考并联系生态系统物质循环的特点，回答问题 分析资料图，回答问题 聆听，理解生物富集现象	阅读资料，联系本节内容回答出：具有全球性的特点	课堂观察 资料阅读与讨论 课堂回答

（续表）

展示铅在婴儿体内超标检测报告，说明人工合成的化合物和一些重金属会沿食物链聚集，叫作生物富集。展示资料：我国近年连续出台的预防铅滥用的法律法规，说明我国再生铅已位于世界前列，也提醒大家日常生活远离含重金属较多的物品	根据生物富集原理，认同健康生活理念	对资料分析后，得出沿食物链聚集的特点	课堂观察
环节 5：知识迁移，思维拓展			
教师活动	**学生活动**	**评价指标**	**评价方式**
展示现象：黑暗中和正常光照 4 天的生态瓶，说明黑暗了 1 天小草就萎蔫，请同学们思考其原因。 课后拓展：为什么物质可以循环利用，能量为什么需要不断输入呢？	观察现象，思考并作答 结合本课内容思考	通过观察和对实验自变量分析，回答原因是光照，光照给植物的生命活动提供光合作用的光能 开放性回答，体现学生对本课理解和对新问题的思考即可	课堂提问 课堂观察
课后自评			
本节课为落实生态系统的物质循环概念及特点，以小小生态瓶中 C 循环的模型构建为引入，逐渐扩大概念模型至生物圈中的 C 循环，最后用类比归纳的方法总结出生态系统的物质循环的概念模型及特点。本节课教学设计运用了由简入难、层层递进、类比归纳等科学方法，运用了模型构建的教学策略，运用了概念教学的教学理念，并在教学设计中深入贯彻教学评一致性的教学设计策略，注重学生学习效率的落实和学习体验，做到以学生为学习主体、教师为学生引导，符合新课标教学理念 本节课通过对教学内容的分析和结构化，设计了 5 个教学环节，制定了相应的课堂评价指标和课后评价资料。5 个教学环节中，学生活动与评价任务有机结			

（续表）

合起来，在教师的组织引导下，逐步完成模型的建构，以模型构建的形式形成本节课的概念学习，以模型的完成引导了学习活动和评价任务的完成。在上述任务和活动中，发展学生学科稳态与平衡的生命观念，发展了学生比较归纳、归因推理、分析综合、模型建构等科学思维，在分析实验现象和资料的同时，发展学生资料阅读能力、信息获取能力、信息整合能力等，在课堂评价问题中，通过问题的思考与解答，提升学生对科学、健康生活、生态平衡的理解

“生态系统的物质循环”学案及课堂评价资料

【活动一】构建生态瓶中C元素的循环路径（箭头上标明生命活动）

【活动二】阅读资料，回答问题：

资料：“生物圈2号”是1991年美国建于沙漠中的世界上最大闭式人工生态系统，为了与“生物圈1号”（地球本身）区分而得名。与地球生物圈类同，“生物圈2号”在物质上闭环，通过工程手段禁止它与外界大气和地下土壤进行物质变换。目的是研究人类及多种生物，能否在密封的人造系统中，仅利用系统内的空气、水、营养物质及其循环重复使用下健康生存下来。

“生物圈2号”占地12000平方米，容积达141600立方米，由80000根白漆钢梁和6000块玻璃组成。其内部主要由7种生态群落区和两个大气扩张室（也称作“肺”）组成。此外，还设有能量中心和冷却塔等设施。生态群落区有5个野生生物群落（热带雨林、热带草原、海洋、沼泽、沙漠）和两个人工生物群落（集约农业区和居住区）。圈内共有约 4000 个物种，其中动物（包括软体、节肢、昆虫、鱼类、两栖、爬行、鸟类、哺乳等）、植物（包括浮游、苔藓、蕨类、裸子和被子等）约 3000 种，微生物（包括细菌、黏菌、真菌、微藻等）约 1000 种，它们分别来自澳大利亚、非洲、南美、北美等地。1991 年 9 月 26 日，4 男 4 女共 8 名科研人员首次进驻“生物圈 2 号”，1993 年 6 月 26 日走出，停留共计 21 个月，在 1994 年 3 月 6 日二次进驻，工作 10 个月后于 1995 年 1 月走出。

在 1991 年至 1993 年的实验中，研究人员发现，“生物圈 2 号”的氧气与二氧化碳的大气组成比例无法自行达到平衡。因为细菌在分解土壤有机质的过程中，耗费了大量的氧气，而细菌所释放出的二氧化碳经过化学作用，被“生物圈 2 号”的混凝土墙吸收，又打破了循环，致使氧气含量下降，不足以维持研究者的生命。此外“生物圈 2 号”因为物种多样性相对单一，缺少足够分解者作用，多数动植物无法正常生长或生殖，大多动物灭绝，为植物传播花粉的昆虫全部死亡。经广泛讨论，确认“生物圈 2 号”实验失败，未达到原先设计者的预定目标。

讨论：

问题 1：“生物圈 2 号”实验失败的根本原因是什么？

问题 2：与之对比，我们能在“生物圈 1 号”即地球上长久正常生活的原因是什么？

【活动三】在前模型基础上构建生物圈中的 C 循环模型（箭头上标明发生的生命活动）

资料：CO_2 能溶于水，可在大气和海洋、河流之间进行交换。此外，碳还可以长期固定或保存在非生命系统中，如固定于煤、石油或木材中。人类对煤和石油等资源的利用，向大气中排放了大量 CO_2。

【活动四】根据所学内容提出缓解温室效应的方法。

【课后思考】物质可以循环利用，能量为什么需要不断输入呢?

“生态系统的物质循环”课后评价习题设计

（1）低碳生活、绿色经济已成为人类共识。近期国务院政府工作报告中明确提出了“碳达峰”的目标，并制订碳排放达峰的行动方案，其中包括植树造林、节能减排、利用新能源等形式。下列有关说法错误的是（　　）。

A. 碳在生物群落和非生物环境之间主要以含碳有机物的形式进行循环

B. 人类活动大量利用煤、石油等化石燃料，打破了生物圈中碳循环的平衡

C. 碳循环具有全球性，因此碳循环失衡影响的是整个地球的生态环境

D. 通过光合作用或化能合成作用，大气中的 CO_2 转化为含碳有机物

（2）野生草本植物多具有根系发达、生长较快、抗逆性强的特点，除用于生态治理外，其中一些可替代木材栽培食用菌，收获后剩余的

菌渣可作肥料或饲料。相关叙述错误的是（　　）。

A. 种植此类草本植物可以减少水土流失

B. 菌渣作为农作物的肥料可实现能量的循环利用

C. 用作培养基的草本植物给食用菌提供碳源和氮源

D. 菌渣作饲料实现了物质在植物、真菌和动物间的转移

（3）生态系统的物质循环包括碳循环和氮循环等过程。下列有关碳循环的叙述，错误的是（　　）。

A. 消费者没有参与碳循环的过程

B. 生产者的光合作用是碳循环的重要环节

C. 土壤中微生物的呼吸作用是碳循环的重要环节

D. 碳在非生物环境与生物群落之间主要以 CO_2 形式循环

（4）“稻鱼共生系统”是我国南方的特色农业生态系统，其主要特征是在水稻田中养鱼。图 7-36 是该生态系统碳元素转移示意图，箭头和字母分别表示碳元素传递方向和转移量。下列分析错误的是（　　）。

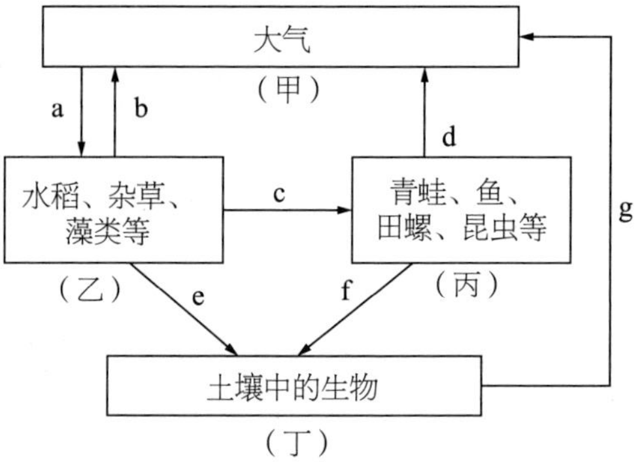

图 7-36　碳循环示意图

A. 调查丁中的小动物类群丰富度常用抽样检测法

B. 水稻生长期，该生态系统碳元素转移量为 a>（b+c+e）

C. 该生态系统显著提高了群落利用环境资源的能力

D. “稻鱼共生系统”既有较高的经济效益，又能减少农药使用，从而具有一定的生态效益

（5）为探究全球气候变暖对生态系统的影响，研究者将20个人工淡水池塘均分成两组，对照组保持环境温度，实验组温度始终比对照组高4℃（利用温控装置），并从附近淡水栖息地搜集水生生物投入池塘。连续多年观测发现，池塘逐渐形成主要由浮游植物和浮游动物组成的群落。第15年时，池塘中浮游植物和浮游动物生物量（单位体积水体中生物体的质量）的检测结果如图7–37所示。

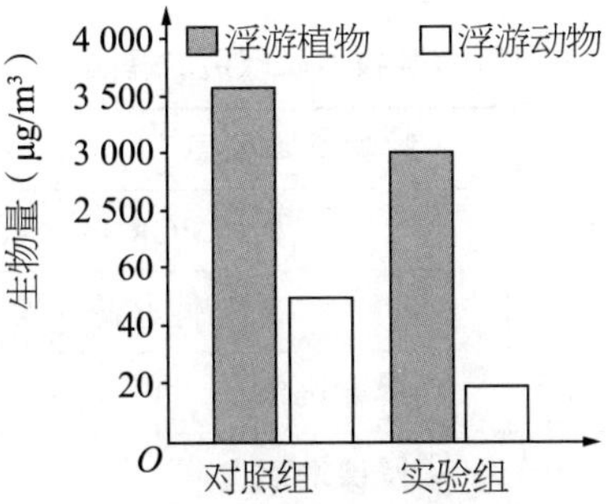

图7–37　不同温度下池塘群落生物量的长期变化

回答下列问题：

①池塘生物群落区别于湖泊生物群落的重要特征为________，池塘生物群落从简单到复杂的过程中发生了________演替。

②某种水生生物被投入池塘后，其种群数量将呈________形增长，若该生物种群密度在较长时期保持相对稳定，表明其种群数量已达到了________________。

③从能量流动角度来分析，升温导致该生态系统总生物量降低的原因可能是________________。

第五节

选择性必修 3 教学设计案例

案例 13："利用 PCR 技术获取目的基因"教学设计

表 7-18 教学设计示例——利用 PCR 技术获取目的基因

<table>
<tr><th colspan="5">教学基本信息</th></tr>
<tr><td rowspan="2">教学内容</td><td>教学主题</td><td colspan="3">利用 PCR 技术获取目的基因</td></tr>
<tr><td>章节目录</td><td colspan="3">选择性必修 3 第三章第 2 节</td></tr>
<tr><td>课型</td><td>新授课</td><td>授课班级</td><td colspan="2">高二（2）班</td></tr>
<tr><td>授课时间</td><td>2022 年 4 月</td><td>授课地点</td><td colspan="2">高二（2）班</td></tr>
<tr><td>授课教师</td><td>曹凯</td><td>辅助手段</td><td colspan="2">多媒体、自制模型、希沃授课助手</td></tr>
<tr><th colspan="5">学习目标与教学策略</th></tr>
<tr><td>单元教学目标</td><td colspan="4">【内容要求】
基因工程赋予生物新的遗传特性
【学业要求】
掌握基因工程的基本操作程序中各步骤：目的基因的获取、基因表达载体的构建，目的基因导入受体细胞和目的基因及其表达产物的检测鉴定的原理、操作和应用</td></tr>
<tr><td>本节课在单元教学中的地位</td><td colspan="4">本节课是本单元第二节的第一模块中重难点内容，第二节"基因工程的基本操作程序"是本章核心内容，而其中"目的基因的获取"也是基因工程操作的先决条件，如何正确地获取目的基因，是基因工程实现的首要目标，本节课在"目的基因的获取"中具有技术原理的应用意义，是这一部分的理论升华，具有实际价值。因此，</td></tr>
</table>

（续表）

<table>
<tr><td>本节课在单元教学中的地位</td><td colspan="3">在单元结构中，本节课作为本节第一部分，对本节内容明确研究目标的引领作用。在发展单元教学目标中，本节课作为模型建构设计的课型，有助于帮助学生深入理解目的基因如何获取，把握基因工程的操作主体。本节内容是完成课程目标、模块学习目标、单元学习目标的良好载体</td></tr>
<tr><td rowspan="3">课时学习目标确定依据</td><td rowspan="2">课标分析</td><td>内容要求</td><td>5.1.3 阐明基因工程的基本操作程序主要包括目的基因的获取、基因表达载体的构建、目的基因导入受体细胞和目的基因及其表达产物的检测鉴定等步骤</td></tr>
<tr><td>学业要求</td><td>掌握基因工程的基本操作程序中各步骤：目的基因的获取、基因表达载体的构建、目的基因导入受体细胞和目的基因及其表达产物的检测鉴定的原理、操作与应用</td></tr>
<tr><td>内容分析</td><td colspan="2">本节课是本单元第二节第一模块的最后核心部分，从内容上看，本节课是第一模块的概括，是后面三个模块的研究主体
本节课挑选高考重难点和学生易错点，进行形象化的模型建设设计，意在最大程度地帮助学生消化、内化利用 PCR 技术获取目的基因的技术原理，通过模型建构的教学策略将生涩难懂的技术原理与实际操作技术应用过程联系起来，相当于给技术的原理和应用搭桥，帮助学生更好地理解原理，明确技术的应用价值
本课以模型的形式展示本节课的核心内容“利用 PCR 获取目的基因的原理过程”，在完成任务的过程中，发展学生的结构功能观等生命观念，培养学生质疑推理、分析综合、模型构建等科学思维，在模型建构过程中，通过遇到矛盾、解决矛盾，进而遇到新的矛盾解决新的矛盾的过程，培养学生发现问题、解决问题的能力，并通过模型构建过程体会技术原理推理过程的艰辛，进而体会科研工作的艰辛，体会成功是从一次次失败中获得的，形成尊重知识、尊重他人劳动成果、崇拜科学研究的社会责任感。最后通过科研结果的展示来提高学生对科学—技术—社会的理解，及对技术改变生活的认同感</td></tr>
</table>

（续表）

<table>
<tr><td>课时学习目标确定依据</td><td>学情分析</td><td>学生学了前两章，对生物技术与工程有了一定的认识，对技术和工程的学习方法有了一定的理解，具备一定程度的结构功能观等生命观念，科学思维和科学探究素养都有一定的基础，并能认同科学—技术—社会的联系，学习完第三章的第一节和第二节的第一部分，对基因工程的工具和目的基因的概念、PCR 技术原理及实验操作过程均有一定的认识，但停留在生涩的理论层面，不能真正融会贯通利用 PCR 技术获取目的基因，为基因工程所用。甚至不少学生对基因和 DNA 的关系都已经忘却，想要将课本上 PCR 技术的概念与获取目的基因的应用联系到一起，是学生的学习难点
授课班级的学生选课组合为纯理科，具备一定的科学思维和较强的动手能力，但整体学习能力一般</td></tr>
<tr><td>学习目标</td><td colspan="2">（1）通过 DNA 与基因的联系和引物的选择，形成引物序列的特异性决定 PCR 产物特异性的生命观念，在模拟 PCR 过程获取目的基因的模型构建中，通过分析比对 DNA、基因和引物序列、碱基配对过程形成遗传特异性的结构功能观和遗传观（生命观念）
（2）在模拟 PCR 过程获取目的基因的模型构建过程中，通过建模中出现错误并进行反思互评纠错进而完善模型，最终找出目的基因并构建目的基因数量变化的数学模型，培养批判性思维和建模思维（科学思维）
（3）通过建模过程中一次次失败和反思改正，体会科学研究的不易，学会尊重知识尊重他人劳动成果，在防龋齿的转基因番茄原理设计、表达和免疫小鼠的成功中体会技术与社会的联系，培养科技改变生活的现代科技自信的社会责任感（社会责任）</td></tr>
<tr><td>评估任务</td><td colspan="2">任务 1：回顾旧识，正确阐明 PCR 技术原理，区分基因和 DNA 的关系
任务 2：阅读资料，根据 PCR 原理和已知序列选择合适的扩增引物
任务 3：根据任务，小组合作完成利用 PCR 扩增目的基因的模型构建
任务 4：根据物理模型，推断 PCR 扩增 n 轮后目的基因数量的数学模型</td></tr>
<tr><td>教学策略</td><td colspan="2">模型构建，多媒体辅助，探究式学习</td></tr>
</table>

（续表）

板书设计			
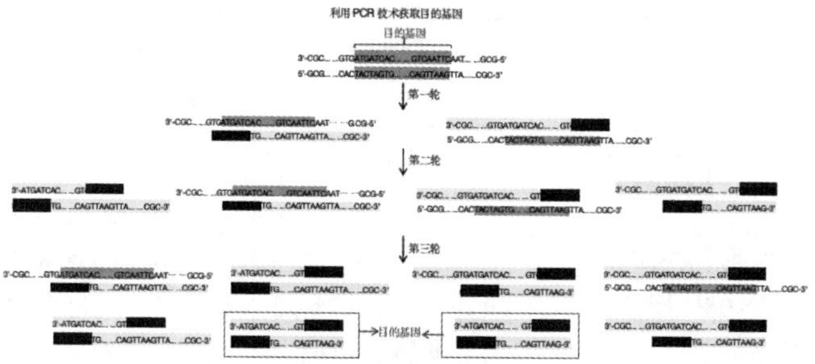			
教学环节与任务			
环节 1：创设情境，引出主题			
教师活动	学生活动	评价指标	评价方式
展示资料：科研人员正在研究的植物口服疫苗之一——防龋齿的转基因番茄，说明植物口服疫苗的原理是通过基因工程技术将特定抗原基因转入植物体内，使植物成为生产该抗原蛋白的生物反应器，在人体取食该植物时接受抗原刺激而获得免疫能力。	聆听，理解	通过阅读图文资料及聆听教师讲解，能理解防龋齿转基因番茄的制备原理及研究意义	课堂观察
防龋齿转基因番茄是将人和动物主要致龋菌“变异链球菌”的主要抗原蛋白基因 PAcA 转入番茄体内，并使其表达	思考并认同		
点明主题：科研人员在该研究中是利用 PCR 技术获取目的基因的，请同学们回顾 PCR 技术的原理、条件及过程 任务驱动：PCR 技术是体外模拟体内的 DNA 分子复制，而科研人员用该方法来获取目的基因，回顾基因和 DNA 的关系	踊跃回答：PCR 技术是通过热变性原理在体外模拟体内 DNA 分子复制。需要四个条件 过程：通过控制温度实现高温变性、低温复性、中温延伸	踊跃地回答出 PCR 技术的原理、条件及过程，并在同学们的互评中认同正确的理论	课堂观察 课堂提问

（续表）

展示资料：提取出的 DNA 片段与其上目的基因 PAcA 之间的关系图：  任务驱动：如何利用 PCR 技术只获取该 DNA 片段中的目的基因序列片段？ 说明本节课研究的主题“利用 PCR 技术获取目的基因”	思考回答：基因是有遗传效应的 DNA 片段 初步思考，认同本节课研究价值	作出正确回答，厘清基因和 DNA 的关系，制造认知矛盾 思考利用 PCR 技术进行 DNA 复制和获取目的基因的区别	课堂观察 课堂提问
环节 2：质疑反思，厘清重点			
教师活动	**学生活动**	**评价指标**	**评价方式**
设置问题串，引导学生思考： （1）怎样利用 PCR 技术在 DNA 复制过程中锁定目的基因中的序列，只复制出目的基因序列？ （2）引物为什么能锁定目的基因序列？（特异性） （3）如果给你四种引物，请你选择想扩增该目的基因的适宜引物？ A、5′-TACTAG-3′　B、5′-GTTAAG-3′ C、3′-ATGATC-5′　D、3′-CAATTC-5′ 请学生说明选择原因，此处学生说出引物的方向问题，因该生只选择一条引物，提出质疑：一个 DNA 分子复制后得到两个子代 DNA 分子，应需要几个引物？其他学生补充选择。并说明原因	思考，推测，作出猜想 尝试合理解释猜想 认真思考，小组讨论，逐一排除，得出结论 解释选择的原因，互评纠错，最终认同应选择两条引物和引物所具备的特点	根据 PCR 技术原理，答出引物具备引导 DNA 片段序列复制的功能 答出引物上特定的碱基序列可与特定的模板序列配对 不同学生选择不同，通过解释原因进行自查和互评后共同认同 PCR 复制出一段目的基因需要两种不同的引物序列，并认同引物具备的特点	课堂观察 课堂提问 课堂观察 课堂提问 学案资料作答

（续表）

环节 3：模型构建，突破难点			
教师活动	**学生活动**	**评价指标**	**评价方式**
任务驱动：模拟 PCR 过程，利用所选引物扩增出第一轮子代 DNA 分子 [要求：（1）找到适宜的模板和引物（蓝色纸条）分别粘贴在学案对应位置；（2）子链 DNA 合成时，延伸的碱基序列写在学案对应位置；（3）出现错误时，可用白纸条粘贴遮盖]	聆听要求，讨论，动手协作制作模型	通过观察模型制作过程中不同小组遇到的问题程度，说明对任务理解的情况	课堂观察 课堂提问
小组合作完成，在此过程中指导学生遇到的问题用“希沃授课助手”即时拍照上传屏幕，与学生们一起讨论评价相关问题。例如：有同学将新合成的序列写到了目的基因处就不再往后写，提出质疑：什么能决定延伸的位置？引导学生将扩增出的序列继续延伸至 DNA 序列结束，除非延伸时间受限	小组讨论遇到困难时请教教师，并由教师用希沃上传大屏幕与其他学生共同讨论后完成学案上模型构建	不同小组模型制作中遇到问题不同，体现出学生对 PCR 技术原理的把握程度，或任务要求的是否理解透彻。参与讨论和问题回答的情况	课堂观察 课堂提问 学案资料作答
指导板演：挑选完成较快的小组同学上黑板合作将模型板演在黑板上。共同完成后，应请板演同学作出如此构建模型的说明，进而学生互评	个别小组合作上黑板板演进行模型展示和说明，并与其他小组共同讨论，达成用 PCR 技术扩增目的基因时的原理过程的共识	正确写出用 PCR 技术扩增出的第一轮子代 DNA 分子序列	课堂提问 板演互评
评价总结：请同学观察有没有获得想要的目的基因 PAcA？	观察并作答	正确板演出 PCR 技术扩增出的第一轮子代 DNA 分子序列的过程，并作出正确过程说明	课堂提问
任务驱动：模拟 PCR 过程，以第一轮复制出的 DNA 分子为模板，继续复制第二轮、第三轮，作出子代 DNA 的模型，直到子代 DNA 中出现目的基因 PAcA 为止，标出目的基因	聆听要求，讨论，动手协作制作模型		课堂观察 课堂提问

（续表）

在学生小组交流和模型制作中，全面观察各小组制作模型遇到的问题，并将典型问题拍照上传，跟同学们共同交流讨论。此时学生遇到的问题主要在于并未按照DNA分子半保留复制的特点，在子代DNA分子中各保留母链中的一条。经纠错后，学生修改模型，并依此构建出复制第三轮的子代DNA分子，并标出目的基因 指导板演：挑选完成较快的小组同学合作上黑板板演模型。共同完成后，应请板演同学作出模型构建的说明，引导学生互评，指出目的基因 评价总结：经过三轮扩增，终于获取了目的基因。同学们在此过程中应该体会到了科学研究过程的艰辛，我们看到的PCR仪简单的按钮操作，凝集着多少科学家的辛苦研究成果，提倡尊重知识	同样在遇到困难时请教教师，并由教师用希沃上传大屏幕与其他学生共同讨论后完成学案上模型构建 个别小组合作上黑板板演进行模型展示和说明，并与其他小组共同讨论，在此过程中出现问题纠正问题，形成概念，明确用PCR获取目的基因的原理。体会科研的困难艰辛	观察后回答并未得到目的基因 通过观察模型制作过程中不同小组遇到的问题程度，说明对任务理解的情况 正确写出用PCR技术获取目的基因的过程，并标出目的基因 正确板演出PCR技术获取目的基因的过程，并作出正确过程说明	课堂观察 课堂提问 学案资料 作答 课堂提问 板演互评
环节4：构建数模，总结提升			
教师活动	**学生活动**	**评价指标**	**评价方式**
任务驱动：尝试建立PCR扩增n轮后产物中目的基因数量的数学模型 根据建模结果，指出利用PCR技术，不仅可以获取目	思考，讨论，演算，作答 观察、理解并认同	小组讨论后答出利用PCR技术扩增n轮后，所得目的基因	课堂观察 课堂提问 学案资料 作答

（续表）

<table>
<tr><td>的基因，还能获得大量的目的基因
统揽全局：视频展示利用 PCR 获取大量目的基因的原理
展示资料：已经被科研人员验证的实验结果，即 PAcA 基因在转基因番茄中表达出 PAcA 蛋白实验数据，和小鼠取食转基因番茄后相应抗体产生量与直接接受抗原刺激后抗体产生量相近
总结升华：相信在不久的将来，这项研究能进行临床应用，并真正解决被龋齿困扰的人。科技改变生活</td><td>观看、回顾，深入内化利用 PCR 技术获取目的基因的原理
理解并认同</td><td>数为 2^n-n，即接近指数型增长
观看视频，深入理解 PCR 技术获取目的基因的原理</td><td>课堂观察</td></tr>
<tr><td colspan="4">课后自评</td></tr>
<tr><td colspan="4">本节课挑选高考重难点和学生易错点，进行形象化的模型建设设计，意在最大程度地帮助学生消化、内化利用 PCR 技术获取目的基因的技术原理，通过模型建构的教学策略将生涩难懂的技术原理与实际操作技术应用过程联系起来，相当于给技术的原理和应用搭桥，帮助学生更好地理解原理，明确技术的应用价值
本课通过对教学内容的分析和结构化，设计了 4 个教学环节，制定了相应的课堂评价指标，在各个教学环节中，将学生活动与评价任务实时结合起来，在教师的有序引导下，逐步完成模型建构，以模型的形式展示本节课的核心内容“利用 PCR 获取目的基因的原理过程”，在完成任务的过程中，发展学生的结构功能观等生命观念，培养学生质疑推理、分析综合、模型构建等科学思维，在模型建构过程中，通过遇到矛盾、解决矛盾，进而遇到新的矛盾解决新的矛盾的过程，培养学生发现问题、解决问题的能力，并通过模型构建过程体会技术原理推理过程的艰辛，进而体会科研工作的艰辛，体会成功是从一次次失败中获得的，形成尊重知识、尊重他人劳动成果，崇拜科学研究的社会责任感。最后通过科研结果的展示来提高学生对科学—技术—社会的理解，及对技术改变生活的认同感
本节课是教师对选择性必修三中第三章第二节的第一模块“目的基因的获取”中 PCR 技术部分与目的基因获取部分联系后，展示的该模块中最后一课时。该课前期已进行了目的基因的概念、筛选，及 PCR 技术的原理实验过程等的学习。受疫情限制，该课在实际授课中因前期铺垫过于紧凑，使得课程效果略打折扣，模型建构所花费时间较长，未在预定时常内完成，若有足够时间进行前期内容的学习，则可达到更为理想的结果</td></tr>
</table>

《利用 PCR 获取目的基因》学案及课堂评价资料

【任务一】从下面四种引物中选择适合目的基因 PAcA 的引物？

目的基因PAcA

3^{1}-CGC... ...GTGATGATCAC... ...GTCAATTCAAT... ...GCG-5^{1}

5^{1}-GCG... ...CACTACTAGTG... ...CAGTTAAGTTA... ...CGC-3^{1}

含目的基因*PAcA*的DNA片段

含目的基因*PAcA*的DNA片段

A、5'–TACTAG–3'　　B、5'–GTTAAG–3'

C、3'–ATGATC–5'　　D、3'–CAATTC–5'

【任务二】模拟 PCR 过程，用所选引物扩增出第一轮 DNA 分子。

要求：

（1）找到适宜的模板和引物（蓝色纸条）分别粘贴在学案对应位置；

（2）子链 DNA 合成时，延伸的碱基序列写在学案对应位置；

（3）出现错误时，可用白纸条粘贴遮盖。

目的基因PAcA

3^{1}-CGC... ...GTGATGATCAC... ...GTCAATTCAAT... ...GCG-5^{1}

5^{1}-GCG... ...CACTACTAGTG... ...CAGTTAAGTTA... ...CGC-3^{1}

含目的基因*PAcA*的DNA片段

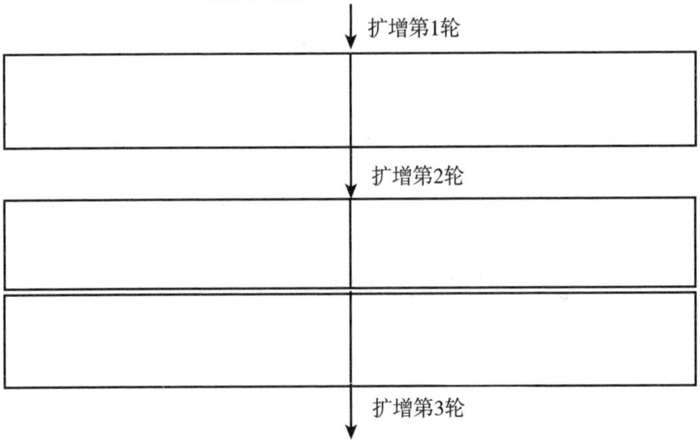

【任务三】模拟 PCR 过程，从 DNA 片段中获取目的基因 PAcA。

要求：（1）利用合适的模板和引物（蓝色纸条），在学案对应位置表示出第二轮或第三轮子代 DNA 分子，直到找到目的基因并标出。

（2）除引物和总模板粘贴外，其他碱基序列均写在学案对应位置。

（3）出现错误时，可用白纸条粘贴遮盖。

【任务四】建立 PCR 扩增 n 轮后产物中目的基因数量的数学模型。

循环次数	总 DNA 分子数	其他 DNA 分子数	目的基因数
1			
2			
3			
4			
5			
…	…	…	…
n			

《利用 PCR 技术扩增目的基因》课后评价习题设计

（1）利用 PCR 既可以快速扩增特定基因，也可以检测基因的表达。下列有关 PCR 的叙述，错误的是（　　）。

A. PCR 用的 DNA 聚合酶是一种耐高温酶

B. 变性过程中，双链 DNA 的解开不需要解旋酶

C. 复性过程中，引物与模板链的结合遵循碱基互补配对原则

D. 延伸过程中，需要 DNA 聚合酶、ATP 和 4 种核糖核苷酸

（2）利用 PCR 可以在体外进行 DNA 片段的扩增，下列有关“DNA 片段的扩增及电泳鉴定”实验的相关叙述，错误的是（　　）。

A. PCR 实验中使用的微量离心管、枪头和蒸馏水等在使用前必须进行高压蒸汽灭菌处理

B. PCR 利用了 DNA 的热变性原理

C. PCR 所用的缓冲液和酶从冰箱拿出之后，迅速融化

D. 在向微量离心管中添加反应组分时，每吸取一种试剂后，移液器上的枪头都必须更换

（3）利用 PCR 技术扩增目的基因，其原理与细胞内 DNA 复制类似（见图 7–38）。图中引物为单链 DNA 片段，它是子链合成延伸的基础。下列叙述错误的是（　　）。

A. 用 PCR 方法扩增目的基因时不必知道基因的全部序列

B. 设计引物时需要避免引物之间形成碱基互补配对而造成引物自连

C. 复性温度过高可能导致 PCR 反应得不到任何扩增产物

D. 第四轮循环产物中同时含有引物 A 和引物 B 的 DNA 片段所占的比例为 15/16

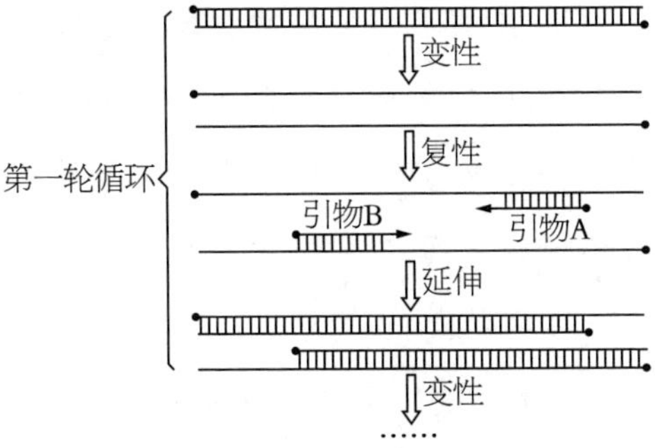

图 7-38　PCR 示意图

（4）实时荧光 RT-PCR 可用于 RNA 病毒的核酸检测，其原理是：在 PCR 复性过程中探针和引物一起与模板结合，探针两侧分别带有荧光基团和抑制荧光发出的淬灭基团，新链延伸过程中，DNA 聚合酶会破坏探针，导致荧光基团与淬灭基团分离而发出荧光。利用 RT-PCR 进行核酸检测的相关过程如图 7-39 所示。下列说法错误的是（　　）。

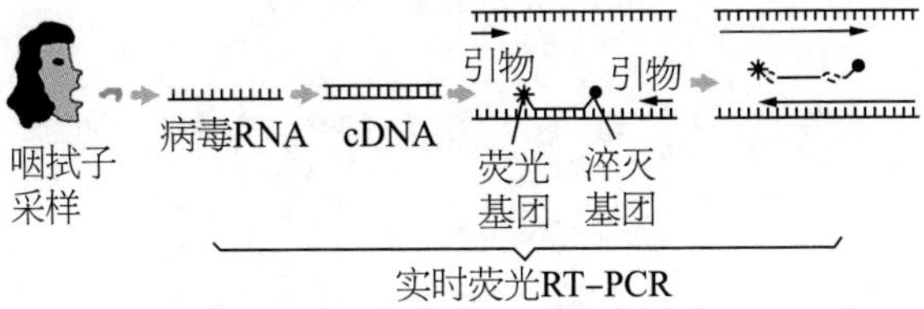

图 7-39　实时荧光 RT-PCR 示意图

A. 做 RT-PCR 之前，需要先根据 cDNA 的核苷酸序列合成引物和探针

B. RNA 不能作为 PCR 扩增的模板，故需要将样本中的 RNA 逆转录为 DNA 后再进行扩增

C. 若检测结果有强烈荧光信号发出，说明被检测者没有感染病毒

D. 病毒的检测还可以检测病毒表面的物质或病毒引发产生的抗体，其原理都是抗原-抗体杂交

（5）荧光定量 PCR 技术可定量检测样本中 DNA 含量，其原理是：在 PCR 反应体系中加入引物的同时，加入与某条模板链互补的荧光探针，当 TaqDNA 聚合酶催化子链延伸至探针处会水解探针，使荧光监测系统接收到荧光信号，即每扩增一次，就有一个荧光分子生成（见图 7-40）。Ct 值（循环阈值）的含义为：每个反应管内的荧光信号到达设定阈值时所经历的循环数。下列说法不正确的是（　　）。

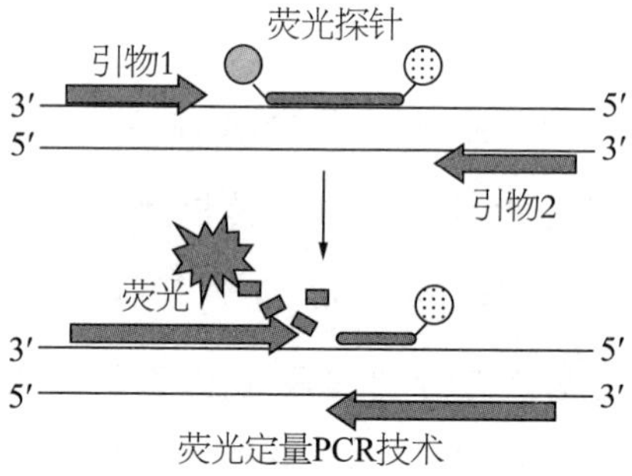

图 7-40　荧光定量 PCR 示意图

A. 检测新冠病毒时，需加入逆转录酶将新冠病毒 RNA 转化为 cDNA

B. PCR 每个循环包括变性、复性（引物和模板结合）、延伸 3 个阶段

C. Ct 值越大，表示被检测样本中病毒数目越多，患者危险性更高

D. 若样本被污染，RNA 酶将病毒 RNA 降解，检测结果可能为阴性

案例 14：“基因工程的应用”教学设计

表 7-19　教学设计示例——基因工程的应用

<table>
<tr><th colspan="4">教学基本信息</th></tr>
<tr><td rowspan="2">教学内容</td><td>教学主题</td><td colspan="2">基因工程的应用</td></tr>
<tr><td>章节目录</td><td colspan="2">选择性必修 3 第 3 章第 3 节</td></tr>
<tr><td>课型</td><td>复习课</td><td>授课班级</td><td>高二（2）班</td></tr>
<tr><td>授课时间</td><td>2021 年 6 月</td><td>授课地点</td><td>高二（2）班</td></tr>
<tr><td>授课教师</td><td>常振宇</td><td>辅助手段</td><td>多媒体</td></tr>
<tr><th colspan="4">学习目标与教学策略</th></tr>
<tr><td>单元教学目标</td><td colspan="3">【内容要求】
基因工程赋予生物新的遗传特性
【学业要求】
结合生活或生产实例，举例说出基因工程及相关技术的基本原理（生命观念）
针对人类生产或生活的某一需求，在基因工程中选取恰当的技术和方法，尝试提出初步的工程学构想，进行简单的设计和制作（生命观念、科学探究）</td></tr>
<tr><td>本节课在单元教学中的地位</td><td colspan="3">本单元面向进行一轮复习的高二学生，旨在全面提升学生生物学学科核心素养。学生已经构建起基因表达和基因工程等概念，但概念之间呈现碎片化状态，没有联系及整合。学生对于新冠疫苗并不陌生，甚至已经开始接种新冠疫苗，但对于新冠疫苗的认识仅停留在表层，没有进行深入的探究与思考。基于以上问题，依托社会热点“一针新冠疫苗”为情境主线，深入挖掘情境中涉及的大概念，并找到概念之间的联系，将其整合、迁移，最终根据学生认知逻辑对概念进行重新建构。通过探索腺病毒载体疫苗的安全性、有效性的讨论，培养学生的科学思维和科学探究能力，深入理解现代生物技术的应用和基因表达中的分子机制，深化对信息观、稳态与平衡观的理解。同时，通过探索我国陈薇院士及其团队获得专利的腺病毒载体疫苗制备，激发学生的爱国情怀，培养社会责任感，鼓励学生积极运用生物学的知识和方法，关注社会热点问题，提升提出、解决问题的能力</td></tr>
</table>

（续表）

<table>
<tr><td rowspan="4">课时学习目标确定依据</td><td rowspan="2">课标分析</td><td>内容要求</td><td>（1）阐明基因工程的基本操作程序主要包括目的基因的获取、目的基因及其表达产物的检测鉴定等步骤
（2）举例说明基因工程在农牧、食品及医药等行业的广泛应用改善了人类的生活品质</td></tr>
<tr><td>学业要求</td><td>（1）能够基于基因工程应用的事实，运用基因工程的原理，参与推广和应用基因工程产品等社会行为的讨论，理性地作出个人决策
（2）认同基因工程给现代农牧业、食品及医药等行业带来了深刻的变化，产生了巨大的社会效益和经济效益</td></tr>
<tr><td>内容分析</td><td colspan="2">本单元首先以重组腺病毒载体疫苗作为情境，用基因工程的基本操作程序贯穿，通过分析疫苗制备的技术路线，探究病毒的复制、基因的表达以及多种现代生物技术的应用，进一步体会生物学知识和技术在社会实际中的创新性和实用性</td></tr>
<tr><td>学情分析</td><td colspan="2">本单元定位于一轮复习课，学生已学完基因工程的相应知识，针对本单元内容创设新冠疫苗这一热点话题情境，让学生尝试利用所学知识解决实际问题，同时对其中蕴含的基础知识进行复习回顾，引导学生透过现象看本质，将零散的知识在脑海中构建成网络，形成有效联系</td></tr>
<tr><td>学习目标</td><td colspan="3">（1）通过分析腺病毒载体疫苗研发过程并结合资料推测腺病毒疫苗一针起效的原因
（2）基于资料分析，评估腺病毒疫苗的安全性和有效性
（3）针对疫情需求，能运用腺病毒载体技术设计获得新型疫苗的方案
（4）能够基于对疫苗研发技术路线的认识，以理性的态度对待疫苗接种，认同我国科研工作者和医务工作者在全球疫情防控中的突出贡献</td></tr>
</table>

（续表）

评估任务	任务 1：将腺病毒改造为复制缺陷型病毒作为疫苗载体 任务 2：分析腺病毒载体疫苗发挥免疫作用的机理 任务 3：与灭活疫苗比较，分析腺病毒载体疫苗一针起效的原因 任务 4：根据三类疫苗的部分信息结合自身情况综合分析，选择适合自己的疫苗进行接种
教学策略	学教评一致性，问题驱动

板书设计

教学环节与任务

环节 1：以改造后腺病毒为载体，完成腺病毒载体疫苗研发的技术路线

教师活动	学生活动	评价指标	评价方式
教师展示资料，总结前两课时已完成的改造 S 基因和利用 PCR 技术大量获取 S 基因等工作	回忆前两课时所学		
展示腺病毒侵染机体的特点和腺病毒遗传物质的构成，提出问题：“如何将腺病毒改造为疫苗载体？”	思考敲除腺病毒中与 DNA 复制有关的基因，将 S 基因转入这样的复制缺陷型腺病毒	能根据情境提出利用复制缺陷型腺病毒作为载体疫苗	课堂提问

（续表）

教师展示陈薇院士团队利用 E1、E3 联合缺陷的人 5 型腺病毒作为载体。这种腺病毒能够侵染人体细胞，但由于基因缺陷而无法复制并大量繁殖，避免了作为载体的病毒可能带来的危险	根据腺病毒的基因复制所需条件分析，破坏 E 基因的完整性即可限制腺病毒复制	提出制造复制缺陷型病毒的具体方法	学案检测
复制缺陷的腺病毒中携带的疫苗无法通过腺病毒的复制而增加，教师继续提出问题：如何使复制缺陷型的腺病毒载体疫苗实现量产？	从体外的细胞培养体系中寻找解决问题的方法，使用能表达复制缺陷型腺病毒缺失基因的体外细胞，待细胞裂解后纯化病毒制成疫苗	提出找一种能表达复制缺陷型腺病毒缺失基因的细胞系，可以培养复制缺陷型腺病毒	课堂观察
出示康希诺公司生产的以 5 型腺病毒为载体的重组新型冠状病毒疫苗实物图（商品名为“克威莎”），并整体回顾“克威莎”的技术研发路线	结合前两课时内容，整体回顾技术研发路线	形成一针疫苗的完整技术路线	课堂观察
环节 2：评价腺病毒载体疫苗的安全性和有效性			
教师活动	**学生活动**	**评价指标**	**评价方式**
教师提供资料：疫苗主要有三个评价标准，即安全性、有效性和可量产。教师提出问题：虽然科研工作者已经做了很多工作，但是腺病毒载体新冠疫苗真的安全吗？	讨论之后师生共同总结，所有的上市疫苗都经过大规模试验，安全性均有保证	认同疫苗的安全性	课堂观察

（续表）

出示自己弟弟接种腺病毒载体疫苗后体温升高的事实，结合实例提出年轻人接种腺病毒载体疫苗发热率高的合理假设	年轻人免疫力强，机体对腺病毒有强烈的特异性免疫，导致发热率高	从腺病毒引发免疫的角度分析体温升高的原因	课堂提问
展示陈薇院士的解释："其实会有这个争议，是因为我国与国外发热标准不一致。目前在国外38℃以上才算发热，但在我国37.3℃就已经算发热了。如果我们以国外38℃为标准的话，腺病毒载体疫苗的发热率才4.8%。不只如此，还有肌肉痛、恶心、疲乏头痛等，都比其他相关的疫苗低。"	结合免疫学知识，认同陈薇院士的解释		课堂观察
教师继续引导学生思考有关腺病毒载体新冠疫苗有效性的判断，资料展示模型小鼠接种后的实验结果	结果显示，疫苗可显著增加血清中的抗体含量，且抗体含量与疫苗剂量呈正相关	能根据实验结果得出结论，认同疫苗的有效性	课堂提问
教师继续出示临床试验数据的资料：2021年2月24日"克威莎"发布Ⅲ期数据，结果显示对所有症状总体保护效力分别为单针接种28天后65.28%，单针接种14天后68.83%。对重症病例保护效力分别为单针接种疫苗28天后90.07%，单针接种疫苗14天后95.47%	认同疫苗的安全性和有效性，这也验证技术路线中对疫苗安全性和有效性的设计是成功的	认同腺病毒载体疫苗的研发路线是成功的	课堂观察

（续表）

环节 3：总结腺病毒载体疫苗只需一针的原因			
教师活动	学生活动	评价指标	评价方式
教师出示自己的新冠疫苗接种证明，自述接种时的情况，引导学生思考：灭活疫苗为何需要接种完第一针 21 天后再接种第二针？	接种两针有利于抗体和记忆细胞含量增加	提出二次免疫快而强	课堂提问
出示资料：经检测发现，数周后接种腺病毒载体疫苗的志愿者体内仍然能检测到腺病毒的 DNA，且其 DNA 不会整合到人体基因组中，据此推测一针疫苗即可实现免疫的原因	腺病毒载体疫苗接种后，向细胞内释放优化后的 S 蛋白的 DNA，通过转录翻译合成 S 蛋白，由于 DNA 可以长期存在，源源不断地合成 S 蛋白，不断刺激机体产生特异性免疫，所以可以"一针起效"	比较灭活疫苗和一针疫苗的特点，解释一针起效的原因	学案达成情况
继续出示资料：以腺病毒为载体的疫苗与灭活病毒疫苗相比还能激发更为强烈的体液免疫和细胞免疫	描述腺病毒载体疫苗诱发体液免疫和细胞免疫的过程	从细胞免疫的角度分析腺病毒疫苗的有效性	课堂观察
环节 4：评价和讨论			
教师活动	学生活动	评价指标	评价方式
教师再次展示腺病毒载体疫苗研发技术路线，提出问题：若出现极强变异，如何利用腺病毒载体技术应对新冠病毒变异？	只要替换变异毒株的相关基因就可以利用此技术快速生产针对新病毒的疫苗	能将知识迁移应用	课堂提问

（续表）

教师出示疫苗接种的“中国速度”，引导学生思考若开展18周岁以下人群接种疫苗后，你是否选择接种疫苗？进而出示不同种类疫苗的相关信息，引导学生根据自身需求综合判断接种适合自己的疫苗，展示科学工作者不断研究的成果，体会我国抗击疫情的突出成果	分析不同种类疫苗的优势，综合判断接种适合自己的疫苗 认同我国在全球抗疫中的贡献	根据自身情况选择核合适疫苗，共筑群体免疫	课堂观察 课堂观察

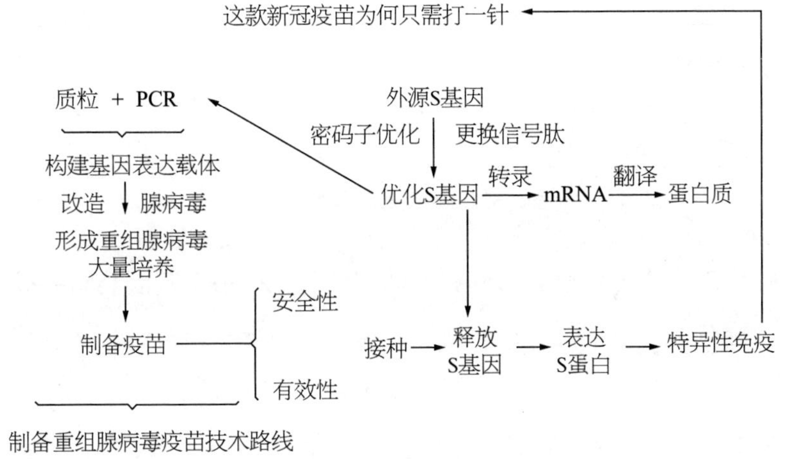

课后自评

（1）本单元以社会热点新冠疫苗的情境为主线，把学生熟悉的情境与现代前沿的生物技术相结合，通过探究一针起效的腺病毒载体疫苗研发路径，培养学生发现问题、提出问题、利用所学知识解决问题，进行知识的再建构，并将其迁移运用到新的情境中，同时熟悉科学探究的基本思路和方法，发展逻辑思维和辨证能力，促进学生从表层学习到深度学习的转变

（2）本单元以“学生何以学会”的逆向思路进行顶层设计，以学科核心素养落地为目标，将学科能力的发展点贯穿每个教学任务之中，课上以教师评价、学生自评、小组互评为主体进行多元、多角度评价，将评价任务嵌入教学过程中，努力达到“教-学-评”一致

（续表）

（3）本单元三课时的内容以学生的认知逻辑为核心问题展开探究，由浅入深，共同支撑起整个单元主题，其中蕴含的概念体系和逻辑思维符合等级考命题理念，单元及每课时设置的具体教学目标和教学重难点符合学情且可操作性强 （4）本单元侧重大概念为基因表达和基因工程，但是新冠疫苗和选择性必修1中特异性免疫联系非常密切，虽然单元中有涉及特异性免疫部分，但由于课时局限，不足以引导学生深入思考与探究这部分的内容，未来有机会可以针对新冠疫苗中涉及的免疫学知识进行拓展

“基因工程的应用”学案及课堂评价资料

任务1：腺病毒载体的改造

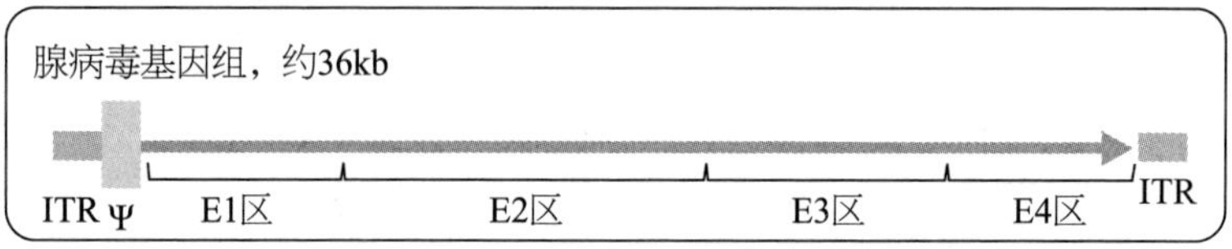

图 7-41　腺病毒基因组示意图

腺病毒的遗传物质为DNA，其复制需要E1-E4基因共同完成。陈薇院士团队利用E1、E3联合缺失人5型腺病毒作为载体。这些腺病毒能够__________，但由于基因缺陷而无法__________。

任务2：填写完整腺病毒载体疫苗发挥免疫作用的机理

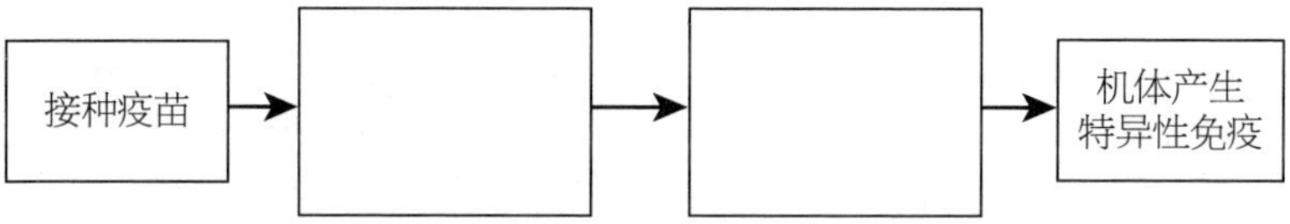

任务3：简述腺病毒载体疫苗一针起效的原因

任务4：根据三类疫苗的部分信息（见表7–20）结合自身情况综合分析，你会接种哪种疫苗？

表7–20　三类腺病毒载体疫苗部分信息

新冠疫苗种类	生产工艺	技术原理	针次	接种间隔时间	优势	劣势	总体有效率	重症保护力
国药（北京和武汉所）、科兴	灭活疫苗	采用免疫原性强的病毒培养后，通过理化方法灭活纯化后制成疫苗	两针次	建议3~8周	免疫原性良好，具有安全性，工艺稳定成熟	病毒的培养要求P3级实验室，产能会受到限制；灭活工艺要求高；不诱导细胞免疫	71.8%	89%
康希诺/军科院	腺病毒载体疫苗	将抗原基因插入到病毒载体基因中，进入人体后使之高效表达抗原蛋白，进而诱发免疫保护作用	一针次		无需操作具有感染性的病毒，成本适宜易量产，目的抗原更明确，诱导更强体液、细胞免疫，载体可发挥佐剂效应增强免疫	体内可能存在预存免疫，会对疫苗接种效果产生一定影响	65.28%	90.98%
智飞生物/微生物所	重组蛋白疫苗	将保护性抗原基因在真核细胞体系中表达，并将其产生的蛋白抗原纯化后制成疫苗	三针次	建议按0、1月、2月程序接种	无需操作具有感染性的病毒，技术稳定成熟，成本适宜易量产，目的抗原更明确，可利用佐剂提高免疫原性	免疫原性较弱，需使用佐剂，生产工艺复杂	97%	

《基因工程的应用》课后评价习题设计

（1）基于单元整体研究和图 7-42，请用文字流程图具体表述 mRNA 疫苗诱导产生免疫应答的机制，或根据信息完善流程图。

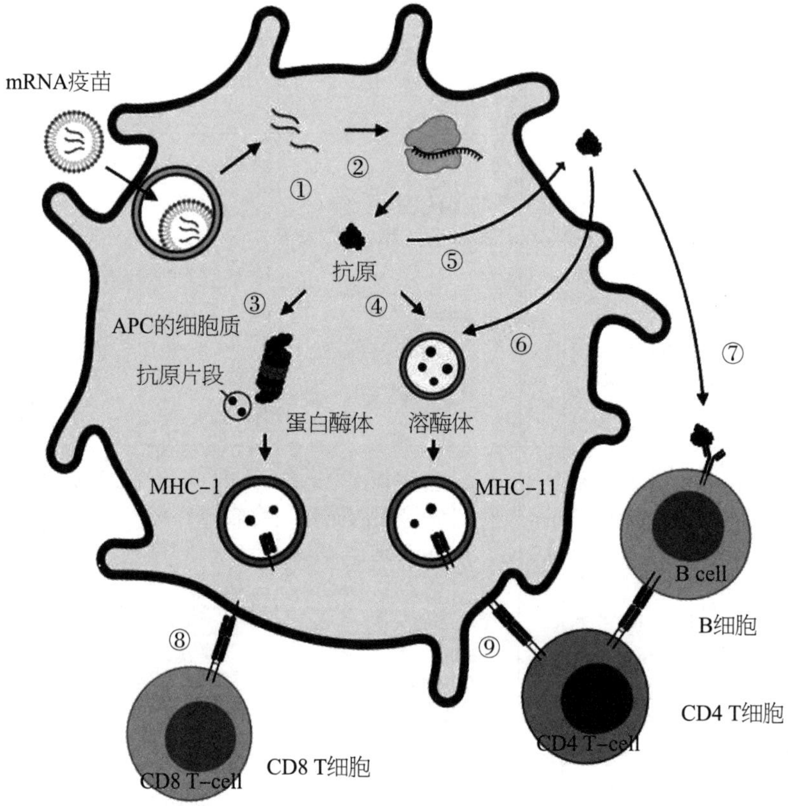

图 7-42　抗原呈递细胞处理、呈递抗原示意图

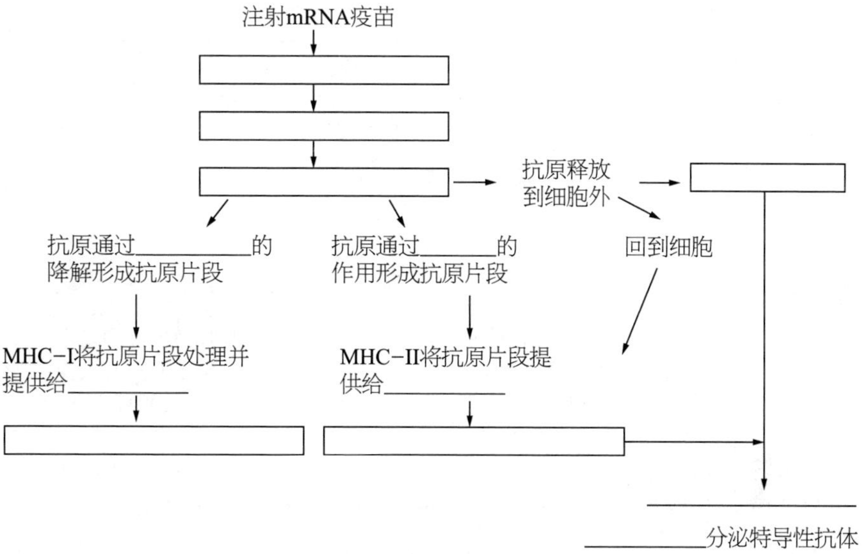

（注：① MHC-I 和 MHC-II 为组织相容性复合体，MHC-I 可以将抗原片段处理并提供给 CD8 T 细胞等辨识，MHC-II 可以将抗原片段处理并提供给 CD4 T 细胞等。② CD4 主要由辅助性 T 细胞表达。）

（2）小组合作并进行展示：通过课下查阅资料，找出感兴趣的疫苗，构建疫苗的工作原理流程图并总结疫苗发挥作用的关键证据。

案例 15：“关注生殖性克隆人”教学设计

表 7-21 教学设计示例——关注生殖性克隆人

教学基本信息			
教学内容	教学主题	关注生殖性克隆人	
	章节目录	选择性必修 3 第 4 章第 2 节	
课型	新授课	授课班级	高二（7）班

（续表）

<table>
<tr><td>授课时间</td><td>2022 年 4 月</td><td colspan="2">授课地点</td><td>高二（7）班</td></tr>
<tr><td>授课教师</td><td>任智安</td><td colspan="2">辅助手段</td><td>多媒体</td></tr>
<tr><td colspan="5">学习目标与教学策略</td></tr>
<tr><td>单元教学目标</td><td colspan="4">【内容要求】
中国禁止生殖性克隆人
【学业要求】
面对日常生活或社会热点话题中与生物技术和工程有关的话题，基于证据运用生物学基本概念和原理，就生物技术与工程的安全与伦理问题表明自己的观点并展开讨论（科学思维、社会责任）</td></tr>
<tr><td>本节课在单元教学中的地位</td><td colspan="4">本单元共三节，包括转基因产品的安全性，关注生殖性克隆人，禁止生物武器。整个单元聚焦于生物技术的安全性和伦理问题</td></tr>
<tr><td rowspan="3">课时学习目标确定依据</td><td rowspan="2">课标分析</td><td>内容要求</td><td colspan="2">（1）举例说出生殖性克隆人面临的伦理问题
（2）分析说明我国为什么不赞成、不允许、不支持、不接受任何生殖性克隆人实验</td></tr>
<tr><td>学业要求</td><td colspan="2">关注生殖性克隆人引发的伦理争论，认同我国禁止任何生殖性克隆人研究，并警惕用新技术研究生殖性克隆人</td></tr>
<tr><td>内容分析</td><td colspan="3">生物技术日新月异，已经和人类生活的各方面密切有关，为人类的生活和健康带来许多有意义的成果，同时，技术往往也会带来风险与伦理问题。生殖性克隆人是生物技术与人类健康安全和社会伦理冲突最突出的问题，也是最直接的问题。我国法律法规明令禁止生殖性克隆人，支持治疗性克隆技术的开发。本节课内容是发展学生社会责任、实施科学技术与社会的优质载体，内容既有我国的主张，也有其他的观点，内容具有一定的开放性和思辨性</td></tr>
<tr><td>课时学习目标确定依据</td><td>学情分析</td><td colspan="3">学生经过对基因工程、细胞工程内容的学习，具备了进一步探讨生物技术伦理和安全性的基础。班级学生对学习和生活中的相关话题有一定的关注，在课堂学习中，思维活跃，喜欢课堂讨论和交流，但在利用证据和事实进行论辩方面尚存不足</td></tr>
</table>

（续表）

<table>
<tr><td>学习目标</td><td colspan="3">（1）举例说明生殖性克隆与治疗性克隆的差别
（2）通过讨论交流，阐述我国关于禁止生殖性克隆人的政策
（3）查阅资料调查世界各国和机构对克隆技术的要求和规则
（4）运用所学知识向家人、同学和社会宣传和阐释我国关于生殖性克隆人的法律要求</td></tr>
<tr><td>评估任务</td><td colspan="3">（1）正确区分生殖性克隆和治疗性克隆
（2）正确、全面说明我国法律禁止生殖性克隆的依据
（3）基于调查事实证据，展开生殖性克隆的讨论论辩，整理宣传稿</td></tr>
<tr><td>教学策略</td><td colspan="3">学教评一致，讨论，任务驱动</td></tr>
<tr><td colspan="4">板书设计</td></tr>
<tr><td colspan="4">克隆技术
├ 生殖性克隆　　我国法律明令禁止
└ 治疗性克隆　　我国法律法规有效监控和严格审查</td></tr>
<tr><td colspan="4">教学环节与任务</td></tr>
<tr><td colspan="4">环节 1：概念比较</td></tr>
<tr><td>教师活动</td><td>学生活动</td><td>评价指标</td><td>评价方式</td></tr>
<tr><td>任务 1：阅读教材中关于“生殖性克隆”和“治疗性克隆”的概念，尝试举例说明两者概念的差异。</td><td>自主阅读教材，思考问题，回答问题</td><td>正确区分治疗性克隆和生殖性克隆</td><td>课堂观察，课堂问题回答</td></tr>
<tr><td>根据学生提问回答情况，给予评价和引导，指导阅读学习的过程和方法</td><td>交流，聆听</td><td>能根据概念，结合自己已有认知，举例区分两者的区别</td><td></td></tr>
<tr><td>对“生殖性克隆”和“治疗性克隆”进行比较讲解</td><td>聆听，思考</td><td></td><td>课堂观察</td></tr>
</table>

（续表）

环节 2：阐释法规			
教师活动	学生活动	评价指标	评价方式
任务 2：阅读教材关于“我国禁止生殖性克隆人”内容，举例说明我国相关法律制定的基础 对阅读过程给予积极评价，对阅读过程和方法进行指导 组织学生对生殖性克隆的相关法律制定基础进行讨论、交流 对过程和结果进行引导和积极评价 对讨论过程和结果进行总结，归纳讨论结论。从“无父母心理伤害”“家庭伦理关系”“生理缺陷”“家庭、两性、婚姻关系”“人类尊严”“生物多样性自然属性”对生殖性克隆进行法规制定的阐释	自主阅读教材，思考问题，对发挥建立的各种基础进行思考，尝试举例说明 聆听、交流、思考 讨论，交流，思考 聆听，笔记	阅读后，分类整理，从“无父母心理伤害”“家庭伦理关系”“生理缺陷”“家庭、两性、婚姻关系”“人类尊严”“生物多样性自然属性”等角度中的一部分举例阐释	课堂观察，课堂交流，问题讨论情况和问题阐释情况 课堂观察
从“有效监管”和“严格审查”两个角度对干细胞研究过程中的治疗性克隆进行讲解。说明我国科学家取得的相关成绩	聆听，思考。关注我国在治疗性克隆方面的法律法规和成就	能举例说明治疗性克隆可能带来的安全性问题和伦理问题	课堂交流，问题回答

（续表）

<table>
<tr><th colspan="4">环节 3：调查与宣传</th></tr>
<tr><th>教师活动</th><th>学生活动</th><th>评价指标</th><th>评价方式</th></tr>
<tr><td>任务 3 小组合作，完成向家人、同学和社会宣传“克隆技术与人类生活”的宣传稿设计

组织、引导小组讨论交流过程
组织各小组代表进行宣传稿陈述
对小组代表的陈述给予表现型评价，对小组合作学习给予积极的评价和肯定</td><td>思考，以小组为单位，集体讨论交流，共同设计完成宣传稿

讨论宣传稿的内容和设计
选派代表进行宣传稿陈述
交流，聆听</td><td>完成宣传稿的情况，体现在几个方面：克隆技术；克隆技术对人类生活的积极意义；克隆技术带来的问题和挑战；法律制度下的克隆技术发展展望</td><td>宣传稿件的设计

小组陈述的表现

课堂观察</td></tr>
<tr><th colspan="4">《关注生殖性克隆人》课后自评</th></tr>
<tr><td colspan="4">技术的安全性一直伴随着技术本身，生物技术的安全性和与之产生的社会伦理问题始终是围绕生物技术发展的焦点问题。教学中，关注 STS（科学-技术-社会）是学科教学的重要价值体现。核心素养背景下，面对生物技术发展的安全性，面对生物技术为人类健康带来的帮助，面对生物技术给人类社会的伦理冲击问题，学生对这些问题的认识、看法、态度以及解决这些问题的能力，均是核心素养内涵的表现
没有可结构化的复杂概念体系，但内容是发展辩证思维、批判性思维的良好载体。因此，本节课的教学目标重在发展学生的社会责任和科学思维。内容和目标决定了本节课学生活动主要在于讨论、思辨和辩论，内容话题在社会上有不同的声音，问题就有了思辨性和批判性，但最终仍应贯彻国家法律法规的规定。如何让思辨性、批判性、问题学习的开放性和情境性体现出来，是这节课设计的重要考量。对于社会热点和科学前沿问题，高中学生有一定的关注和认识，这就为本节课的三个环节提供了学习基础。一方面，对于概念和法规制定基础采用自主阅读学习的方法完成。另一方面，对于社会热点议题可进行开放性辩论学习，发展学生批判性思维能力和分析综合能力
学以致用在本节课并不适合用问题解决和练习题评价完成。将“克隆技术与人类生活”这个话题积极向家人、同学和社会宣传是当代学生的社会责任。因此，在课堂评价方面，设计了“小组讨论设计克隆技术与人类生活的宣传稿”任务，既是课堂评价任务，也是课堂教学环节的重要部分。这对学生在科学思维、小组合作、社会责任方面的发展具有重要意义</td></tr>
</table>

“关注生殖性克隆人”学案及课堂评价资料

任务 1：阅读教材中关于“生殖性克隆”和“治疗性克隆”的概念，尝试举例说明两者概念的差异。

任务 2：阅读教材关于“我国禁止生殖性克隆人”内容，举例说明我国相关法律制定的基础。

任务 3：小组合作，完成向家人、同学和社会宣传“克隆技术与人类生活”的宣传稿设计。

“关注生殖性克隆人”课后评价习题设计

（1）下列说法正确的是（　　）。

A. 克隆人在理论上是可行的

B. 在医学上，通过遗传病基因检测后，进行胎儿性别的选择也是违法的

C. 治疗性克隆和生殖性克隆是一回事

D. 用于器官移植时，可以克隆人

（2）下列关于“克隆羊”“试管羊”“转基因羊”的说法，合理的是（　　）。

A. 它们的遗传物质都只来自一个亲本

B. 它们在形成过程中一般都有卵细胞的参与

C. 它们是通过相同的生殖方式获得亲本的优良性状

D. 培育过程都用到核移植技术和胚胎移植技术

（3）“试管婴儿”技术是通过将不孕夫妇的精子和卵细胞取出，在试管中完成受精，并在试管中培养使其发育到如图 7-43 所示的时期，再将胚胎植入女性子宫内发育成胎儿，该技术使一部分不能生育的夫妇重新获得了生育的机会。下列叙述正确的是（　　）。

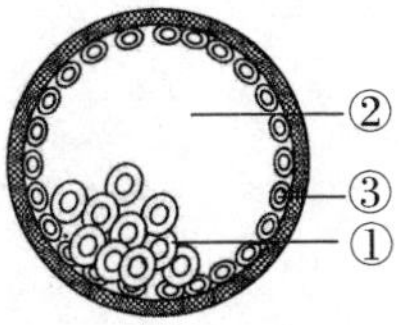

图 7-43　胚胎发育某时期示意图

A.“试管婴儿”技术在生物学上所依据的原理是无性生殖

B. 如图所示时期是胚胎发育的囊胚期，①代表内细胞团，②代表囊胚腔，③代表滋养层

C.“试管婴儿”的形成用到的技术有人工授精、体内培养、核移植

D.“试管婴儿”技术诞生后，继而出现了“设计试管婴儿”技术，二者对人类的作用相同

（4）现代生物技术在造福人类的同时，也可能引起一系列的安全性和伦理问题，回答以下有关问题：

①为了减少转基因技术对人类的危害，在对转基因生物或其产品的研究过程中若用大肠杆菌作为转基因受体的菌株，限定必须使用在____________________条件下便会死去的菌株。

②我国对“克隆人”这一技术总体上是禁止________性克隆的，但不反对____性克隆。

③试管婴儿技术中为了某些需要，需要对胚胎的性别进行鉴定。目前最有效、最准确的方法是SRY–PCR法，操作的基本程序是从被测的囊胚中取出几个____________（填“滋养层”或“内细胞团”）细胞，提取DNA进行扩增，用位于Y染色体上的性别决定基因（SRY基因）制成的探针进行检测，与SRY特异性探针出现阳性反应者，胚胎性别为________。

④设计试管婴儿与普通试管婴儿的区别在于，前者在植入前需要对胚胎进行______________________。

后　记

在本书创作完成的一刹那，思绪回放，我又一次感受到一线教师躬耕于教研、教育科研是多么不易。执教十余年后，再专注的教师也会对职业工作的重复产生倦怠。源于跳出职业倦怠的舒适圈的初衷，包括本人在内的诸多教师走向了教研和教科研的幸福道路。从课题研究到项目研究与实践，专业知识和教学技能在螺旋式地增长。最难能可贵的是，躬耕于教科研和学科教学的历程和见识，使教育工作者的视野在慢慢扩大，从专注于细节到专注于事关一个问题的领域。或许现在，很多教师每日的工作依然是围绕着一节课或一个单元如何教学展开的，工作深陷于教学内容、学生作业和考试成绩中不能自拔，即便如此，也不能否认他们是优秀教师。

在社会发展的背景下，对人才的需求不断发生变化，可以说是升级换代式的变化需求。在核心素养时代，教育的根本任务在课堂中的具体落地是学科能力、必备品格和价值观。这是完全不同于过去“双基”时代的知识目标和技能目标。基于“双基”的目标是机械的知识和技能，这些目标重复训练即可达成。而今天课堂所面对的目标是核心素养，需要在真实情境中分析解决问题，这需要学生有学科知识体系，需要关键能力，需要优良品格和正确的价值观，已无法用机械训练发展这些目标。在新课程方案、新课程标准、新教材和新高考背景下，中高考考试评价以“素养立意”为命题方向。那么，今天的教学，必须是“换汤也换药”。

在核心素养背景下，学科核心素养落地的主阵地在课堂，在多年的学习、研究和培训中，广大教师已逐步认同和接受相关教学策略。单元教学设计、深度学习、情境教学等策略均是发展核心素养的针对性策略，策略众多，但并不冲突，几者之间属于相互融合的关系。多年的教学实践和教科研成果表明，课堂教学中发展学科核心素养的关键在于教学设计，这是属于发展学科核心素养的教学设计，是专业化的教学设计。

在北京市通州区教师个性化培训项目申报中，基于以上分析和思考，我代表高中生物教研组申报了《“学教评一致性”理论培训与实践》。本项目的研究与实施旨在使课堂教学“换汤换药”，改变不合时宜的教学设计思路，将可能处于职业倦怠或职业困惑中的教师拽出舒适圈，带动青年教师走向教科研的幸福之路，带动更多教师走向教师专业化成长之路。

本书集纳的内容主要是短短一年之内的研究和实践成果，当然，这也都源于本人十多年教科研过程中对教学的思考与实践。本著作中，大部分案例都是项目组成员在实践中产生的优质案例，也有部分案例是在教师承担的市、区级研究课基础上，重新按照“学教评一致性”理念优化设计而成的。时间仓促，本著作未对单元教学设计中的学教评一致性进行理论剖析和案例展示。由于本人和项目组成员学术水平有限，本书中的理论体系和观点难免有不妥之处，恳请读者朋友和各位同人给予指正。您的批评指正，就是我们进一步研究和实践“学教评一致性”的动力。

任智安

2022 年 12 月 10 日星期六于永中